ⓒ권혁재 중앙일보 사진전문기자

실패한 제자들,

그 이후

이 책을 기독교의 '*以後*'를 걱정하며
상상하고 저항하는 이 땅의 '작은교회'들에게
바칩니다.

실패한 제자들, 그 이후

以後

절뚝여라
꿈틀거리며

이정배 지음

명작

실패한 제자들, 그 이후
以後

차례

10 　책을 펴내며_ 절뚝여라, 꿈틀거리며
18 　시작하는 글_ 새로운 출정식

1. 세상 안에서 세상 밖을

30 　이런 국가를 원한다
　　　- 탄핵재판의 날에

41 　종교를 혁명하라
　　　- 세월호 이후 '작은교회'가 희망이다

51 　종교개혁과 정치개혁
　　　- 촛불민심과 공명하길

80 　종교개혁 500주년과 독일 '교회의 날'

　　　뉴스앤조이 인터뷰
100 　타자를 악마화하는 기독교, 살아남을 수 있는가?
117 　세월호 이후의 한국교회

2. 실패한 제자들, 그 이후

- 138 촛불혁명과 인간혁명
- 147 배제와 혐오의 시대를 넘어
   - '차별금지법'에 대한 한 생각
- 165 코로나바이러스, 사람에게 묻다
- 179 기후위기 시대, 인권과 공동체로 전환의 길을 찾다
- 190 민족의 십자가 '광주', 미얀마를 구원하라
- 198 대한민국을 만들고 지켜온 사람들
- 204 영화 〈건국전쟁〉 유감
- 214 몽양 여운형의 '좌우합작론'의 기독교적 의미
- 231 죽어야 사는 기독교
   - 종교재판 30년을 맞으며
- 244 새로운 학문공동체를 세워야
- 251 실패한 제자들, 그 이후
- 259 내가 생각하는 토착화
   - 한국적 신학에 대한 단상

3. 꿈틀거리게 하는 하느님 영

- 272 신앙이란 '관(觀)'을 얻는 것
- 280 세상이 혼돈할 때는 처음을 기억하자
- 288 이제는 정말 '다른' 교회를 상상할 때
- 296 절뚝거리는 야곱
- 304 부활, 그것이 도대체 무엇인가?
- 313 '새삼' 함께 사는 길
- 322 그리스도 안의 존재
- 331 비방받는 자의 표징, 예수
- 339 세상에 신(神)의 오발탄은 없다
- 347 스스로 설 준비가 되었는가?
- 358 새로움은 필히 저항을 낳는다
- 367 하느님 영은 우리를 꿈틀거리게 한다
- 377 절망의 끝에서 다시 만난 세상
    - 네 어머니다!

책을 펴내며
절뚝여라, 꿈틀거리며

1974년 뭣 모르고 신학교에 입학한 지 벌써 50년 세월이 지났습니다. 신학 공부 50여 년의 시간을 뒤로하고 보니 나이도 어느덧 70세, 고희를 맞았네요. 이 시기 동안 다시 태어나도 신학을 삶의 길로 택했을까를 누차 자문해 보곤 했습니다. 쉽게 입이 열어지지 않습니다. 가슴과 머리의 대답이 같지 않아서지요. 머리로는 그래야지 하면서 가슴은 그 대답을 밀쳐냅니다. 앎과 삶의 괴리를 느끼며 사는 일에 점점 자신이 없어진 까닭이겠지요. 그래도 말과 글이 세상을 조금씩 흔들 수 있다고 생각하기에 현생에 이 직을 주신 하느님께 감사합니다. 더욱 솔직히는 정말 글로써 세상이 달라질 수 있을 것인지 확신이 서지 않아 글쓰기에 회의가 점점 깊어지곤 합니다. 그럴수록 고개를 좌우로 저으며 더 진실한 글을 써야겠다는 다짐을 반복해 왔습니다.

　지난 50년 세월을 돌이키니 스위스 유학 시절 포함하여 10여 년은 배움의 기간이었고 86년 가을학기부터 30년간은 교수로서 가르치며 살았으며 명예퇴직 후 지금껏 10년 가까운 세월은 대학과 교회보다 현장에 마음을 두고 생활한 것 같습니다.
　2014년 세월호 사건에서 비롯한 충격이 저를 조금은 달리 만들었습니다. 학내에서 불거진 교권주의자들과의 갈등 역시 교회와 나 자신을 다시 되돌아보는 기회가 되었지요. 정년을 5년 앞두고 교정을 떠났으나 교회와 세상을 걱정하는 새 친구들을 통해 더 큰 세상을 경험했기 때문입니다. 때론 광야에 홀로 선 듯 외로움도 있었으나 그들 덕분에 삶은 풍요롭고 거듭 생기가 넘쳤습니다. 그럴수록 긴 세월 제가 발 딛고 섰던 신학대학 교정이 너무도 작게만 여겨졌지요. 남은 선생들, 남겨진 제자들이 힘껏 그리웠지만 동시에 안타깝게 생각되었습니다. 제가 그랬듯이 그곳에선 결코 이런 넉넉함을 느낄 수 없을 듯싶어서지요. 여러 생각의 사람들과 허심탄회한 대화를 하며 사는 일이 신학의 길일 터인데 말입니다.
　이 책에 실린 글들은 필자가 대학을 떠난 시점(2016)부터 최근

까지 걸쳐 썼던 글을 모은 것입니다. 물론 '거리의 신학자'로 불렸고 상응하여 힘써 살고자 했기에 이보다 앞서 펴낸 책들이 제법 됩니다. 거리 설교집인 『우리는 하느님을 거리에서 만난다』(동연 2019)를 비롯하여 30여 권의 독후감을 모은 『이정배의 수도원 독서』(신앙과지성사 2019), 코비드(Covid)19 상황에서 썼던 『코로나바이러스, 사람에게 묻다』(밀알기획 2021)가 있습니다. 다석 연구 결과물인 『유영모의 귀일신학』(신앙과지성사 2021)의 출판 또한 제겐 보람된 일이었습니다.

변선환아키브와 현장아카데미에서 제자들과 함께 썼던 '이후(以後)' 시리즈, 즉 『종교개혁 500년과 '이후' 신학』(모시는사람들 2017), 『3.1운동 100주년과 '이후' 신학』(모시는사람들 2019), 『한국전쟁 70년과 '이후' 교회』(모시는 사람들 2020) 등 세 권의 책이 한국교회의 방향타가 되길 소망합니다. 한국신(信)연구소 주관으로 신학자 이신의 연구서가 단독 혹은 공저로 출판한 것 역시 소중하게 생각합니다. 『역사유비로서의 이신의 슐리얼리즘 신학』(동연 2023)과 『이신의 묵시의식과 토착화의 새 차원』(동연 2021)이 그것들이지요. 아, 그리고 오늘의 제가 있기까지 스승 되어준 분들을 기억하는 소책자 『스승의 손사래』(늘봄

2023)도 출판인 제자의 손을 거쳐 세상에 나왔으니 감사한 일입니다.

이번 책은 나름 아껴(?) 두었던 글모음집으로 세 시기에 걸친 작업의 결과물입니다. 명예퇴직 시부터 촛불정국 시점까지, 종교개혁 500주년(2017년)과 3.1운동 100주년 이후 코비드19 시기까지 그리고 윤석열 정권 전후 지금껏 최근 몇 년에 걸쳐 썼던 글을 모은 것입니다. 시기별로 모인 글에 그럴싸한 제목을 붙였습니다. '세상 안에서 세상 밖을', '실패한 제자들, 그 이후' 그리고 '꿈틀거리게 하는 하느님 영'이 그것이지요. 본 책의 제목 및 부제는 둘째, 셋째 부분에 실린 글 내용과 잇대어 만들었습니다. 『실패한 제자들, 그 이후 – 절뚝여라 꿈틀거리며』가 바로 그것입니다.

성서 속 예수의 제자들이 그랬듯이 저 역시 실패한 제자였습니다. 예수 앞에서는 물론이고 나의 스승들 뵙기도 많이 부족합니다. 종교재판을 받은 순교자 선생님 '이후'를 깊이 고민하지 못했습니다. 하지만 우리는 여전히 '이후'를 희망하며 살아왔고 살고 있습니다. 다시 실패하더라도 우리에게 '이후'는 여전히 존재하겠지요. 그래서 '이후'는 소중합니다. 부제, '절뚝여라 꿈틀거리며'

는 책 출판인과 누차 의논하며 정한 것으로 '이후'를 사는 방식을 적시합니다. '절뚝'은 종래의 빠름 대신 느림과 가수 김민기의 죽음 이후 회자된 '뒷것'의 삶을 상징하는 까닭이지요. 한마디로 섬기는 자의 삶을 뜻할 것입니다. 하느님 영으로 우리는 이렇듯 이전과는 다르게 꿈틀거리며 살아야 할 것입니다. 본 책 속에 실린 모든 글에서 이런 의도와 마음을 읽어주셨으면 합니다.

  시작하는 글로 다소 부끄럽고 계면쩍으나 명예퇴직 시 발표했던 나름의 '변'을 실었습니다. 당시 제자들은 안타까움을 숨긴 채 은퇴식을 '출정식'이라 고쳐 부르며 학교에서 세상으로 떠나보내는 의식(Ritual)을 준비했습니다. 한 제자는 교정을 떠나는 나의 마지막 뒷모습을 사진으로 남겨 주었지요. 생각날 때마다 그때를 생각하고 이 사진을 꺼내 보며 뒷모습이 추한 사람이 되지 않고자 노력해야 했습니다. 저절로 그렇게 되는 것이 아님을 자각했기 때문입니다. 그럴수록 첫 글로 실린 '새로운 출정식'은 제게 자신을 되돌아보게 하는 거울의 역할을 했습니다. 당시 출정식에 함께 하셨다면 이 글을 통해 그때를 회억하며 내뱉은 말처럼 그렇게 살았는지 살펴주시길 청합니다. 교수직은 멈추었으나 대학 밖에서 시대 -촛불 대선, 종교개혁 500년, 3.1선언 100주년,

한국전쟁 70년, JPIC 30년 등 -가 주는 과제를 성실히 수행하며 살자고 다짐했기 때문입니다. 이하의 글에서 그런 흔적이 다소라도 보인다면 이후라도 지치지 않게 격려를 부탁드립니다.

이 책에 최상병 죽음 1주기를 맞아 용산역 앞에서 선포한 내용을 포함하여 현실 주제와 맞닥뜨린 수십 편의 크고 작은 글들이 실렸습니다. 나라 기강을 무너뜨리는 현 정권의 역사 왜곡에 저항하는 글도 예사롭지 않게 서술했지요. 박근혜 대통령 탄핵 전후의 상황과 소위 장미 대선으로 불린 문재인 정권 탄생 이야기를 통해 당시를 회억하여 지금을 타산지석 삼고자 했습니다.

종교개혁 500주년을 맞아 '작은교회' 운동에 헌신하며 썼던 글도 무게감이 적지 않을 것입니다. 기존 세 개의 '탈 -탈성장, 탈성직, 탈성별'-에 하나의 '탈 -탈이데올로기'-을 더하여 교계의 반공주의와도 씨름할 생각입니다. 최근에는 감리교 기관지로부터 퇴짜(?) 맞은 글도 생겼으나 그 역시 함께 읽고 사유할 글이라 여겨 실었습니다. 토론 없이 여론으로, 고민 없이 인습으로, 사랑 없이 편견을 갖고서 수준 이하의 정서로 현실을 읽고 보는 교계의 현실과 맞닥뜨릴 목적에서입니다. 뉴스앤조이와 두 차례에 걸친 좌담 내용도 본 책의 중요 본문이 되었습니다. 필자의 신학 여정을 가감 없이 토로했다고 생각하여 포함했습니다.

  책을 정리, 편집하는 과정에서 시기를 고려하되 주제에 따라 목차를 정했습니다. 앞선 글이 뒤에 배치되기도 했으나 주제에 따른 편집이라 여기면 좋겠습니다. 교회 안팎에서 행한 설교나 강연문도 적지 않았지만 가능한 대로 신앙 에세이 혹은 작은 논단 형태로 읽히면 좋겠습니다. 대중 앞에서 행한 설교는 존칭으로 남겨두었고 여타의 글에는 평어를 사용했습니다. 이 과정에서 고은경 선생의 수고가 컸습니다. 북산 최완택 목사님과의 인연으로 신앙의 동지가 된 분이지요. 앞서 출판한『유영모의 귀일신학』을 갖고 함께 독서 모임을 갖기도 했습니다. 지금껏 수십 권의 책을 냈으나 고은경 선생의 손을 거친 책이 없었던 사실이 마음에 걸렸습니다. 고 채희동 목사가 시작한 〈샘〉지를 지금껏 맡아 출판했고, 북산의 생각과 뜻을 풀어 유고집을 만들기도 했습니다. 이런 연유로 이 책만큼은 편집부터 출판에 이르는 전 과정을 그의 손에 맡길 생각이었습니다. 출판 과정 내내 함께 글을 읽어가며 첨삭, 첨언할 것을 상세히 의논했기에 이렇듯 멋진 책이 나왔습니다.

이 책이 한국교회에 적실한 방향타를 제시하고 우리 사회에 '다른' 기독교도 있음을 알리는 계기가 되었으면 합니다. 이 책 속에 담긴 설교, 수필, 산문, 소논문 등 어느 하나도 허투루 쓰지 않았습니다. 나름 신학적 혼이 담긴 글이기에 서툰 글솜씨에도 불구하고 70세를 맞아 세상에 내놓습니다.

정성껏 읽고 토론되는 책이 되었으면 좋겠습니다. 이은선 교수는 필자의 이른 퇴직을 응원했고 긴 시간 함께 벗하기 위해 본인도 일찍 대학을 떠났지요. 과분한 그의 사랑과 격려에 머리 숙입니다. 이 책은 그의 격려로 계획, 구상된 것입니다. 생전 처음으로 받아본 김준우, 송순재, 한인철 세 분 외우(畏友)들의 추천사도 고마울 뿐입니다. 어느 덧 손주 다섯을 둔 할아버지가 되었습니다. 그들 세대를 위해 화급하게 감당할 일이 있다면 주저하지 않겠습니다. 그것이 기후 문제든지, 통일 관련한 것이든지, 역사 왜곡에 관한 것이든지 그리고 교회의 문제든지 말입니다. 하느님 영은 절뚝이는 우리를 꿈틀거리게 할 것입니다. 앞으로 남겨진 '이후'를 위하여….

2024년 10월
횡성 현장(顯藏)아카데미에서
이정배 두 손 모음

시작하는 글

새로운 출정식

시작하는 글 '새로운 출정식'은 명예퇴직 시 발표한 글로 그때 이후 세상에 처음으로 공개합니다. 공개하는 이유는 이 짧은 글 속에 대학을 떠나야 했던 이유, 이후 어떻게 살 것인지를 묻고 답하는 제 나름의 뜻이 담겼기 때문이지요. 제자들이 은퇴식을 출정식이라 불러 준 그 마음에 답해야만 했습니다.

이 글은 지난 10년간 저 자신을 비추는 거울과 같은 역할을 했습니다. 흔들릴 때마다 다시 돌아가야 할 귀일처이기도 했었지요. 이 글이 있었기에 이하의 크고 작은 글들이 생겨날 수 있었습니다. 계면쩍지만 용기 내서 첫 글로 내어놓습니다. 회갑을 막 지나 썼던 글인데 지금 저는 고희를 지나고 있습니다. 시간이 덧없이 흐르지 않고 열매를 낳을 수 있는 토대가 되길 기도할 뿐입니다.

말없이 떠나고 싶은 마음도 있었으나 그래도 끝맺는 말이 있어야 할 것 같아 이 자리에 섰습니다. 부족한 저를 위해 바쁜 일정 속에서도 시간을 쪼개어 이 자리에 오신 선후배 동료 목회자들, 학교 안팎에서 만났던 동료 교수님들과 목사님들, 그리고 신앙의 도반들께 깊이 감사드립니다. 아울러 긴 세월 동안 생각과 뜻을 함께 나눈 신부님들, 수녀님과 교무님, 스님들 역시 먼 거리임에도 우정을 위해서 찾아오셨으니 참으로 고맙습니다. 사실 저에게는 오늘 이 자리가 이 순간에도 실감이 잘 나지 않습니다. 정년을 4년 6개월이나 앞서 떠나는 것이 옳은 것인지에 대해서도 여전히 확신이 서지 않습니다. 마지막 순간까지 제 손을 꼭 잡고 떠날 수 없다고 눈물로 호소하던 학생들에 대한 미안한 마음이 너무도 큰 탓입니다.

감신 냉천 동산은, 43년 전 제가 학생으로 찾아왔던 곳, 그중에서도 30여 년을 선생으로 살았던 제 삶의 근거이자 모든 것이었습니다. 학생 시절 총학생회장 신분으로 '감신의 얼'이란 말을 내걸고 선배들이 씨 뿌린 냉천동의 신학(정신)적 전통을 잇고자 했습니다. 이후 그것은 제 삶과 학문의 길잡이가 되었고, 이를 시대에 적합한 새로운 언어로 후세대에 전하는 것을 선생의 사명이라 여기며 살았습니다. 대한민국의 근대사에 있어 중요한 3.1독립운동, 사회(계몽)운동, 그리고 토착화신학운동을 주도해 왔던 '감신의 얼', 그것이 제게는 성서의 예수, 기독교 정신과 만날 수 있는 통로였기 때문입니다.

시간이 흐를수록 '감신의 얼'은 흐릿해져 갔습니다. 하느님 신앙을 대신한 돈의 힘이 교계에 만연했고 교수, 성직자들의 권력욕과 명예욕이 하늘에 닿았습니다. 그로 인해 오늘의 교회와 신학교는 불행하게도 광야의 세 유혹에 굴복당한 초라한 모습을 하고 있습니다. 예수는 이겼으나 그의 제자들인 우리는 졌습니다. 아무리 교회의 절대(궁극)성을 역설해도 그 권위를 귀 기울여 듣는 이가 없을 만큼 우리 언어는 힘을 잃었습니다. 지난 세월 소수지만 감신 교수들은 이런 교계 현실로부터 '감신의 얼'을 지키고 구하고자 했습니다. 하지만 돈 주고 샀던 법(法)의 마력은 학생들의 순수한 열정과 교수들의 진실한 비판을 조롱하고 호도했으며 급기야 교수와 학생 10여 명을 기소, 법정에 세우기까지 했습니다. 이 시점까지 교수와 학생들 다수가 검사 앞에 섰던 현실이 너무도 가슴 아픕니다. 이런 교계 현실이 예수를 빌라도 법정에 세웠던 당시 유대 종교 지도자들과 너무도 닮아 보입니다.

이런 와중에서 저와 송순재 교수는 학내 정상화를 염원하며 사직 선언으로 맞섰고 그 말을 지킬 목적으로 이 자리에 서 있습니다. 말의 권위가 한없이 추락했고, 말씀의 종교인 기독교 역시 말의 힘을 잃어버린 정황에서 말의 성실성(誠)을 세우고 신뢰성을 회복하는 것이 우선이라 여긴 까닭입니다. 어느덧 우리 삶은 부끄럽게도 인간의 말, '신(信)'보다는 돈과 권력, 거짓과 법을 앞세운 폭력에 종속되고 말았습니다. 종교인들의 말마저 온통 빈말(虛言)과 잡담과 거짓이 되었기 때문입니다. 그럴수록 저는 말에 숨(생명)을 불어넣기 위해 제 말에 책임을 져야 했습니다. 그것이 무의미하게 보일지라도 작금의 결단이 모교의 훗날을 도모할 수 있는 씨앗이 될 수 있으리라 믿었기 때문입니다.

막상 학교를 떠나려고 하니 걱정거리가 너무 많았습니다. 시간강사로서 어려운 삶을 버티고 있는 제자 선생들, 저를 보고 감신대학원에 찾아온 학생들, 특히 순수한 학문적 열정으로 종교철학과를 선택한 신입생들에 대한 염려로 잠을 이룰 수가 없었습니다. 제 주변에 어려운 신학생들이 유독 많았던 것도 눈에 밟혔습니다. 자신도 어려우면서 사회 곳곳 고난 현장에서 헌신하는 제자들 곁에 좀 더 긴 시간 머물고도 싶었습니다. 혹자는 이 일들을 위해 학교에 좀 더 남으라 했고, 앞서 토해낸 말을 얼마든지 거둘 수 있다고 조언한 이들도 적지 않았습니다. 선생의 선택을 받아들이지 못하며 길을 달리한 제자들도 생겼습니다. 선배 교수로서 무책임하다는 비난도 들어야 했습니다. 이렇듯 괴로워하는 저에게 아내는 "최선의 선택은 없다, 이 선택을 최선의 상태로 만들어 보자"며 "떠남을 은퇴라 생각하지 말고 새로운 시작으로 만들라"고 했습니다. 이렇듯 고통이 있었으나 가야 할 길이라 믿었기에 오늘에 이르렀습니다. 이후 저 자신과 염려한 모든 일들을 위해 제 선택을 최선으로 만들고자 힘쓸 것입니다.

이런 저의 마음을 읽고 제자들과 학생들도 제 은퇴식을 끝이 아닌 새로운 출발로 의미화했습니다. 하여 오늘 은퇴식에 출정식, 파송식이란 과한 뜻을 부여한 것입니다. 지난 몇 년간 특히 세월호 참사 등을 겪으며 제게 붙여진 '거리의 신학자'로서의 삶을 제대로 살아보라는 격려이자 추동일 것입니다. 하지만 이런 칭호는 제게 가당치 않습니다. 이 땅에서 일어난 일련의 참사가 제 신학적 향방에 크게 영향을 미친 것은 사실이나 그 이름만큼 고난의 현장에 함께 하지 못했습니다. 단지 성서 속 하느님의 부름이 시대와 역사의 요청과 무관하지 않다는 확신만큼은 또렷해졌습니다. 이러한 과정에서 "세상이 내 교구다"라고 했던 존 웨슬리의 마음도 절로 이해되었지요. 이제부터는 제게도 세상이 교회가 되었기 때문입니다.

회갑을 맞은 2016년 이후 제 삶을 달리 생각하며 살고 싶었습니다. 좀 더 공(公)적 인간이 되기를 바랐고 신앙적 가치를 몸으로 살아내고자 했습니다 '얼'을 잃은 감신, 추락하는 한국교회를 위해 신학자의 책임을 느꼈던 것입니다. 하지만 그 뜻을 이루지 못한 채 떠나게 되었으니 안타까움이 많습니다. 그러나 생명의 젖줄과 같았던 감신에 대한 고마운 마음을 떨칠 수 없습니다. 지난 30년의 세월을 "돌이키니 발자국마다 은총 아닌 것이 없었다"는 말로 제 마음을 표현합니다.

떠나는 자리에 과분하게도 제자 선생들로부터 논문집 『한국적 생명신학을 논(論)하다』를 증정받았습니다. 일천한 제 신학에 대해 성찰과 비판을 담은 논문을 써서 한 권의 책으로 엮어준 것입니다. 그 책에는 여러 기회를 통해서 저와 함께 나눴던 삶의 경험을 곱게 기억하여 표현한 글도 있습니다. 제가 정말 그런 사람이었는가를 되물으며 여러분들의 글을 반추하겠습니다. 본 논문집의 출판을 위해 선배 서창원 교수님의 사랑이 있었음을 밝힙니다.

이런 고마움으로 저도 설교집 『차라리 길 잃은 한 마리 양이 되라』와 신앙에세이 『그래, 결국 한사람이다』를 성심껏 준비했습니다. 책 서문에 밝혔듯이 평생 신학자로서 살았으나 저는 설교를 중시했고, 기회가 주어지는 대로 교회와 거리에서 설교할 기회를 피하지 않았습니다. 오늘 출간된 두 책은 바로 그러한 흔적들입니다. 많이 부족하지만 감신의 '얼'을 사랑했고 세월호 사건을 고민한 한 신학자가 한국교회와 사회를 위해 무엇을 설교했던가를 살펴주기를 바랍니다. 이 두 책의 출판은 그동안 제게 많은 설교의 기회를 마련해 준 겨자씨교회의 도움으로 가능했습니다.

또 한 권의 책 『다른 유교, 다른 기독교』 역시 여러분께 드리는 선물입니다. 이 책은 자기 말에 책임지는 정직한 삶을 살라고 지난 35년간 황소 등짝의 파리처럼 저를 괴롭혀온(?) 아내 이은선 교수의 저술입니다. 바젤 유학을 앞둔 저희에게 변선환 선생님은 해천(海天) 윤성범 선생님의 학문적 유산 -유교와 기독교의 대화-을 이어 나가라며 과제를 부여했습니다. 학위 취득 후 관련 연구를 등한시했던 저와 달리 이은선 교수는 본 주제를 교육과 여성신학적 관점에서 심화시켜 여러 권의 책을 냈습니다. 이 책은 바로 몇 주 전 출간된 것으로 읽을거리가 풍요롭습니다. 해천 선생님 탄생 100주년 되는 지금, 다소 마음이 혼란스럽지만 이렇게라도 뜻을 이은 결실이 여러분들 손에 들려질 수 있어 천은 감사입니다.

이제 말을 접을 시간이 되었습니다. 저의 스승, 일아(一雅) 변선환이 눈물과 고통으로 지키고자 했던 학교였고 '감신의 얼'이었습니다. 그렇기에 감신을 옳게 지켜내지 못한 것에 대해 죄송한 마음이 많습니다. 왕 되고자 거짓과 회유를 일삼는 가시나무 같은 존재들이 이곳의 지도자가 될 수는 없는 노릇입니다. 저로서는 지난 세월 동안 좋은 선생님들, 후생가외(後生可畏)의 제자들을 만난 것이 큰 복이었습니다. 학내 문제를 위해 지난 1년간 동고동락한 교수들로 인해 외롭지 않았습니다. 그들을 남겨두고 떠나는 마음이 무척 괴롭지만 어디에 있던지 '감신의 얼'로 함께 엮인 우리들의 우정과 의지는 그냥 시들지 않을 것입니다.

오늘 행사를 위해 대학 졸업 이후 거의 만나지 못했던 박상철 선배께서 뜻밖의 호혜를 베푸셨습니다. 기숙사 같은 방에 거주했던 인연으로 오늘 저를 대신해서 식사 자리를 마련해 주셨으니 고맙습니다. 그동안 여러 기회를 통해서 저의 신학자로서의 조직신학회 활동을 지원해 주신 엄주섭 장로님께도 인사를 드리고자 합니다. 은퇴식에 순서를 맡아주신 김경재 교수님 역시 제 학문 여정을 지켜보며 격려해 주셨고, 제게 호를 주신 윤병상 목사님으로부터도 많은 사랑을 받았습니다. 짧게 만났으나 삶의 긴 좌표가 되어주신 고 오재식 선생님도 잊을 수 없습니다. 교수 생활 내내 뜻을 나눴던 외우(畏友) 송순재 선생에게도 이 자리를 빌려 고마움을 전합니다. 이렇듯 여러모로 풍성히 받은 사랑을 기억하며 앞으로 자유로운 몸으로 현장에서 힘겹게 목회하는 제자들, 동료들, 시민사회의 일꾼들을 많이 찾을 것입니다.

무엇보다도 다가오는 2017년 종교개혁 500년과 2019년 3.1독립선언 100주년, 그리고 한국전쟁 70년의 의미를 신학적으로 숙고하며 살겠습니다. 생명과 평화를 위한 작은교회 운동도 그 일환으로 여겨 헌신하겠습니다. 이런 모든 일을 위해 제 옆에 사랑하는 가족의 존재가 큰 축복입니다. 그들로 인해 힘을 얻었기에 감사할 뿐입니다. 끝으로 "교회의 복음화 없이 세상의 복음화 없다"는 말이 우리 대학과 교회에 제대로 들려지기를 소망하며 저의 30년 감신 교수직을 마감하겠습니다. 하느님 감사합니다. 그리고 제자들, 학생들, 고맙습니다. 이 자리를 기억하여 함께 하신 동무들에게 더 좋은 삶으로 보답하겠습니다.

하느님나라는 '체제 밖의 사유'가 아니겠습니까? 체제 안에서는 도무지 꿈꿀 수 없는 이야기, 그것이 하느님나라 사유의 핵심입니다. 하느님나라 운동은 그래서 체제 안에서는 저항적인 운동일 수밖에 없습니다. 고독하면 저항하게 됩니다. 저항할 때 필요한 것이 상상력입니다. 현실을 극복하기 위해 환상이 필요하고 그 환상이 저항을 가능케 합니다. 이처럼 고독, 저항, 상상은 함께 엮여 있습니다. 오직 믿음, 오직 은총, 오직 성서를 고독, 저항, 상상이라는 말로 바꿔도 무방하다고 생각합니다.

1.
세상 안에서 세상 밖을

이런 국가를 원한다
- 탄핵재판의 날에

　적어도 나의 지인들은 그랬을 것입니다. 아침에 눈 떠 11시가 되기를 기다렸고 숨죽이며 TV 화면을 응시했을 것입니다. 등장하는 재판관들의 표정을 깊게 주시하면서 말입니다. 무슨 단서라도 앞서 얻을까 싶어서 그리했을 것입니다. 그만큼 우리는 불안했고 걱정이 컸습니다. 온갖 추측과 거짓 기사들이 난무했고 태극기를 앞세운 친박 단체들의 폭언이 강도를 더하면서 나라를 위한 기도가 절로 되었습니다. 한 사람의 운명만이 아니라 이 나라 국민의 운명이 걸린 중차대한 판결이었기 때문이지요.

　그래서 2017년 3월 10일은 이 땅의 역사에서 결코 잊을 수 없는 날 중의 하나가 되었습니다. 평범하게 지났을 이날을 이토록 감격스러운 날로 만든 하늘의 그분과 이 땅의 민초들에게 고마움을 표합니다. 하느님이 우리들 희망이듯 우리도 하느님의 희망이 되었기 때문입니다.

세계가 다시 한국을 주목할 것입니다. 17~18차에 걸친 촛불혁명에 놀랐던 그들이 탄핵정국에 승리한 이 땅의 사람들을 분명 달리 보고자 할 것입니다. 비록 미국의 군사 패권주의에 휘둘렸고, 일본의 역사 망각에 상처받았으며, 중국의 경제 보복에 휘청했으나 나라의 기초를 반석 위에 두려는 끈질긴 집념에 놀라며 부러워했을 것입니다. 북한의 위정자들 역시 남쪽의 촛불 민주혁명을 두렵게 여기지 않았을까요? 이렇듯 정의와 평화를 위한 무혈혁명은 오직 이 땅에서만 가능했습니다. 이런 전례, 본보기를 인류사에 남겨준 한국 국민에게 감사한다는 외신 보도도 접했습니다. 불의한 대통령을 하야시킨 오늘의 사건으로 우리는 이 나라의 국민이 되고 시민이 된 것을 맘껏 자랑해도 좋겠습니다.

겨울 한파를 무릅쓰고 비바람을 견뎌낸 3개월 남짓 기간 동안 우리는 하나였고 참으로 올곧게 처신했습니다. 통치가 아닌 정치를 원했고 정권교체를 넘어 국민주권시대를 바랐기 때문이다. 정치, 경제의 압축 성장 탓에 "이것이 국가인가?"를 물어야 했으나 역사적인 '오늘'을 만든 촛불혁명은 다시 서구 나라들 이상의 국가를 꿈꾸게 했습니다.

사실 오늘이 있기까지 거리에서 마주친 촛불과 태극기 부대로 인해 속상한 적도 많았습니다. 같은 사안을 놓고 이렇듯 달리 해석하고 판단하는 태극기 인파들 그리고 그들 입에서 전해진 온갖 독설과 폭언이 우리 가슴을 후벼팠던 것이지요. 가짜뉴스까지 만들며 선한 시민들을 책동했고, 생활고에 시달리는 이웃 동료들을 부추겨 태극기를 들게 한 정치 및 종교 집단의 죄가 너무도 크고 중합니다. 일제하 3.1독립운동을 통해 목숨으로 지켜낸 태극기를 이처럼 왜곡하고 더럽힌 정치가들, 자신들의 정권 유지를 위해 국민을 수단 삼은 기득권자들의 죄가 하늘까지 닿았을 것입니다. 한갓 종이 내지 천 조각이 된 태극기로 촛불을 끄려 했으나 바른 나라, 새로운 세상을 위한 시민들의 열망은 중단되지 않았습니다. 태극기 곁에 성조기를 내세웠고 이스라엘 국기까지 등장시켰으나 촛불은 이들보다 강했습니다. 오히려 촛불 시민들은 태극기를 세월호 리본과 결합했으니 참으로 지혜롭습니다. 오늘의 촛불이 세월호 유족들의 피눈물을 거름 삼아 자랐음을 아는 까닭입니다. 약자의 상징이자 이 시대의 아픔인 세월호 리본과 만날 때 3.1절의 태극기는 여전히 오늘 우리의 깃발이 될 수 있습니다.

  숨죽이며 지켜본 20여 분의 시간이었습니다. 머리 손질조차 못하고 나온 이정미 소장 대행의 사진을 본 터라 그가 읽어가는 말 한마디 한마디에 진정성이 느껴졌습니다. 자신을 꾸미고 치장하는 일보다 국가적 소임을 중히 여긴 마음이 고마웠습니다. 그의 뒷머리에 매달린 두 개의 헤어롤을 보며 세월호 7시간의 행적에 답하지 못한 다른 여인이 생각났습니다. 청와대 주인이었던 그, 박근혜 대통령이 이 재판관에 의해 탄핵을 선고받고 그 집을 비우게 되었습니다. 첫 여성 대통령이 첫 여성 소장 대행에 의해 역사적인 심판을 받은 것이지요. 재판을 원천 무효, 곧 각하시킬 목적으로 법률가 체면까지 버리며 공세를 퍼부었던 대통령 측 변호인단 역시 자신들 얼굴을 숙여야 했습니다. 상식까지 버려가며 법을 궤변으로 만들었으나 재판 자체가 흠결 없게 된 것을 하늘에 감사합니다.

  이들의 행태로 인해 많은 이들이 다시 묻고 있습니다. 공부는 도대체 왜 하는 것인가를. 공부 잘해 법을 밥 먹는 수단으로 삼은 이들의 비열한 모습을 여실히 본 탓입니다. 비정상을 정상으로 만들면서 돈 벌고 명예를 취한 이들의 삶의 실상이 만천하에 드러났습니다. 성직자들의 말 만큼 법 전문가인 이들의 말에도 진실이 담겨야 힘이 있을 터, 기술적 혀 놀림이 말의 혼을 대신하고 있으니 가여울 따름입니다.

4개의 탄핵소추 사유를 하나씩 설명하는 과정에서 예상치 못한 결과가 나올 것 같은 두려움에 마음을 졸여야 했지요. 문체부 인사 부정을 비롯하여 세계일보 사장 해임으로 불거진 언론자유 침해도, 급기야 세월호 참사 시 대통령의 7시간 공백 역시도 탄핵소추 사유가 되지 못한다는 변론에 하늘이 무너지는 줄 알았습니다. 이 모든 것이 잘못이 분명하나 헌법 위반으로 판단하기가 어렵다고 했습니다. 무엇보다 세월호 참사에 대한 대통령의 무능력을 탓할 수 있으나 법으로 심판할 수 없다는 지점에서 분노했고 맥이 풀렸습니다. 자식들이 왜 죽었는지, 어떻게 죽었는지를 알기 위해 3년이란 세월을 길에서 보낸 유족들, 아직도 진도 팽목항에 머물며 온전히 '유족' 되기만을 원하는 미수습자 가족들을 협박했으며 거짓으로 덮으려 한 정부였는데, 이에 대한 법적 심판이 어렵다니 기가 찼습니다. 아마도 탄핵소추 이후의 갈등을 최소화하려는 고뇌에 찬 판결일 것이라 애써 생각합니다.

 페북을 통해 유족들의 서글픔과 서운함이 계속 전해지고 있어 안타깝습니다. 한 법학자의 말이 위로가 되었습니다. "사법적으로 판단할 수 없으나 정치적으로는 이미 백성들에 의해 사망선고를 받았다"는 말입니다. 하지만 이후에라도 검찰은 7시간의 비밀을 밝혀 유족들의 한을 풀어줘야 합니다. 최순실로 불거진 국정농단에 이르러 법정은 비로소 대통령에게 헌법 위반의 죄목을 부과했습니다. 대통령의 지위를 남용하여 기업의 자유를 박탈했고 재산권을 침탈했다는 것이지요. 그를 권좌에서 내치는 것이 국가적 이익이라 판단했다고 합니다. 뉘우침 없이 거짓을 반복한 대통령에게서 국가적 수치를 느낀 것 같습니다. 이를 근거로 8명의 헌법재판소 재판관 전원이 탄핵에 마음을 합해 주었으니 다행입니다. 진영 논리와 억측이 난무하는 상황에서 쉽지 않았겠으나 국정 공백과 국론 분열을 최소화하려는 의지를 보인 것입니다. 재판관들의 노고를 우리는 잊지 않겠습니다. 개인적 희생을 무릅쓰고 국가적 소임을 옳게 감당해준 공복들의 노고가 큽니다. 역사가 그 이름을 기억할 것입니다.

 일백일 가까운 촛불집회를 통해 얻은 선물, 탄핵을 통해 우리는 지금 새로운 기회를 얻었습니다. 그러나 위기가 기회이듯이 기회 역시 위기인 탓에 이구동성으로 지금부터가 중요하다고 말합니다. 탄핵 반대자들의 저항이 일정 기간 만만치 않을 것이며 대선 정국에 들어섰기에 정치가들 역시 세력화할 것이 명백한 까닭입니다. 지금까지로 보아 탄핵된 박근혜의 태도 역시 혼란을 가중할 공산이 커 보입니다. 소추 기간 동안 친박 세력을 부추겼듯이 탄핵 이후에도 대통령답지 못한 행동이 지속될 것 같아 걱정됩니다.

국가와 결혼했다는 말이 거짓이 아니었다면 국가의 장래를 위해 깨끗이 승복해야 마땅한 일입니다. 자신의 비극을 내세워 동정심을 구할 수도 있겠습니다. 부모 잃은 딸에 대한 동정심으로 이 땅의 나이 든 여성들의 지지를 받았던 옛일을 떠올릴 수도 있겠으나 이는 결코 아니 될 일입니다. 탄핵이 된 이상 정치적으로 냉정해야 옳습니다. 행정부 수반이 된 황교안 대행은 가차 없이 탄핵 이후 절차를 추진해야 합니다. 정권 농단, 정경 유착의 비리 근절을 위해 국회는 재특검을 가결해야 마땅합니다. 대선 출마자들 역시 섣부른 봉합보다는 태극기를 휘둘렀던 이들의 생각을 전환하는 것이 급선무이겠지요.

광장에서 태동한 촛불혁명이야말로 국민주권, 시민주권을 회복시켜 국정농단을 막을 수 있는 지름길이기 때문입니다. 탄핵 이후 정국에서 국민 통합은 힘겹더라도 모두의 발상 전환에 기초해야 마땅합니다. 대 연정, 빅 텐트 등의 구호는 정치적 협상이나 흥정의 포장된 말일 뿐입니다.

이런 확신과 설득력이 없다면 누구도 대선 주자의 자격이 없습니다. 광장에서 시민들을 만나서 듣고 배워야 할 것입니다. 보수/진보의 이념으로 편 가르는 시대는 흘려보내야 합니다. 더 이상 종북/좌빨의 패러다임에서 벗어나야 기회가 진정 축복이 될 수 있겠지요. 설득을 통해 생각하는 힘을 지닌 사람들로 키워내는 것이 정치가의 몫이자 할 일입니다. 상대가 좌로 치우쳐 보이는 것은 자신이 우로 치우쳐 있다는 반증으로 여길 수 있도록 '생각하는 백성'을 만들어야 합니다. 우리 속의 최순실을 점검하고 성찰하는 것도 정치가를 비롯한 모두의 과제가 되었습니다.

촛불혁명을 경험한 우리는 더 이상 과거로 회귀할 수 없습니다. 전대미문의 탄핵을 성취한 시민이기에 자신들의 운명을 쉽게 위정자에게 맡기지 않을 것입니다. 권력과 법 그리고 돈을 지닌 자들의 하찮음을 맘껏 경험한 결과입니다. 성직자들 역시 그들 존재의 가벼움으로 자신들의 권위를 잃었습니다. 불행한 일이나 이것이 현실입니다. 어느 종교를 막론하고 성직자들 역시 하찮아졌습니다. 정치가들뿐 아니라 종교인들마저 국정농단 부역의 공범자, 동조자로 전락했기 때문입니다. 그렇기에 정치주권만큼이나 신앙주권이 중요해졌습니다. 이후 성직자들의 혀에 휘둘리지 마십시다.

그간 정치도 종교도 민초의 생명력인 자발성을 억눌렀습니다. 단언컨대 정치와 종교는 '스스로 함'의 결과일 뿐입니다. 스스로 하는 것만큼 중요한 일은 없습니다. 광장의 촛불은 바로 '스스로 함'의 의미를 가르쳐 주었지요. 국민, 시민이 스스로 주인이 되는 나라를 만들라는 것이 촛불의 명령입니다. 그렇기에 탄핵 이후 대선 정국은 정권교체는 물론 시대교체를 넘어 의식교체를 위한 장(場)이어야 합니다. 먼저 대통령이 되고픈 자들부터 의식 개조가 필요합니다. 국민, 시민에게 정치적 주권을 온전히 허락해야만 할 것입니다. 백성을 주인 삼는 종이 될 것인지 수백 번이라도 묻고 자문한 후 대통령직에 도전하십시오.

　국민의 입법권을 인정할 수 있겠는가를 다시 묻습니다. 중대 범죄자를 직접 기소하는 국민 기소권을 허용할 생각이 있는지도 궁금합니다. 중요 사안을 국민투표에 붙일 수 있는 국민투표권도 내줄 수 있겠는지요? 이렇듯 직접 민주주의의 가치를 실현코자 하는 시민들 기대에 대한 부응 여부를 위정자들에게 물어야 합니다. 이는 기독교에도 해당합니다. 종교개혁자 루터의 신앙 의인이 말하듯 신앙주권을 통해 스스로 서야 하기 때문입니다. 만인제사직이 바로 그 의미를 적시하는 것이겠지요. 스스로 자유한 자로서 안식일의 노예, 성직자의 수단이 되지 말고 단독자로서 하느님 앞에 서야 할 것입니다. 종교개혁과 정치개혁은 이렇듯 의식 개조에 있어 동전의 양면처럼 함께 짝하여 있습니다.

　끝으로 광화문 광장에서 블랙 텐트, 곧 광장극장에서 일한 연극인의 고백을 소개하겠습니다. 사람들 의식이 이렇게 달라졌음을 정치가와 성직자들이 깨달았으면 하는 마음에서입니다. 시민 의식을 따르지 못한 정치가와 성직자들의 행태가 민초를 호도하는 독재로부터 비롯되는 것을 뼈저리게 느꼈으면 하는 생각에서입니다.

"… 이제 와서 되짚어 보면 그것은 우리가 추구한 것에 개인의 이익이 들어있지 않기 때문입니다. 누구도 서로에게 책임이나 일을 미루지 않고 누구도 성과나 공을 자기 자신 앞으로 끌어당기지 않는 '우리'가 함께 일을 했기 때문입니다. 우리는 극단 대표가 아니라 객석의 담요를 개거나 눈비를 치우는 일꾼으로, 평론가가 아니라 극장 벽에 포스터를 붙이는 일꾼으로, 기획자가 아니라 모금을 부탁한다고 목청 높이는 모금자로, 배우가 아니라 영수증을 정리하는 일꾼으로 이 극장에 있었습니다. 그런 '우리'가 되어 함께 일하는 시간은 내 생애 가장 값지고 아름다운 경험이었습니다. … 무엇보다 내가 아름다웠다 말하는 이 시간이 가족을 잃은 이들과 삶을 빼앗긴 수많은 이들의 처절한 슬픔과 고통 위에 있다는 사실을 잊지 않겠습니다. 내가 일했던 극장 밑에 쌍용차와 기륭전자 그리고 세월호가 있다는 중요한 사실을 늘 마음에 얹고 살겠습니다. …"

탄핵 이후 대선 정국에서 이런 삶을 살아낼 대통령을 선택하는 것이 우리의 중차대한 과제가 되었습니다. 정치가든 성직자든 삶이 없이 말만 하는 이들을 내쳐야 합니다. 우리가 스스로 생각하고 홀로 설 때 위정자의 의식도 달라질 수 있습니다. 우리가 변한 만큼 다른 대통령을 만날 수 있을 것입니다. 그때 비로소 도의(道義)가 넘치는 세상을 살게 될 것입니다.

종교를 혁명하라
- 세월호 이후 '작은교회'가 희망이다

　1980년대 이후 세계에서 가장 큰 교회들이 이 땅에 몰려 있는 것을 한국교회는 자랑으로 여겼습니다. 성장과 발전의 가치를 하느님의 축복과 등가로 여긴 채로 이곳의 교회들은 신도 수를 늘렸고 건물을 지었으며 화려하게 꾸민 것을 뽐냈습니다. 그럴수록 교회는 세속의 축복과 내세를 보장하며 값싼 복음을 선포하곤 했지요. 살아생전 풍족하고 사후 천국을 보장하는, 단순명료하되 이기적인 메시지로 일상에 지친 영혼들을 구원이란 이름으로 끌어모았습니다. 이 과정에서 교회는 점차 본질을 잃고 영혼을 악마와 거래했습니다. 교회의 크기를 목사의 크기와 동일시한 탓입니다. 한마디로 교회가 자본주의 욕망에 굴복한 결과였지요. 종교 권력과 돈을 지닌 성직자들의 타락 역시 이에 비례했습니다. 세상을 향해 빗장을 질렀기에 자신들만의 리그가 되었고 그들만의 문법으로 소통하는 폐쇄적이고 배타적인 공동체가 된 탓입니다. 사랑은 없고 교리와 신조만 난무하는 율법화한 무례한 집단이 된 것도 부정할 수 없습니다. 언제부터인가 세상은 교회가 주는 물에 목말라하지 않았고 오히려 교회를 걱정하기 시작했습니다.

이런 기독교를 일컬어 한 노 신학자는 '영적 파산'이라 했습니다. 여기에는 다음 세 가지 뜻이 담겼습니다. 섬기는 자로 이 땅에 왔던 예수를 잊었기에 '영적 치매'이고, 자기들 우물에 갇혀 세상을 보았으니 '영적 자폐'이며, 돈의 힘에 굴복되었으니 '영적 방종'이 바로 그것입니다. 이런 기독교의 실상은 지난 세월호 참사를 통해 여실히 드러났지요. "우는 자와 함께 울라"는 성서 말씀을 잊고 '잊으라'고 하는 정부의 충견 노릇을 했으니 말입니다. 세월호 참사로 인해 결국 한국교회, 특별히 대형 교회들이 죽었다는 말이 회자되었습니다. 현실에 침묵했기에 가진 자들을 편들었고 이념 논쟁을 확대 재생산한 결과 세월호 유족들을 교회 밖으로 내몰고 말았습니다. 이들을 위로한 것은 정작 교계에서조차 무능하다고 홀대받던 작은교회들이었지요. 유족들 곁에 끝까지 머물러 마음을 헤아렸기에 그들은 작은교회를 통해 구원을 얻었다고 고백했습니다. 이로써 교회와 교회 아닌 것이 명백해졌습니다.

자본주의 사회에서 '작음'의 가치를 실현하는 것은 쉽지 않습니다. 교회조차 '작음'을 무능과 게으름의 결과로 여기고 있으니 말입니다. 하지만 세월호 현장 속에서 우리는 '작음'의 힘을 보았고 그 가치를 여실히 경험했으며 그것으로 교회를 회복할 수 있다고 믿었습니다. 오랜 토론 끝에 '생명평화마당'에서는 "'작은교회'가 희망이다!"라고 선포했고 '작음'의 가치를 다음 세 가지 개념으로 구체화하였습니다. '탈(脫)' 즉 '탈성장, 탈성직, 탈성별'이 그것입니다. 이는 자본주의, 성직주의 그리고 가부장주의로부터의 탈주입니다. 이 속에 반공주의를 거부하는 '탈이데올로기'의 가치도 내재해 있습니다. 영적 파산의 이면에 자리한 반(反)복음적 가치들을 뿌리 뽑고자 함이지요.

3개의 '탈(脫)'은 동수의 '향(向)'을 내포합니다. 책임 있게 '탈(脫)'하기 위해 지향해야 할 목표(向) 또한 명백해야 하는 까닭입니다. 성숙과 평신도성(지역성) 그리고 여성성이 '작은교회' 운동의 새 가치입니다. 이 셋은 새로운 개념은 아닙니다. 초대교회라 불리는 당시 교회의 존재 양태들입니다. 따라서 '작은교회' 운동은 교회 본질을 창조적으로 달리 해석하는 또 다른 차원의 종교개혁운동입니다. 종교개혁 500주년을 맞아 자본주의 현실에서 이보다 더 혁명적인 개혁운동은 없을 듯싶습니다. 하지만 '탈(脫)/향(向)'의 변증법을 말하기 전에 복원해야 할 초대교회의 실상부터 톺아보아야 합니다.

초대교회는 의당 기독교가 로마의 국교가 되기 이전까지의 시기를 말합니다. 이 시점까지 교회는 획일화되지 않았고 다양했고, 저마다 상이한 경전을 갖고 예배를 드렸습니다. 이들을 엮어주는 하나의 공통점이 있었으니 이를 '복음의 정치학'이라 합니다. 소위 로마(제국)와는 다른 식의 삶을 살아내자는 굳은 결의 같은 것이었습니다. 오늘의 언어로 말하자면 자본주의 욕망을 거슬러 살겠다는 다짐과 같았습니다. 성서의 정경화되기 이전이었기에 저마다 다른 경전을 읽었고 공동체들마다 삶의 색조, 예식 등이 달랐으나 세상(로마)과 다른 삶을 사는 데 뜻을 함께 했습니다.

핵심은 종교개혁의 핵심 원리인 '오직 믿음'에 대한 이해가 지금과는 달랐다는 사실입니다. 중세 천 년의 가톨릭교회와 유대교와 맞서야 했던 루터로선 '오직 믿음'으로 율법과 행위를 부정할 수 있었으나, 초대교회 입장에서 '행위' 없는 믿음은 생각조차 할 수 없는 일이었습니다. 오히려 그들에게는 '믿음' 없는 행위가 문제였고 걱정이었지요. 복음의 정치학이 실종되는 것을 염려했던 것입니다. 그리스도 안의 존재가 되었음에도 인습화된 로마식 삶을 따르는 것을 두려워했습니다. 이 점에서 '작은교회' 운동은 교회 공동체에 속했음에도 여전히 자본주의, 성직(계급)주의, 가부장주의에 빠져 사는 우리의 '믿음 없는 행위'를 질책합니다. 대형 교회들의 값싼 은총, 삶이 없는 믿음, 현실 부재의 내세 신앙, 실패한 과거를 부정하며 성장만 바라는 자본화된 권력형 종교를 비판하며 개혁을 촉구합니다.

 이런 시각에서 3개의 '탈/향' 변증법을 '작은교회' 운동의 핵심이라 봐도 좋습니다. 우선 탈(脫)성장과 향(向)성숙의 관계를 보겠습니다. 한국 개신교만큼 천민자본주의 영향에 노출된 종교도 없을 것입니다. 교회들의 존재 양식 자체가 자본주의 방식을 띠고 있기에 말입니다. 자신의 수입 노출을 꺼려 성직자 과세를 비판하는 소수의 대형 교회 성직자가 있는 반면 이중 삼중직으로 목회를 꾸려 나가는 다수의 목회자가 공존합니다. 상당 규모의 교회 담임자가 되려면 돈이 오가는 일이 다반사인 것도 자본주의를 빼닮은 모습 중 하나겠지요. 성직 및 교회 매매의 변종 형태들이 기승을 부리고 있습니다. 빚으로 지은 교회 건물 수백 개가 매물로 나와 소위 이단세력들이 교회는 물론 기독교 대학까지 구매하는 상황입니다.
 성장만을 꿈꾸니 권력에 아부하고, 힘없는 이들을 경시하며, 값싼 복음을 전하는 영적 파산의 속도가 이렇듯 빨라지고 있습니다. 세월호 유족들이 교회로부터 내몰린 이유도 여기에 있을 것입니다. 탈성장의 기치를 높이 든 작은교회들은 몸짓 불리기를 그쳤습니다. 건물 없는 교회, 일정 수만 되면 분가하는 교회, 필요에 따라 삶을 공유하는 교회, 자연 속에 뿌리내리며 사는 교회 등 새로운 교회들이 저마다의 방식으로 자발적 가난을 택한 것입니다. 그것이 복음과 목회자의 자존심을 거는 일이자 목회의 근본이자 본분이라 여긴 까닭입니다. 이들 중에는 광장을 교회로 삼은 이도 있습니다. 몸의 중심이 항시 아픈 곳이듯이 살려 달라고 외치는 절규가 있는 곳을 중심이라 여겨 광장을 교회 삼아 뭇 탄식의 소리를 경청하고 있습니다.

탈(脫)성직은 향(向)평신도성을 적시합니다. 종교개혁 시 루터가 만인제사장 이론을 펼쳤지만 개신교는 돈의 힘까지 갖춘 성직자 중심주의가 판을 치고 있습니다. 앞에서 언급한 이유로 루터로 돌아가는 것이 능사가 아닙니다. 지금 개신교회는 성직(자)주의, 그들의 허황된 권위 의식으로 중세 가톨릭교회 그 이상으로 비합리적 장소로 전락했기 때문입니다. 하느님과 교회 그리고 목사가 삼위일체 동격으로 신봉되는 상황에 이른 것입니다. 본래 루터는 중세 교회관을 버리고 회중교회론을 설(說)했던 존재였습니다. 이런 교회에서는 성직자 역시 여타 다른 직분처럼 하나의 역할에 불과했습니다. 안

수 여부도 역할의 차이일 뿐이지 그것으로 존재론적 위상이 달라질 수 없다고 봤습니다.

요즘 부쩍 졸업한지 50년 가까운 고등학교 동창생들의 전화가 빗발칩니다. 내로라하는 대형 교회에서 장로 역할을 하고 있는 친구들입니다. 인내의 한계를 느껴 교회를 떠나고 싶은 마음을 제게 전했습니다. 정해진 틀에서 조금만 빗겨나도 이단시하고 불온시하며 비판 자체를 허용하지 않는 현실에 질식하겠다며 고민을 털어 놓았습니다. 이 모두는 회중의 공동체인 것을 잊은 탓이고 근본적으로는 다양성, 복음의 정치학을 망각한 결과일 것입니다. 망발을 일삼고 타락의 극치를 보여주는 대형 교회 목사들이 기독교의 미래를 빼앗고 있습니다. 이러한 이유로 평신도 중심의 교회가 생겨났습니다. 소위 목사 없는 교회가 생겨나고 있는 중이지요. 평신도들 역시 좋은 설교를 할 수 있는 주체이며 의례 역시 일정 부분 그들의 몫이 될 수도 있습니다. '예수는 예스, 교회는 노'라 외치며 떠난 '가나안' 교인들을 위한 목회도 곳곳에서 이뤄지고 있습니다. 교회 정관을 갖추어 목사, 장로의 임기를 정한 민주화된 교회도 작은교회들이 선취했습니다.

마지막 '탈(脫)/향(向)'은 교회 내 성차별에 관한 것으로 가부장제에 관한 것입니다. 이는 성직자 중심주의의 밑거름이 되고 있어 적폐 중 적폐라 생각합니다. 가부장제에 대한 세상의 인식은 급진적으로 달라지나 교회의 변화는 너무 더딥니다. 성직자들에 의한 교회 내 성폭력 사태가 지속적으로 늘어가는 것도 가부장적 가치관과 잇대어 있습니다. 예나 지금이나 종교 인구의 다수는 여성입니다. 이들에게 법적, 제도적 권한을 주지 않으니 교회개혁을 위한 이들의 역할이 현실적으로 아주 열악합니다. 과거 문재인 정부는 여성 장관 30% 할당제를 공약했고 그것을 지켰으나 교회의 경우 여성 대표 비율이 여전히 10% 이하입니다. 여성안수를 거부하는 교단도 여전히 세를 늘리고 있으니 놀라울 정도이지요. 여성을 부차적 존재로 인식한 과거 신학적 유산이 그대로 유지된 결과이겠습니다. 지금 가부장제는 동성애 부정으로 이어지고 있어 더 큰 폐해를 낳고 있습니다.

여성적인 것이 세상을 구원한다는 말이 회자된 지 오래되었습니다. 과거보다 여성 목회자들이 더욱 필요하고 그들의 역할이 긴요한 시대에 살고 있습니다. 힘들고 어려운 시대인지라 여성들의 생득적 능력인 '돌봄의 영성'이 더없이 필요한 까닭입니다. 그러나 현실은 여성 목회자들의 실존 자체를 위태롭게 합니다. 정작 여성 목회자를 선호하는 교회 수가 줄고 있습니다. 여성 목회자들이 '작은교회' 운동의 자발적 주체로 나선 이유입니다. 사회의 그늘인 한부모 가정을 대상으로 사역하는 이들, 대학로에서 연극하며 젊음을 불태우는 청년들의 뒷바라지를 해주는 교회도 여성 목회자의 수고로 명맥을 잇고 있습니다.

종교개혁 500주년을 맞는 2017년, 작은교회들이 모여 자신들의 이야기를 나누며 변화를 모색하기 위한 자리인 '작은교회 한마당'이 무르익고 있습니다. 특별한 해인 만큼 올해는 더욱 많은 작은교회들이 한마당 행사에 모습을 드러낼 것입니다. "작은교회가 세상의 희망"임을 선포하는 뜻 깊은 자리가 되기를 기도하며 준비하고 있습니다. 작은교회는 꼭 숫자로만 작음의 의미를 강조하지 않습니다. 숫자보다 지향하는 가치 자체가 달라야 작은교회의 일원이 될 수 있습니다. '오직 믿음'을 '오직 생명과 평화'로 이해하는 교회가 많아지기를 바랍니다. 지난 4년간 '작은교회' 운동을 이끌며 얻은 소득 몇 가지를 소개하겠습니다.

첫째, '작은교회' 운동에 참여하는 교회의 경우 열등감이 치유되었습니다. 대형 교회 기세에 주눅들던 과거의 모습에서 '작은교회됨'의 당당한 모습을 회복한 것입니다. 목회자와 성도들 모두 그런 치유를 경험했다고 고백합니다.

둘째, '작은교회 한마당'은 미래 성직자들인 신학생들에게 향후 자신의 모습을 새롭게 각인시키는 계기가 되었습니다. 자신의 미래 모습을 대형 교회에서가 아니라 작은교회에서 찾게 된 것이지요.

셋째, 신학대학 교과과정에서 교회 성장학을 사라지게 한 일입니다. 마지막으로 이 운동은 소위 '가나안' 교인들과 작은교회가 만날 수 있는 새로운 장을 열었습니다. 교회 없이 가나안 교인으로 머무는 일은 사실 지난한 일이었지요. 그럴수록 작은교회를 통해 자신이 몸담을 교회를 찾을 수 있었기에 교회도, 가나안 신자도 함께 기뻐했습니다. 이런 점으로 볼 때 '작은교회' 운동은 이후로도 지속되어야 할 이유와 가치를 담고 있음이 분명합니다.

종교개혁과 정치개혁
– 촛불민심과 공명하길

종교개혁 500주년과 이 땅의 운명을 가를 대선이 겹치는 중대한 시점 2017년이 도래했다. 과거 종교개혁이 교황권을 분리하고 약화시켜 군주의 정치적 통치를 정당화했고 이후 의회주의를 발전시켰다면 오늘 이 나라는 제왕적 대통령의 전횡과 그에 침묵, 동조하는 대형 교회 목사들로 인해 "이것이 국가인가?"를 물어야 할 만큼 그 기강이 흔들리고 있다. 그렇기에 탄핵 판결을 전후하여 박근혜 정권에 대해 지난 4년간 사자성어로 표현된 민심은 참혹했다.

도행역시(倒行逆施), 지록위마(指鹿爲馬), 혼용무도(混用無道)를 거쳐 군주민수(君舟民水)의 실상에 이른 것이다. 지난 연말 10차에 걸친 천만의 촛불이 정권의 거짓과 무질서, 만행을 견디다 못해 배를 뒤엎는 거센 파도를 만들어 세상의 주목을 받았다. 교회들이 켰던 대강절의 촛불과 거리의 촛불이 중첩되어 기다림과 변화의 갈망을 더 갖게 했다. 이렇듯 뜻깊은 촛불이었으나 그것이 정권을 바꾸고 정책을 달리 펼치는 결과를 만들 수 있을지 외신들은 반신반의하고 있다. 누적된 경험 탓이겠으나 온정주의로 인해 사생결단의 의지가 박약한 민족이라는 평가를 받았던 까닭이다.

어디 그뿐인가? 촛불에 태극기로 맞서며 군대가 나서기를 바라는 왜곡된 애국주의, 반기문을 내세운 영호남·충청의 지역연합, 뭇 개헌론자들, 대형 교회를 중심한 구국기도, 감리교단까지 합세한 한국교회연합의 활동으로 국론을 분열시키는 작태가 기승을 부릴 것인 바, 2017년 대선은 분명 민족의 미래를 가늠하는 척도가 될 것이다. 국내적 요인들 못지않게 대외적 변수 역시 그 어느 시점보다 위태롭고 불확실하다. 무엇보다 자국 보호에 앞장선 트럼프 정권의 등장이 그것이다. 중국과의 무역 갈등을 감수하고 자국 내 소수자들을 적대하면서 사회보장시스템을 무력화하고, 금리 인상 및 환율 변동폭을 크게 함으로써 2017년 세계를 불확실성의 시대로 몰아갈 공산이 크다. 이 경우 한국은 실물 경제에 있어서나 주식 가치에 있어 큰 손실이 예상된다. 중국과의 관계에서는 한반도 사드 배치가 관건이다. 경제 보복을 앞세워 그 철회를 요구하는 중국의 역풍은 쉽게 감당할 수준이 아닐 것이다. 독도 문제를 비롯해 소녀상 협상을 두고 발생한 한·일 간의 갈등 역시 쉽게 봉합되기 어렵다.

박근혜 정부와 불가역적 조약을 체결했다고 믿기에 새 정부 탄생 전 기정사실화할 공산이 크다. 한·일 간에 기습적으로 체결된 군사 정보 협정은 미국의 묵인하에 추동된 한반도 선점 계획의 일환인 까닭이다. 개성공단을 철폐한 이후 사사건건 자존심을 건드리며 대립각을 세워온 탓에 북한과의 관계 또한 복원되기 어려울 만큼 파괴된 것도 걱정이다. 대화 통로 자체를 실종시킬 만큼 위험한 상황이 지속되고 있다. 더욱이 핵무기 개발을 멈추게 할 어떤 명분도 없고 대책도 통하지 않는 상황에 이르렀고, 그럴수록 미국에 의한 북한의 선제 공격 가능성도 거듭 회자되고 있으니 큰일이다.

한마디로 2017년 대선을 앞둔 대한민국은 주체성을 잃고 외세에 의존한 결과 이 땅의 운명을 한 세기 이전 사태로 되돌려 놓았다. 당당함을 잃었기에 균형감각을 유지하지 못한 탓이다. 외세에 휘둘릴 개연성만 더욱 커졌다고 볼 수 있겠다. 박근혜-최순실 게이트로 인해 유사 이래 국격(國格)이 조롱받고 실종되었으니 이런 일이 더욱 가중되지 않겠는가?

이런 이유로 2017년 대선은 이 땅의 미래를 위해 그 어느 때보다 중요해졌다. 민심을 집약시켜 쓰러진 배를 다시 일으켜 세워야 하기 때문이다. 천만의 촛불로 생겨난 탄핵과 조기 대선을 정치인들의 잔치로 만들어 줄 수는 없는 노릇이다. 개헌 논의조차도 촛불 민심에서부터 시작되어야 옳을 것인 바, 정치인들의 당리당략은 이쯤에서 멈춰야 한다. 결코 정권교체만이 우리들 목표가 아닌 탓이다.

"이것이 국가인가?"를 물었기에 본래 우리가 꿈꾸던 세상, 정의로운 세상을 창조하기를 원한다. 이를 위해 촛불의 힘이 지속적으로 필요하다. 오늘의 탄핵 정국이 광장에서의 직접 민주주의 산물이었기에 정당은 물론 국회 역시 대선 때까지 촛불의 영향력 아래 두어야 옳다. 그만큼 2017년에도 지속될 우리들 촛불은 순수하고 절박했으며, 전후를 나누는 사건이 되어야 한다.

향후 3-4년 내에 민족사에 다가올 아주 중대한 역사(사건)를 기억해 보자. 2018년 대한민국 정부수립 70년, 민주공화국 헌법을 도입한 3.1운동 100주년이자 임시정부 수립 100주년의 해인 2019년, 4.19혁명 60주년이자 광주항쟁 40년이 되는 2020년이 바로 그것이다. 종교개혁 500주년과 맞물린 2017년의 대선이 중요한 이유가 바로 여기에 있다. 그렇기에 광장의 촛불은 '처음부터' 다시 시작하기 위함이자 '처음처럼'의 꿈을 포기하지 않았다는 반증이다. 내년이 러시아혁명 100년, 최적 공화국을 꿈꾼 『유토피아』가 출간된 지 500년이란 사실도 광장 촛불의 의미를 더해 준다. 나아가 체제 안에서 체제 밖을 상상한 것이 예수의 하느님나라 운동이었음을 생각할 때 촛불항쟁은 하느님나라 운동의 일환일 수 있겠다.

한 정치학자는 촛불의 의미를 이렇게 정리했다. 여기에는 내 의견도 보탰음을 밝힌다. 광장(직접) 민주주의를 상징하는 이번 촛불항쟁은 첫째, 국가 공공성 확보의 계기가 되었다. 소수의 독점으로 사사화되었고 견제와 균형을 상실한 권력 기구(입법-사법-행정) 일체를 수정하여 개혁할 수 있게 된 까닭이다.

둘째, 정경유착의 오랜 고리를 끊을 수 있는 여건을 마련했다. 전경련 해체를 비롯하여 검찰개혁, 언론, 정당개혁의 가능성을 열어 놓았기 때문이다.

셋째, 국민의 뜻을 의회가 받아 대통령 탄핵을 이룬 것은 헌법정신에 의거하여 정부로부터 주권을 돌려받은 사건이었다. 한마디로 헌법 운영 권리가 국민의 몫이 되었다는 뜻이다. 따라서 탄핵정국에서 대통령 대행 체제는 국민주권을 능가할 수 없다.

넷째, 미완의 과제였던 '아래로부터의 혁명들 -3.1운동, 4월혁명, 5월광주 및 6월항쟁 등 -을 완결지어야 할 역사적 과제를 새롭게 각인시켰다.

다섯째, 무엇보다 사적 개인에서 공적 개인에로의 시민의식이 고양되었다. 국가 및 역사의 주체가 시민이라는 뭇 세대의 자기 학습은 향후 대한민국의 가장 큰 자산이 될 것이다. 자유, 참여, 연대, 평등, 공공성, 평화의 가치들이 시대 정신이자 보편 이성으로 체화된 것이다.

여섯째, 광장 촛불이 지닌 세계적 차원의 의미를 들 수 있다. 브랙시티, 트럼프 당선, 테러리즘, 극우 진출에서 드러나듯 장벽 쌓기의 시대에 그 흐름을 역전시켰으니 말이다. 지역주의를 무너트렸고 보수정당의 아성을 깨트렸다. 이 힘으로 광장의 촛불은 최소한 동아시아의 평화 연대를 이끌 책임이 있다.

마지막으로 촛불 속의 신학적 맥락, 메시아적 종말론이다. 이 경우 종말은 세상 끝의 이야기가 아니라 우리들 과거(의 폐허)를 온전하게 기억하는 일이다. 아픈 과거가 치유되지 않는 한 우리에게 마지막은 없다는 차원에서다. 세상 안에서 세상 밖을 꿈꿨기에 당했던 뭇사람의 고통과 절망을 지속적으로 이야기하는 것이 신학의 과제가 된 것이다. 그럴 때 광장의 촛불은 성취, 성공(성장)에 목매지 않고 오히려 고통스러운 현실을 밝혀주는 메시아적 사건으로 독해될 수 있을 것이다.

따라서 지금 광장의 촛불은 희망을 말하지만 고통스러운

절규이기도 하다. 따라서 삶과 죽음의 갈림길에서 살고자 하는 이들의 탄식과 신음을 귀기울여 들어야 한다. 이는 단순한 축제가 아니라 고통을 삼키고 있는 이들의 절규인 까닭이다. 외형적으로 드러난 대한민국의 지표는 참으로 대단하다. 인구는 5천만뿐이나 GDP 세계 11위, 무역량 세계 8위, 수출 물량 세계 7위, 외환 보유고 세계 8위, 군사력 세계 12위, 국방비 지출 세계 12위, 인구 100명당 무선 인터넷 가입 수 세계 1위 등이 바로 그 실상이다. 한마디로 대한민국은 초고속으로 물질(자본)을 발전시킨 세계 유일한 나라가 된 것이다.

하지만 국민을 위한 국가의 역할 면에서 우리는 또다시 "이것이 국가인가?"를 묻지 않을 수 없다. 국가 역할 지표가 OECD 가입 국가 중 최하위 상태인 탓이다. 빈곤률, 국가의 공공 지출, 고용 비중에 있어서 말이다. 이뿐 아니라 공교육 지출 비율과 노조 조직률은 최하이고 비정규직 비율과 자영업 비율은 타의 추종을 불허할 정도로 높다. 한마디로 사회갈등지수가 세계 1등 국가가 된 것이다. 이런 정황에서 사회적 죽음 비율 역시 높아질 수밖에 없다. 출산률 최저, 자살률 최고, 이 둘은 사실상 동전의 양면과 같다. 산업재해 사망률, 직계 존속 살인 비율 역시 세계 최고라 한다. 전체적으로 이라크 전쟁 기간 중에 죽은 병사들 수보다 이 땅에서 사회적 죽음을 당한 이들의 숫자가 더 많다고 하니 어찌 국가의 존재

의미를 묻지 않을 수 있을까?

  이런 불행의 이면에 박근혜-최순실 그리고 이들 부역자들인 권력 실세들이 있었기에 5%의 기득권자를 제외한 모든 이들이 촛불을 들었다. 이런 국가일수록 인간의 욕망 지수 또한 높아지는 것이 당연하다. 한쪽이 죽음으로 내몰릴수록 다른 한편에서는 성형수술, 명품, 성적 판타지를 요구했고, 산천을 개조하고 물의 흐름을 뒤바꿔 자연의 터무늬(地文)를 지울 정도로 욕망의 노예로 전락하고 있으니 말이다.

  종교 역시 이런 욕망을 축복하는 사적 기관으로 전락한 지 오래다. 자신의 공공성을 잊었고 공교회성을 상실한 탓이다. 앞서 말한 대로 미국의 한 신학자는 이를 '영적 파산'이라 했으나 이에 더해 나는 '영적 방종'이라 부르고 싶다. 그렇기에 강남의 몇 교회들이 자기 욕망을 위해 수천만 원을 헌금한 국정농단의 주범 최순실 -지금 상황에서 김건희로 이름을 바꿔 불러도 좋겠다-을 축복할 수 있었다. 하지만 최순실의 욕망은 여기서 끝나지 않았다. 교회의 축복만으로 부족하여 점쟁이를 찾았던 것이다. 지금 그의 이름은 천공이겠다. 욕망의 수레바퀴에서 내려오지 못하는 군상들과 죽음으로 내몰리는 사회적 약자들이 가장 극렬하게 공존하는 세상, 바로 이것이 2017년을 맞는 이 땅의 실상이다.

그럴수록 우리에게 필요한 것은 사회적 영성이자 생태적 자각이다. 이 둘의 만남을 통해서만 다른 세상을 꿈꿀 수 있고 2017년 대선을 옳게 치를 수 있다. 촛불의 염원을 대선을 통해 이룰 과제가 우리들 시간 속에 남겨져 있는 것이다. 실상 기독교만큼 이런 힘을 줄 수 있는 종교가 없을 듯싶다. 어느 종교치고 사회적, 생태적 영성을 말하지 않겠는가? 3.1운동 당시 종교들이 힘을 합쳐 민족 독립을 외쳤듯이 2017년 바닥을 친 우리 국격을 함께 살려낼 일이다. 탄핵정국, 개헌정국, 대선정국으로 이어지는 과정에서 공조하는 일이 더없이 중요해졌다. 민주공화국을 최초로 도입, 선포한 3.1선언 정신을 대선을 통해 완성해야 할 것이다.

하지만 한국교회는 아직 준비되지 않았다. "교회의 복음화 없이 세상의 복음화 없다"는 말처럼 한국교회는 대선을 치를 준비도, 개혁 500주년을 맞을 채비도 못하고 있는 상태다. 박근혜-최순실 제거 대가로 보수층 결집을 노리는 정치가들의 간계에 휘둘려 대선을 망칠 경우, 교회는 촛불의 힘과 염원을 무력화시킨 장본인으로 시민사회의 질타를 받을 것이며 빠르게 고립될 것이다. 지금으로선 그럴 공산이 매우 농후하다.

한국교회가 사회적, 생태 영성 나아가 낯선 타자들과 공존하는 열린 사유와 무관했던 탓이다. 광장의 촛불을 보며 분노의 영성이라 칭했던 어떤 목사도 있었다. 세월호 참사를 사고라 하고, 천국 갔으니 그만 잊으라는 망발을 대형교회 목사들이 일삼았다. 그리스도의 사랑이라는 이름으로 이 정권을 용서하라고 강변하고 있다.

종교개혁 500주년을 기념하는 방식이 과거 루터로의 회귀가 아니라 "종교(기독교) 개혁은 계속되어야 한다"는 명제에 대한 승인이라고 생각한다. 종교개혁은 극복되어야 할 과제로서 마주할 우리의 전통일 뿐이다.

루터신학은 보편보다 개체를 앞세우는 유명론 전통에 서 있다. 이성보다는 의지를 중시하는 프랜시스 계통과 유사하며 궁극적으로는 인간의 전적 타락을 말하는 어거스틴 사유와 깊이 연루되었다. 이 와중에서 아리스토텔레스, 토미즘 계통의 자연신학 전통을 완전히 실종시켰다. 루터의 종교개혁은 인간 본성에 대한 깊은 고뇌로부터 시작한 까닭이다. 이는 실상 자신의 정체성 위기로 인간에 대해 긍정적인 당대 인문주의와 토마스주의와의 갈등을 뜻한다.

신(神)의 길을 인간 이성을 통해 자각할 수 있다는 에라스무스의 주장을 루터는 『의지의 굴레』에서 완전히 털어냈다. 대신 인간은 육욕적이고 불합리하며 속박받고 비참하며 병들어 죽은 상태로 존재한다고 생각하였다. 인간의 의지(자유의지)가 항시 죄악의 굴레에 덧입혀 있기에 인간은 본성상

사악한 일을 행하도록 운명지워져 있다고 믿은 것이다. 루터가 어거스틴의 원죄론을 수용한 것도 바로 이 대목에서이다. 이로부터 루터는 신의 양면성을 주장했고 독일 신비주의 전통에서 비롯한 '숨어계신 하느님(Deus Absconditus)'을 앞세웠다. 말씀이나 예배를 통해 알려질 수 있으나 실상은 어떤 것으로도 포착 불가능한 숨어계신 존재란 것이다.

이렇듯 숨어있는 신은 인간의 과거나 미래까지도 예지한 절대자였다. 모든 것에 우연은 없고 신의 예정에 의한 필연만이 있다고 했다. 루터는 시편(31편)을 통해 이런 하느님을 새롭게 발견하였다. 당대의 이해와 달리 인간의 죄악(본성)을 심판, 정죄하지 않고 오로지 자비를 베푸는 존재라는 것이다. 어떤 공로 없이도 인간을 구원하는 하느님 상(像)을 루터는 예수 그리스도에게서 보았다. 루터의 십자가 신학은 바로 이런 하느님 이해의 소산이었다. '구원하는 은총(십자가)'에 의해서 타락한 인간 본성이 즉각적으로 정화되어 구원의 길이 열렸다고 확신한 것이다. 하지만 이는 -물론 칼빈에 이르러 더욱 강조되었으나- 구원받도록 예정된 사람들에게 해당되는 말이었다. 공로(행위)와 무관하게 은총을 허락받는 것도 오로지 하느님의 섭리 탓이었다.

이로부터 그 유명한 이신칭의(以信稱義), '오직(sola) 믿음'이란 신조가 출현했다. 인간 본성의 타락에 근거하여 루터는 당대의 인문주의는 물론 가톨릭 공로사상과 유대인의 율법을 일순간에 정복했다. 루터의 유대인 혐오는 야고보서의 부정 및 폄하 그 이상으로 혹독했다. 그럼에도 루터는 두 왕국설을 통해서 이신칭의 이후 성화되어야 할 과정이 남아있다고 보았다. 「두 종류의 의로움」이라는 설교에서 한 순간에 죄를 해결할 수 있으나 국가라는 제도 속에서 살아가기에 점진적인 성화 과정 역시 필요하다는 것이다. '의인이면서 죄인'이란 말이 바로 이 맥락에서 등장했다. 세상(국가)이 깨끗해질 때까지 인간은 결코 의로울 수 없다는 뜻이다. 모두가 자유(義)로울 수 있을 때까지 누구도 자유(義)롭지 않다는 의미이기에 사회적 영성의 중요성을 일깨웠다. 하지만 루터 신학은 본 주제를 진척시킬 수 없었다.

루터의 십자가 신학과 칭의론이 교회와 국가의 상관성을 말하는 두 왕국설로 자연스럽게 귀결되었기 때문이다. 그에게 교회는 '신의 이름으로 모인 신앙인들의 집합체(Congregatio fidelium)' 그 이상일 수 없었다.

신약성서 에클레시아를 '회중(會衆)'이라 번역하여 제정일치 역할을 수행한 중세 가톨릭교회와 크게 변별된다. 나아가 루터는 두 왕국설을 통해 세상에 대한 교회의 통치 권한을 포기하도록 종용했다. 사제(성직자) 역시 신의 말씀을 따라 사는 사람, 곧 하느님의 백성 중 하나일 뿐이라는 만인제사직도 여기서 비롯했다. 교황, 주교, 사제, 수사 등 종교적 신분 자체에 의미를 두지 않은 것이다. 신앙심을 얻고 배울 수 있는 한에서 그곳이 교회이고 그 일을 하는 이는 세속인이라도 사제라 칭할 수 있었다.

여기서 핵심은 신앙을 지닌 개인이었다. 개인을 구원하는 신앙, 이것이 지금껏 지속된 루터신학의 골자인 바, 이 점에서 루터신학은 사회적 영성으로 발전함에 있어 한계를 지녔다. 오로지 개인 차원의 신앙, 하느님과 개인의 관계에 집중한 것이다. 본래 이것은 성직자를 독자적으로 계급화시킨 중세 가톨릭신학에 대한 일종의 반발이자 부정이었다. 하지만 루터의 두 왕국론은 신앙을 교회 내부의 일로 축소시키는 결과를 초래했다. 주지하듯 두 왕국론은 하느님이 세상을 세속 정치와 영혼의 왕국인 교회를 통해서 다스린다는 어거스틴 유(類)의 사유 형태이다. 교회는 전적으로 그리스도에 의해서 통치되는 정신적 영역이나, 세상(군주)에는 성화되지 못한 사람들을 위해 권력(칼)이 주어졌다는 것이다.

루터는 로마서 13장, 모든 권력은 하늘로부터 왔다는 언설에 동의했다. '의인이면서 죄인'인 인간의 성화를 위해 세속적 권위의 필연성을 인정한 것이다. 결국 '신앙심 두터운 군주가 사용하는 칼(권력)에 복종하는 것을 두 왕국설의 결론으로 삼았다. 이로써 세상과 교회의 중세적 갈등은 종식되었다. 루터에게는 올바른 세속적 권위가 더없이 중요했기에 그를 거듭 옹호했던 것이다. 종교개혁을 편들어준 당대 영주들에 대한 높은 존경심의 발로라고도 볼 수 있다. 세속 군주의 명령을 신적 선물로 수용할 것을 종용할 정도였다. 물론 이 경우 군주는 반드시 백성들에게 헌신하는 존재여야만 했다. 신앙을 육성하고 평화로운 삶을 유지시킬 책무가 있기 때문이다. 이로써 의인이자 죄인인 신앙인의 성화는 교회가 아닌 군주의 몫이 되고 말았다. 이를 근대국가의 발생 과정에서 시대 적합했던 일로 여기는 이도 있다. 국가에 힘을 실어주었기에 근대가 발현했다는 이유에서다. 하지만 오늘의 현실은 당시와 너무도 다르다. 지금 우리는 "이것이 국가인가?"를 물어야 되는 시대에 살고 있는 것이다.

루터 역시도 당대 현실에서 신앙심 두터운 군주를 찾기 어려웠다. 신이 미치광이를 통치자로 세웠다고 절망한 적도 수차례 있었다. 그래서 그는 『세속적 권위』 말미에서 군주가 틀렸다면 그를 따를 의무가 없다고 단언했다. 그럼에도 루터는 "모든 권력은 하늘로부터 온 것"이란 자신의 신학적 전제를 포기하지 않았다. 사악한 통치자에게 복종하지 말라고 하면서도 적극적으로 저항하지 말 것을 요구한 것이다. 아무리 불의한 일을 당할지라도 수동적으로 감수하라고 가르쳤다. "폭정은 견뎌내는 것이지 저항해서는 아니 될" 일이라 여긴 것이다.

이러한 루터의 한계가 지금 정통, 보수라는 이름하에 한국교회 속에 그림자처럼 숨겨져 있다. 농민전쟁 시 고민하던 루터가 결국 영주들 편에 선 것도 이런 이유에서였다. 물론 근대의 여명기에 살았던 루터로서는 질서가 더 소중한 가치였을 것이다. 하지만 오늘의 상황에서 두 왕국설을 앞세운 그를 시금석 삼는 것은 어리석다. 이미 루터파 신학자 본 회퍼는 두 왕국설의 한계를 여실히 통찰했고 신실한 회중들의 사적 상태로 축소된 루터의 '오직 믿음'을 추종하지 않았다. 하지만 루터는 여전히 어거스틴에 의존했고 자신이 해석한 로마서를 최종 권위로 삼은 탓에 시종일관 동일한 입장을 견지했다. "인민들의 죄악(원죄) 때문에 통치자의 권위는 존중받아야만 한다." 이렇듯 신의 말씀(로마서)에 기초한 루터신학은 한 종교사회학자의 말처럼 그 스스로 올무에 갇힐 수밖에 없었다. 자연법사상조차도 허용하지 않았기에 변화하는 현대 세계상과의 조우, 열린 대화를 어렵게 했다. 실제로 루터 사후 200년간 개신교회는 신조와 교리를 추종하는 구(舊)정통주의 시대를 맞이할 수밖에 없었다.

다수의 한국교회 역시 이런 아우라 속에서 허우적거리고 있다. 따라서 사회적 타살이 만연되고 과한 욕망으로 자연이 붕괴되는 -'새로운 가난한 자(new poor)'로서의 자연- 현실에서 사적 개인(신앙)으로 축소, 제한된 탓에 현실 정치에 소극적이었던 루터신학은 이제 우리에겐 극복의 대상이 되었다. 그렇기에 역사적 예수 연구가들은 종교개혁자들의 로마서 오독을 경계했고 그들의 시각으로부터 자유할 것을 권면한 것이다. 또한 신앙의 개인적 차원을 강조한 종교개혁자들로 인해 기계론적 자연관과 성장을 추동하는 자본주의가 득세했다는 과학사가(科學史家)들의 엄중한 평가도 귀담아들을 필요가 있다.

지금껏 루터신학을 말한 것은 일반 정치학자들조차 사회적 영성, 생태 영성의 필요성을 말하는 시점에서 한국교회의 폐쇄적인 이유를 설명하기 위함이었다. 루터의 신학원리를 문자적으로 지나치게 내면화(四靈理)한 탓에 교회는 세상과 무관한 탈(脫)맥락적 집단이 되고 만 것이다. 실상 원죄설(어거스틴), 두 왕국설, 심지어 이신칭의론 역시 당대의 문제를 해결할 목적에서 생겨난 것으로 문자 그대로 추종할 이유는 없다. 이런 신학, 신조로는 시대가 갈급해하는 영성을 결코 공급할 수가 없는 탓이다.

오늘의 영성은 동서가 서로 멀 듯 상호 이질적(차이)인 것들이 만나서 낯설고 새로운 세계를 펼치는 과정에서 드러난다(Connection & Unfolding). 광장이 교회가 되고, 물질적인 것이 정신적인 것(최소한의 물질로 사는 것은 정신적인 삶이다)이 되며, 영성이 인간성과 만나고, 진리와 평화가 모순되지 않는 삶의 현실 속에서 사회적, 생태적 영성이 언급될 수 있다. 명목상 법 앞의 평등이란 것이 실상은 모든 불평등의 기초라는 사실을 감각하는 것이 우리 시대가 요구하는 영성의 일면이다.

찬반의 논의가 남겨져 있으나 루터 종교개혁 신학은 의회제도를 추동하여 국가를 성립시켜 근대를 열었다고 긍정적으로 평가할 부분이 있다. 종교개혁이 정치(제도)개혁으로 이어졌기 때문이다. 따라서 서구 유럽인들은 지난 천 년 역사 속에서 가장 위대한 인물로 루터를 꼽는 데 주저하지 않는다. 기독교만의 시대였던 당시와 기독교 이후 시대를 사는 지금, 시대적 정황은 다를 것이나 종교와 정치의 상관성만큼은 공유될 사안이다. 이 역시도 대응 종교개혁에 나선 가톨릭교회와의 선한 경쟁이 없었다면 불가능했을 것이다. 동시대 계몽주의자들의 개혁 의지 때문에 얻어진 공과라 말해도 좋다. 그렇기에 예나 지금이나 세속 이념은 물론 이웃 종교인들과 더불어 선한 경쟁(사랑하는 싸움)을 하고 협력하는 것은 개신교 자신을 위해서도 충분히 유익하다.

그러나 현실 교회들 다수는 종교와 정치를 분리시켜 교회를 세상과 격리된 영적 자폐의 공간으로 만들어 버렸다. 세상에 영향을 주지도 받지도 않으려는 영적 불감증에 걸린 탓이다. 그렇기에 이번 대선과 맞닥뜨릴 사회적 영성 자체를 기대할 수가 없다. 오히려 대선과 신앙의 직접적 관계성을 반문하고 부정하는 이들이 다수일 공산이 크다. 하지만 분명한 것은 사회적, 생태적 영성이 신앙의 본질에 속한다는 사실이다. 더구나 삶의 질을 나타내는 온갖 지표들이 매우 부정적인 2017년의 대한민국에서 더욱 그렇다. 한국사회는 정치, 경제, 교육, 생태 모든 면에서 고난의 한가운데 처해 있음을 말 없는 촛불이 웅변하고 있다.

이번 대선을 사회적 영성의 주제로 승화시키기 위해 성서를 읽는 기본 시각을 달리할 필요가 있다. '생명평화마당'은 이미 '오직 믿음'을 '오직 생명과 평화(정의)로만'을 기치로 내걸며 무게중심을 이동시켰다. 아우슈비츠, JPIC 그리고 세월호 이후를 사는 우리는 종교개혁자들의 시각과 변별되어야 마땅하다. 우리 시대 문제를 옳게 직면하여 풀어내려면 말이다. 성서의 말씀이 사회적 타살의 시대를 극복하지 못한다면 하느님 말씀일 수 없다. 먼 훗날의 천국으로 우리들 책임을 면피할 수는 없는 노릇이다.

노아 홍수 이후 하느님이 요구한 새로운 계약을 생각해 보자. 처음 창조 때보다 더 큰 축복을 약속하며 하느님은 두 가지를 요구했다(창 9장). 사람들 눈에서 억울한 눈물을 흘리게 하지 말 것과, 동물을 피(생명)채 먹지 말라는 것이었다. 신앙인이라면 누구나 이런 근원적(절대) 한계, 곧 우리 표현으로는 사회적 영성과 생태적 영성을 갖고 살아야 옳다. 이것이 희년사상으로 나타났고, 하느님 의(義)의 본질이었으며, 예수 탄생의 뜻으로 이어졌다고 봐도 좋겠다. 성서는 이렇듯 하느님의 급진적 명령과 그것이 요구하는 한계를 넘어서고자 하는 인간들의 실상을 다룬 기록이었다. 이런저런 이유로 절대 한계를 넘어선 이스라엘 민족을 향한 하느님의 의는 가혹하게 작동했다. 제국의 통치에 자기 백성의 운명을 맡긴 것이다. 하지만 예언자들에 이어 묵시론자들이 등장했고 그들의 환상을 통해 고통의 뜻을 풀어주고자 했다.

묵시록은 세계 파멸(종말)을 예고한 책이 아니라 제국의 통치에서 벗어나는 길을 제시하는 내용이다. 이것을 쓴 사람들이 서기관(신학자)들이었다는 사실이 최근 밝혀졌다. 제국의 올무를 벗기 위해 당시 신학자인 서기관들이 하느님의 의를 깊이 생각했던 결과물이었다. 예수 역시도 이런 영향사(史) 속의 인물이었다. 예수 당시 이스라엘은 당대의 제국인 로마의 통치를 받고 있었다. 따라서 종교개혁자들이 선호했던 로마서는 가톨릭적 중세가 아닌 이런 제국의 정황에서 읽혀야만 했다. 세상 안에서 세상 밖을 보았던 예수의 하느님나라 운동처럼, 바울 역시도 로마서에서 제국 안에서 제국과는 다른 삶의 방식을 제시했기 때문이다.

로마서 속에 가장 많이 언급된 '그리스도 안의 존재(Sein in Christo)'란 말이 바로 그것이다. 이는 분명 하느님 의(義)에 사로잡힌 자를 일컫는다. 그가 말한 믿음은 예수 안에 나타난 하느님 의에 대한 믿음이었다. 예수 십자가 사건 속에 하느님 의가 나타났기에 그를 믿으라 한 것이다. 이를 근거로 바울은 유대인과 이방인, 유대인과 그리스도인, 유대적 그리스도인과 이방적 그리스도인 모두를 하나로 엮고자 했다. 폭력 제국인 로마적 삶의 양식(노예제, 가부장제)을 거스르면서 말이다. 오늘 우리 현실에서 이것은 사회적 타살을 종식하는 사건일 수 있겠다. 자신이 세운 교회공동체를 통해서 하느님나라를 원했던 바울처럼 우리 교회도 촛불이 바라는 새 역사의 주인공이 되라는 것이다. 이를 위해 2017년의 대선을 제국에 맞선 바울의 심정으로, 예루살렘을 향한 예수의 걸음으로 임해야 한다. 인간 의식까지를 포함한 근본적이고 총체적인 변화를 강력히 원하는 까닭이다. 지금 우리는 가난할지라도 홀로 슬프지 않은 세상, 수천만 마리의 생명체가 생매장되지 않는 세상, 세월호 참사의 진실이 밝혀지는 세상을 간절하게 소망하고 있다.

어찌 이 길을 갈 수 있고 얻을 수 있을까? 이런 시각에서 종교개혁 신학(원리)을 고쳐 다시 읽는 것이 교회의 우선적 과제이다. 이제 3가지 형태의 '오직(Only)' 교리는 다음처럼 달리 이해되어야 한다.

처음 '오직'은 우선 '행위 없는 믿음'만의 강조가 아니라 역으로 '믿음 없는 행위'의 실상을 고발, 경고하는 것으로 읽혀져야 한다. 믿음이 하느님 의에 대한 믿음이기에 믿음은 행위와 처음부터 불이(不二)적 관계인 까닭이다. 따라서 행위가 없다는 것은 믿음이 없다는 반증이다. 교회는 많으나 세상이 이처럼 망가진 것은 교회가 복음을 실종했다는 증거일 것이다. 이 경우 믿음은 죽임 문화의 실상인 제국에 반하는 삶의 양식(Sein in Christo)을 일컫는다. 그렇기에 생명평화마당은 거듭, 계속 '오직 생명과 평화(정의)로만'을 외치고 있다. 이것이 JPIC 이후(以後)이자 세월호 이후(以後)의 신학이며 종교개혁 원리를 창조적으로 잇는 일이다.

루터가 인문주의(이성)를 거부하고 가톨릭 자연신학을 부정한 것은 가톨릭교회 자체의 잘못도 컸지만 율법에 대한 오해의 산물이었다. 단언컨대 행위 없는 믿음이란 없다. 오히려 우리들 행위가 '믿음 없음'으로 인한 것인지를 늘 살펴야 할 것이다. 교회와 교우들에게 사회적, 생태적 영성을 요구하는 일도 여기서 비롯한다.

다음으로 '오직 은총'은 더 이상 인간의 존재론적 원죄성(어거스틴)을 전제한 개념일 수 없다. 이것은 인간성의 보편적 이해에도 어긋날 뿐 아니라 성서에 대한 왜곡에 기초한다. 인간이 하느님 앞에서 죄인이란 것과 인간의 원죄성은 비슷한 듯 보이나 같지 않다. 후자는 교회가 로마(제도)화되는 과정에서 성직자 우선주의에 입각한 첨가물이었다. 지금껏 '오직 은총'은 인간 이성이나 자유의지와 차원이 전적 다른 개념이라 여겨졌다. 루터가 '숨겨진 하느님'과 십자가의 신학을 강조한 것도 결국 인간 자유의지의 무력함을 고지할 목적에서였다. 그것을 결국 두 왕국설로 귀결시켰고 약자들에게서 정치적 저항력을 앗아간 것을 앞서 보았다. 우리는 지금 종교가 말하는 진리보다 세상의 평화가 더 중요한 시대를 살고 있다. 자본주의 폐해로 그 체제마저 흔들린다는 말이 나돌 정도로 격차가 큰 현실을 경험하는 까닭이다. 세상의 법마저 이런 수탈 체제를 암묵적으로 뒷받침하고 있다. 법이 돈으로 사고 팔리면서 약자들을 옥죄는 역할을 하는 탓이다. 법이 오히려 더 많은 범법자를 양산하고 있으니 걱정이다.

바울이 하느님 의를 갖고서 제국과 로마법에 맞섰고, 예수의 하느님나라가 체제 밖 사유인 것을 생각할 때 '오직 은총'은 세상 법을 능가하는 하느님의 의(義)라 칭해도 좋다. 이성과 자유의지가 아니라 세상 법과 대립되는 개념으로 보는 것이 성서적이다. 본래 히브리적 사유에서 은총과 이성의 구별이 존재하지 않았음을 기억하라. 아시아적 사유 역시 이분화시키지 않았다. 세상 법보다 하느님 의가 크고 옳다는 것이 우리에겐 은총이다. 그 은총으로 우리는 세상과 맞설 수 있고 이를 옳게 이끌 수 있을 뿐이다. 개헌정국, 대선정국을 맞으면서 실정법을 능가하는 하느님 의를 더욱 앞세울 일이다.

마지막으로 '오직 성서'를 고쳐 설명할 차례이다. 성서 속에서 하느님(활동)을 만날 수 있으나 성서 자체가 하느님 말씀과 같지 않다는 것은 이미 루터에 의해서도 확인되었다. 하지만 성서문자주의, 근본주의가 기승을 부리면서 성서 이해가 근대 이전으로 회귀되고 있다. 성서 66권 안에 하느님 계시가 온전히 드러나 있다고 믿는 것이 옳을까? 루터도 앞서 '숨어계신 하느님'을 통해 문자로 담을 수 없는 여지를 남겨 놓았다. 이는 오늘의 진화론적 세계상(우주론)과도 공명(共鳴)할 수 없다. 그래서 이런 제사장적 확신을 일컬어 신학자 알타이저(T. Altizer)는 우리 시대의 가장 큰 미신이라 하였다. 이 점에서 루터가 자연법(신학)을 버린 것은 큰 실책 중의 하나로 평가된다.

우주 자연이 하느님을 알 수 있는 지평인 까닭이다. 기독교가 로마화되는 과정에서 제외된 문서들도 다시 읽혀야 옳다. 정경화 기준이 당시와는 달리 적용될 필요가 있기 때문이다. 성서 안에서 하느님 의를 찾고자 할 경우 이웃 종교와의 대화, 협력 역시 중요하다. "불교를 몰랐다면 기독교도가 될 수 없었을 것"이라 말한 신학자 니터(P. Knitter)의 말이 그래서 중요하다. 세계관의 차이로 언표 양식은 다를 수 있어도 지향하는 뜻은 얼마든지 공유할 수 있기 때문이다. 구원과 열반, 대동세계는 같지 않겠으나 서로를 풍요롭게 할 수 있다. 이 점에서 유영모와 함석헌의 가르침을 기억해야 옳다. "유교와 불교 역시 하늘로부터 받은 계시종교인 바, 후발 주자인 기독교는 이들 종교들과 협력하여 민족으로 하여금 '뜻'을 발견하도록 상호 협력하라"고 했기 때문이다. 이런 가르침은 '종교개혁 이후(以後)' 신학의 한 단면으로서 이웃 종교 및 시민 사회와 대선 정국을 함께 논할 수 있는 기독교적 에토스가 되어야 한다.

위에서 언급한 세 가지 '오직(only)'을 나는 종종 '믿음의 눈', '의심의 눈' 그리고 '자기 발견의 눈'의 역할로 이해해 왔다. 이 셋의 눈으로 종교개혁 500년 전통과 맞설 때 시대를 흔들 수 있는 힘(동력) 역시 생겨날 것이라 믿기 때문이다. 이 세 가지 눈을 고독, 저항, 상상과 맥을 같이 하는 개념이라 생각하고 있다.

 촛불로 인해 야기된 광장 민주주의가, 의회를 비롯하여 혼돈에 빠진 정치권을 이끈 아름다운 이 땅의 경험이 되었고, 전 세계를 감동시켰다. 탄핵정국을 정치적 유·불리로 판단하여 개헌과 대선을 하나로 엮어 자신들 활로를 찾는 정치권의 이합집산이 시작되고 있다. 여전히 친·종북 패러다임이 부추겨질 것이며 태극기를 내세워 촛불이 허문 모든 장벽을 다시 쌓고자 기를 쓸 것이다. 심지어 군대가 나서서 혼란을 수습하라는 말까지 나오고 있다. 경제 위기를 고조시키는 것도 기득권자들의 전형적 수법임을 기억해야 한다.
 일천만 기독교인들에게 이런 틀을 덧씌우며 대선을 치를 심산으로 보수 정치권은 온갖 수단을 마다하지 않을 것이다. 대통령 변호인단의 교묘한 늦장으로 헌법재판소 탄핵 심판 결정이 지연될 여지도 생겨났다. 총체적으로 이번 대선에 개헌이 변수가 되었고 그 호·불호에 따라 대선 판도가 요동칠 상황이 되었다. 국회에도 이미 개헌 특위가 만들어져 가동되었다 한다. 하지만 박근혜의 개헌 제안을 촛불이 무력화시켰듯이 국회 차원의 논의 역시 촛불과 함께 진행해야 옳다. 개헌의 필요성을 국민에게 먼저 묻는 것이 도리(예법)이며, 개헌을 하더라도 '시민 참여형' 개헌 구조를 만들라는 것이다.

　대통령 탄핵 후 국민들에게 헌법 운영의 권리가 생겼다고 어느 정치철학자는 조언했다. 군주민수(君舟民水)라는 말이 적시하듯 정부로부터 국민이 주권을 회수했기 때문이다. 따라서 개헌 특위에 당의 대표들과 상응하는 동수의 시민들이 반드시 참여해야 할 것이다. 이도 저도 아니라면 시민사회 쪽에서 먼저 촛불의 민심을 담은 개헌안을 별도로 숙의하여 의회와 협상하는 방식도 있다. 결선투표제를 비롯하여 선거 연령을 낮추는 문제가 이런 구조 속에서 진행되고 있는 줄 안다. 두세 번 이상 선거에 참여하지 않을 시에는 선거권 자체를 제한하는 조항이 헌법에 명시된 나라도 있다고 들었다. 항차 제왕적 대통령(청와대)뿐 아니라 언론, 정당, 재벌, 방송, 검찰 그리고 국정원 개혁을 위한 적실한 요구를 합리적으로 토론하고 제안하며 결정하는 과정이 필요할 것이다.

　기독교대선운동 역시 한국교회를 대상으로 이 점을 강력히 호소하고 설득해야만 한다. 종교개혁 500년을 맞아 종교와 정치를 다 개혁하자는 강력한 모토를 제시하면서 말이다. 촛불의 민심과 공명하지 못하는 교회는 더 이상 교회라 말하기 어렵다. 자폐증 환자처럼 자기 세계에 갇혀 영적 방종을 일삼는 무익한 제도로 존재할 뿐이다. 지금까지 어떤 이념,

철학도 초등학생까지 변화시킬 정신을 탄생시키지 못했다. 하지만 이번 촛불항쟁에서 그 어떤 지식인의 말보다 부산 자갈치시장 아주머니의 몸에 밴 생각이 지혜로웠다. 대구 여고생의 호소가 힘이 있었으며, 어느 지방 청년 노동자의 절규에 우리 모두 함께 울었다.

기독교 영성은 이런 광장 민주주의와 접촉해야 한다. 대강절 교회들이 밝혔던 촛불보다 거리의 촛불에서 기다림의 의미를 더욱더 배우고 느꼈기 때문이다. 대한민국을 바꾸기 위해 교회는 광장과 소통해야 하고, 삶을 통해 자신의 신앙을 증명해야 할 것이다. 범법자들을 양산하는 실정법의 횡포를 하느님의 정의로 맞서야 한다. 정치권이 만든 틀을 홀연히 벗겨내고 우리들 종교인이 만든 프레임을 그들에게 건넬 때가 되었다. 좌·우, 성장·분배, 진보·보수의 프레임이 아니라 '공공'과 '사사로움'이란 틀이 바로 그것이다. 사실 공사(公私)의 치열한 문제의식은 이 땅에 먼저 온 유학과 동학의 지난한 과제였다. 이들과 함께 교회는 3.1독립운동 때 그랬듯이 이 틀을 갖고 이 땅을 바꾸는 일에 공조해야만 할 것이다.

종교개혁 500년과 맞물린 2017년 대선은, 우리 역사를 서세동점의 시기였던 100년 전으로 되돌리게 할지, 주체적 역량으로 동아시아 주역이 되게 할 계기가 될지를 가늠하게 하는 결정적 사건이 될 것이다. 이 기회를 놓친다면 당시 나라를 지키지 못했다는 이유로 유교, 불교를 비난했던 기독교에 몇 곱절의 화가 되돌아오게 될 것이다. 때가 무르익은 사상만큼 무서운 것이 없다고들 한다. 2017년 촛불 민심은 되돌릴 수 없는 민족사적 사건이자 세계사적 의미로 자리매김하였다. 불확실성의 시대에 가야 할 방향을 제시한 까닭이다. 기독교가 이 정신에 역행한다면 이 땅에 존재할 이유도 자격도 없다.

앞서 보았듯이 루터 종교개혁(신학)은 교황권을 해체시켜 정교분리를 제도화했다. 이 과정에서 교회는 '신앙인들의 모임'이 되었고, 교황을 비롯한 거의 대부분의 성직자가 여기에 포함되었다. 신앙공동체로서의 교회가 교황이나 성직보다 더 큰 외연이 된 것이다. 하지만 이때 교회는 세상 통치를 군주에게 일임했고 저항권을 상실했다. 목사에겐 설교의 기능만이 모든 것이 되고 말았다. 후일 민족교회로 발전되면서 교회의 국가 예속화는 더욱 심해졌다. 그럼에도 루터의 새로운 교회관은 공과가 있음에도 의회제도 발전에 상당한 역할을 했다. 물론 이런 공(功)은 당대 계몽주의와 대응 종교개혁과 나눌 일이지만 말이다.

이제 촛불은 의회제도를 넘어 직접 민주주의를 열망하는 징표가 되었다. 대한민국의 통치권이 국(시)민으로부터 나온다는 사실이 새롭게 자각된 것이다. 이런 촛불의 에토스와 오늘의 교회가 공명할 수 없다면 '신앙인들의 모임'이라는 개신교 공동체(교회)는 중세의 그것처럼 게토화되고 말 것이다. 제국적 상황에서 집필되고 편집된 성서, 심지어 묵시록을 비롯한 예수의 하느님나라 사상 역시도 현실을 비판하는 일종의 체제 밖 사유의 표현이었다. 우리 식으로 말한다면 박근혜 -지금은 윤석열- 속에 재현된 박정희, 전두환의 잔재들을 하느님 의(義)를 통해 소멸코자 하는 몸부림이라 할 것이다. 여기서 저항권을 상실한 교회, 정권에 길들여진 교회는 길에서 짓밟히는 소금처럼 무용지물로 전락할 것이다.

종교개혁 500주년과
독일 '교회의 날'

 2017년 5월 20일(토)부터 30일(화)까지 독일 베를린과 비텐베르크에서 열린 '교회의 날' 행사에 다녀왔다. 오가는 일정까지 감안하여 10일 가량 독일에 체류한 것이다. 세계 곳곳을 다녀 보았지만 유럽과 한국 간의 시차 적응이 가장 어려운 듯하다. 오래전 유럽에서 공부했으나 교회의 날 행사는 이번이 처음이었다. 30년 교수 생활 이후 은퇴한 상태에서 처음 경험한 것이다. 긴 세월 신학대학에 몸담고 살면서 교회의 날에 대한 배움을 나누지 못했으니 게을렀다는 생각뿐이다.

 교회의 날 행사에 대한 관심은 2016년 10월 재독 한인교회 연합회 임원 수련회에 강사로 초빙되면서 불거졌다. 후학이자 제자들로서 한때 우성감리교회에 함께 몸담았던 두 목사님, 보쿰의 추용남과 뒤셀도르프의 김재완의 요청으로 오랜

만에 독일 땅을 밟게 되었다. 집회 마지막 날에 세월호 기억저장소를 위해 후원금을 모아주었고, 이 일의 연장선상에서 교회의 날 행사에 세월호 유족들의 참여를 독려받았다. 베를린 기장 소속 한인교회 조성호 목사님 도움도 컸다. 이런 연유로 세월호 유족들과 함께 교회의 날 행사에 참여하는 일이 계획되었다. 세월호 기억저장소 어머니들도 좋아했기에 독일 한인교회와 연락을 취하면서 이 일을 성사시켰다. 애당초 베를린 교회의 날 행사에만 참여하기로 했으나 유럽 교회들과 시민사회의 협조로 뮌헨, 런던 그리고 보쿰 지역까지 다녀오게 되었다.

이와는 별도로 올 초 이은선 교수는 독일교회 내 WCC 관계자로부터 교회의 날 행사를 위해 논문 발표 요청을 받았다. 종교개혁 500년을 기념하는 교회의 날 행사이기에 관련 논문을 부탁받은 것이다. 교회의 날 행사에 함께 할 수 있는 기회라 여겨 나 역시 기쁘게 응했다. 그때부터 복잡한 메일이 오갔고 논문 준비에 마음을 다했다. 국제적 행사라 영어가 공식 언어로 된 탓에 비교적 익숙한 독일어를 접고 영어로 준비하는 일이 버겁긴 했으나 덕분에 그곳 유럽 사람들은 물론 한인들에게 새로운 신학적 화두를 전한 것 같다. 논문을 준비하는 과정에서부터 우리는 교회의 날 발표를 통해 우리들 아시아적 시각을 서구에 전하자는 뜻을 굳게 가졌다.

조성호 목사님 소개로 교회의 날 행사가 열리기 전까지 2~3일간 민박집에 머물며 인근 명소를 둘러볼 수 있었다. 도착 후 다음날(21일) 주일에 베를린 한인교회에서 설교했고 독일 국회의사당, 메르켈 총리 관저, 전쟁 포격의 상흔을 그대로 간직한 교회들을 찾았다. 이어서 통독 이후 베를린에 정착한 감리교 선교사 이병희 목사님 부부 안내로 베를린 북쪽에 위치한 나치수용소도 방문하였다. 폴란드 아우슈비츠 수용소의 축소판이라 불릴 정도로 닮았다 한다. 끝까지 히틀러 정권에 저항했던 마틴 니묄러 목사가 머물렀던 방도 눈에 띄었다. 노동력을 상실한 유대인들을 죽이던 가스실, 그 옆에 세운 기념비 인근에 이스라엘 국기와 함께 방금 놓고 간 듯 보이는 싱싱한 꽃다발이 놓여 있었다. 돌아오는 길에 지금은 기념관으로 변한 본 회퍼 목사의 부모가 살았던 집도 둘러보았다. 어린 시절 본 회퍼가 뛰놀던 공간이었으리라. 근처에 놓인 작은 돌멩이 하나를 주워 가져 왔다. 니묄러와 본 회퍼 목사가 없었다면 독일 기독교는 세상에 얼굴을 들 수 없었을 것이란 말이 실감되었다.

　다음 날(22일)은 지도를 보며 지하철을 타고 시내 중심부를 찾아다녔다. 옛적 공부하던 바젤에서의 경험에 근거하여 낯선 독일 시내를 어렵지 않게 돌아다닐 수 있었다. 무작정 다니다가 우연히 발견한 곳이 훔볼트대학이었다. 분단 시절 동독에 속했던 이 대학을 찾은 것이 무척 반가웠다. 신학부 건물에 들어섰을 때 19세기 신학자 프리드리히 슐라이어마허와 20세기 신학자 본 회퍼 흉상이 세워져 있었고 벽면에 그들의 말이 적혀 있는 것을 보았다. 내 식대로 해석한 것을 기억나는 대로 적어 보겠다.

"역사의 매듭은 풀려짐 없이 함께 가는 것인 바, 기독교와 이웃 종교들이, 신학(학문)과 불신앙(미신)이 바로 그러하다."
  - 슐라이에르마허
"기독교는 구조적인 문제로 인해 희생된 사람들에게 무한 책임을 져야 한다. 그들이 기독교인이건 아니건 간에 말이다."
  - 본 회퍼

앞의 글이 신학의 근대적 과제를 말한 것이라면, 뒤의 글은 20세기 산업사회의 병폐를 염두에 둔 글일 듯싶다. 시대가 달라지니 신학의 핵심과 골자도 이렇듯 달라졌다. 신학부 앞에 위치한 서점에서는 프랑스 철학자들의 책이 잔뜩 전시되어 있었다. 판매하는 이에게 물으니 훔볼트 대학에서 지젝, 바디유, 아감벤 그리고 한나 아렌트의 책들이 많이 읽힌다고 한다. 신학적 동향이 또다시 달라졌다는 반증이다. 그곳에서 우리는 바디유가 쓴 자본주의 비판서와 한나 아렌트의 서문이 담긴 발터 벤야민의 책을 각기 한 권씩 사 들고 나왔다.

　이튿날(23일) 다시 그곳을 찾았다. 베를린의 중심이었기에 박물관과 미술관 등이 많았기 때문이다. 동독의 생활양식을 전시한 박물관을 보았고 종교개혁 500년을 기념하며 그 전후의 독일 역사를 정리한 독일 역사박물관도 긴 시간 동안 살폈다. 너무 볼 것이 많아 빠르게 지났으나 지난 이천 년간 독일이 어떤 경로를 거쳐 오늘에 이르렀는가를 분명히 볼 수 있었다. 수없이 국경을 달리하면서 흥망성쇠를 거듭하다 세계적 문제를 책임지겠다고 나선 오늘의 독일이 많이 부러웠다. 루터의 종교개혁이 이런 독일을 만든 이유 중 하나였을 것이다. 그렇기에 이번 교회의 날 행사에서 독일교회는 루터의 종교개혁 500년을 내세울 수 있었다. 물론 그것 자체는 미완의 개혁이었음에도 말이다.

　주변에 예술품을 전시한 공간도 있었으나 시간이 없어 입장하지 못했고 거대한 돔(Dom) 몇 개를 살펴보며 넓은 잔디밭 위에서 햇볕을 즐기는 뭇사람들을 실컷 구경했다. 사람을 살펴보는 일(Mindfulness)이 이처럼 신나는 일인지를 새롭게 알았다. 그날 저녁 우리는 교회의 날 행사 주최 측이 소개해준 베를린 근교의 가정집으로 거처를 옮겼다. 특별히 아시아 사람을 손님으로 원했다는 이 가정집에서 우리는 일흔을 넘긴 두 부부의 헌신적인 사랑을 받았다.

다음 날 수요일(24일)은 교회의 날 행사가 시작되는 날이었다. 등록한 후 우리는 교회의 날 프로그램을 담은 두툼한 안내서를 받았고 행사 기간 동안 사용할 수 있는 교통카드가 주어졌다. 본 행사가 특정한 곳에서만 열리는 것이 아니라 베를린 전 지역에서 동시다발적으로 개최되기에 수없이 지하철로 이동해야 했던 탓이다. 우리가 발표하게 될 행사장도 사전 답사해 두었고 오가는 거리, 소요되는 시간도 체크해 두었다. 우리 외에도 몇 사람의 한국인이 발표하는 것도 안내서를 통해 알게 되었다. 경동교회 채수일 목사, 장로교의 이홍정 목사 그리고 뜻밖에도 인명진 목사가 한국교회의 개혁을 주제로 발표한다는 사실도 알게 되었다. 얼마 전까지 자유한국당의 비대위원장으로 활동하던 그가 교회개혁을 주제로 발표한다는 것이 생뚱맞기까지 했다. 채수일 목사는 한국교회의 에큐메니칼 운동에 대해 이야기했고 이홍정 목사는 아침 성경 공부 시간에 '야곱과 에서' 본문을 갖고 신자유주의 문제를 풀고자 시도했다.

개회식은 통일의 상징인 브란덴부르크 성문(광장) 앞에서 성대하게 열렸다. 수십만의 사람이 왔다 하여 서로들 놀란 듯했으나 한국의 촛불을 경험한 우리로서는 경이롭지 않았다. 그러나 젊은이들이 함께 모여 교회의 날 행사를 맘껏 즐기며 참여하는 것을 보면서 독일교회가 결코 죽지 않았음을 실감했다. 매 주일 교회 공간을 텅 비웠던 이들이 본 행사에 참여하여 교회의 책임을 논하고 느끼고 있음을 보았기 때문이다. 더구나 종교개혁 500년을 기념하는 베를린 교회의 날 행사의 대회장이 스위스 바젤대학에서 공부한 여성 목사인 것을 알고 놀랐다. 더구나 그녀는 스위스인이었다. 민족, 성별을 떠나 이렇듯 중대한 행사에 여성이 대회장으로 개막식 강연을 멋지게 하는 것을 지켜본 것이다. 그녀의 강연은 본 행사의 주제인 "Du siehst mich" 즉 "당신이 나를 본(살핀)다"는 창세기 말씀(16장 11절)에 근거했다. 하느님이 신음하는 하갈을 살폈듯이 가난하고 힘든 이웃 특히 난민, 소수자들을 마음 다해 살펴 도움이 되라는 것이다. 하느님이 세상을 좋게 창조했으니 그의 피조물인 인간들도 그런 세상을 만들어 가야 한다(하느님 형상)는 것이다. 결국 세계적 차원의 재난, 빈곤에 대해 독일교회가 책임을 져야 한다는 호소였다. 이슬람 지역에서 온 탄자니아 출신 흑인 목사의 설교도 인상 깊었다. 난민 문제로 야기된 갈등을 해결하고 싶었을 것이다. 본 주제에 관해서는 상세하게 후술하겠다.

다음 날(25일) 아침은 첫날과 동일한 장소에서 세계적인 강연회 및 토론회가 있었다. 전날 강연한 대회장 여성 목사의 사회로 전(前) 미 대통령인 오바마와 메르켈 독일 총리의 대화가 광장을 메운 사람들 앞에서 행해졌다. 비교적 앞자리를 얻은 우리는 이 두 사람의 얼굴을 가까이서 볼 수 있어 좋았다. 교회의 날 행사에 자국 수상과 미국 대통령이 와서 축하하고 행사 주제에 관해 토론하는 모습을 지켜보는 것만으로 신나는 일이었다. 수십만의 독일 젊은이들이 이들 대화에 환호했고, 그 모습은 실로 장관이었다. 이들 토론의 핵심 내용은 세계적 차원의 문제를 풀어감에 있어 정치와 종교가 상호 협력하는 방식에 관한 것이었다. 트럼프에 의해서 방향이 틀어졌으나 이들 두 정치인은 세계적 차원의 재난에 함께 책임을 지자는 입장을 취해 왔다. 그러나 때로는 종교와 정치가 상황에 따라 갈등할 때, 종교인으로서의 개인과 정치인으로서의 자신이 모순을 겪을 때, 어떤 해결이 있을까를 논쟁했고 솔직히 고민했다. 하지만 기독교는 가난과 전쟁이라는 정치적 모순에 대해 언제든 말해야 하는 종교라는 인식에는 공감했다. 유럽과 미국이 콜럼부스와 루터 두 사람으로 인해 관계 맺게 되었다는 오바마의 말이 흥미로웠다. "전자에 의해서 착취와 억압의 역사가 일어났으나 후자로 인해 그것이 종식되어야 한다"고 말하면서 루터 종교개혁 500년 역사를 의미화한 것이다. 메르켈 총리가 동독 출신이란 것도 -비록 그녀가 CDU라는 보수정당에 속했으나- 오늘의 난제를 풀어가는데 도움이 되었을 것이란 판단도 작용했다. 여하튼 교회의 날을 맞아 기독교인인 두 정상은 교회를 향해 세계적 차원의 책임을 피할 수 없다는 강력한 메시지를 남겼다.

 앞서 말한 대로 교회의 날 행사는 창세기 16장 13절에 나온 이 말씀 -당신이 나를 본다-을 표제어로 삼았고, 행사장은 물론 유서 깊은 교회 예배당 도처에 내걸었다. 길을 가다가도 심심찮게 이 구절을 접하는 경우가 많았다. 이 말씀의 주인공은 아브라함의 몸종 하갈이다. 본래 아이를 낳지 못한 본처의 허가를 받아 몸종의 신분으로 임신했으나 사라 역시 임신하게 되자 그녀의 질시와 학대를 견디지 못해 죽음의 땅인 광야로 내몰리는 여인이었다. 갈증으로 목말라 죽을 지경에 이르렀을 때 기적적으로 우물을 만났기에 하갈은 하늘을 향해 '당신은 나를 살피시는 분'이라 고백했다. 곤경에 처했을 때 자신을 살펴보시는 분, 그가 하갈에겐 하느님이었다. 금번 행사의 주제인 "You see me"는 바로 이런 맥락에서 나온 말이다.
 교회의 날은 이보다 한걸음 더 나아갔다. 하느님만이 아니라 누구라도 '당신'이 될 수 있고 되어야 한다는 것이다. 수많은 이들의 고통과 절규가 있는 한 그들을 세심하게 듣고 보아야 할 책임이 기독교에 있다는 말이었다. 이것을 종교개혁 500년을 맞아 미완의 상태로 있는 기독교의 자기개혁 과제라 여겼다. 앞서 언급한 훔볼트대학 신학부 벽면에 새겨진 본 회퍼의 말도 이 점에서 다시 상기할 필요가 있다. 이는 결국 유럽의 걱정거리인 난민에 대한 독일교회의 현실적 시각을 반영한 것이다. 자국의 정치적 후진성 탓이기도 하겠으나 그런 상황으로 몰아간 유럽의 책임을 숙지하면서 그들 난민들을 수용할 것을 교회가 국가에 요구하고 있는 것이다. 여기서 중요한 것은 '마음 다하기(Mindfulness)'의 영성이다. "살피다" "본다"는 것은 "마음을 다하다"라는 말이기도 하다. 마음이 없을 때 세상의 고통은 보이지도 들리지도 않는 법이다. 세상을 향해 마음을 다하는 일이 신앙이고 믿음의 삶이다.

성서가 말하는 하갈은 총체적으로 이슬람을 상징한다. 하느님이 보살펴 낳은 하갈의 아들, 즉 이스마엘이 이슬람의 조상인 탓이다. 또한 여성이며 노동자이고 하위 주체이며 신음하는 자를 총칭할 수도 있다. 하느님의 보살핌을 받은 자란 '이스마엘'이란 이름을 얍복 강변에서 하느님과 싸워 이긴 야곱에게 '이스라엘'이란 새 이름이 주어진 것과 비교해 보자. 현재 기독교와 이슬람 간의 싸움은 '하느님을 이긴 자'와 '하느님의 보살핌을 받은 자' 간의 싸움이라 해도 과하지 않다. 하지만 기독교 서구는 이슬람을 가난한 자의 차원에서 관심할 뿐 이슬람 자체를 긍정하지는 않았다. 자신들을 하느님조차 이길 수 있는 특별한 능력의 소유자로 여겼던 탓이다. 살피시는 하느님의 역할을 자신들의 역할로 인정하는 것은 옳은 일이나 그에 앞서 하갈을 쫓아낸 자신들에 대한 반성이 앞서야 했다.

여하튼 "Du siehst mich"와 짝을 이루는 다른 하나의 말이 눈에 자주 띄었다. 그것은 "Ich war dabei"로 앞의 말에 대한 반응이었다. 즉 곤경 속에서 "당신이 나를 살핀다"고 말하는 하갈에게 하느님은 "너와 함께 있다", "그때 그곳에 있었다"고 말씀하신 것이다. 어느 상황에서든 하느님은 고통받는 자를 홀로 두지 않는다는 것이 성서의 증언이자 하느님의 생각이다. 이런 확신을 갖고서 종교개혁 500년을 맞는 교회가 세상의 책무를 떠안아 슬픔을 경감시키자고 했다. 하지만 공교롭게도 행사장에서 A. 슈바이처의 말이 새긴 우편엽서를 나눠주는 집단이 존재했다. 번역해 옮기자면 이런 뜻이다.

"배울 것이 없는 사람은 세상에 한 사람도 없다."
(Es gibt keinen Mensch auf der Welt, von dem man nicht etwas lernen könnte.)

난민을 구제의 대상으로만이 아니라 배움을 주는 주체로 받아들이라는 의미일 것이다. 교회의 날 행사에 이런 뜻이 부족했다고 여겨 슈바이처 추종자들이 이 글을 갖고 나왔던 것이리라. 티벳 난민이 발생했을 때 바젤의 신학자 오트는 그들을 수용하는 것은 그들의 오랜 (불교)문화를 수용하는 것이기에 스위스에 큰 덕이 될 것이라고 했다. 아무리 난민일지라도 상호 호혜적 관계성 차원에서 접근하는 것이 더욱 신학적이고 종교적이며 생태적일 듯싶다.

주지하듯 독일 교회의 날 행사는 2년마다 한 번씩 도시를 바꿔 열었다. 가톨릭교회와 개신교가 번갈아 가며 행사를 주관했던 탓에 그리된 것이다. 올해는 루터 종교개혁 500년을 기념하는 축제로 루터와 관련된 인근 도시들이 협소한 관계로 지근 거리에 있는 베를린에서 열렸다. 개막식은 베를린에서 하되 폐막식은 종교개혁 장소로 95개 조가 발표된 비텐베르크에서 열기로 합의한 것이다. 1949년 독일이 분단되던 해에 평신도운동으로 시작된 교회의 날 행사는 분단 역사 속에서도 지속되었고 통독 과제를 비롯하여 교회의 대 사회적 책임에 역점을 두어 왔다.

교회의 날을 주창한 사람은 라이놀트 폰 타넨-틀리글라프라는 사람인 바, 에큐메니칼 의식과 경건주의 의식의 소유자였던 그의 주도하에 교회의 날 행사의 성격이 결정되었다고 한다. 독일교회가 히틀러의 국가사회주의에 동조했던 것에 대한 반성에서 교회의 날 행사가 시작되었다고 볼 수 있겠다. 루터 이후 국가교회의 성격을 지닌 독일교회가 교회의 날 행사에 있어 후견인 역할을 했던 것도 주목할 필요가 있다. 특별히 이번 교회의 날 행사는 우리에겐 낯설지만 그들에게는 익숙한 '그리스도 승천일(Himmelfahrt Christi)' 연휴 기간 중 열렸기에 많은 관심과 호응을 받았다. 60~70유로를 내고 등록한 사람 수만 17만이라 하니 실제 부스에 참여한 사람, 단순 방문자를 포함하면 몇 곱절은 많을 것이다.

한마디로 베를린시 전체가 교회의 날을 위한 축제의 장이었다. 몇 층으로 된 건물 서너 개의 행사장을 비롯하여 도시 내 수많은 교회들, 관공서와 대학 건물에서 수많은 강연회, 토론회, 음악회, 에큐메니칼 예배, 성서연구 행사가 열렸다. 국내외 참가자 수십만 명의 숙박을 위해 크고 작은 호텔, 민박은 물론 가정집, 근교의 학교 건물 등이 필요했다. 동서와 남북이 지상, 지하 철도로 설비된 독일 지하철은 "당신이 나를 본다"는 글귀가 적힌 주황색 바탕의 천을 두른 참가자들로 인산인해를 이뤘다. 기독교 관련한 수많은 부스들이 운영된 것도 나를 놀라게 했다. 그냥 스쳐 지나가는 정도로만 보더라도 부스 관람에 하루 종일이 걸렸다. 세월호 기억저장소와 위안부 할머니들 부스가 베를린 독일교회의 부스와 함께 자리잡아 많은 이들의 주목을 받았다. '세상을 위한 빵(Brot für die Welt)'이라는 독일 자선단체의 참여 부스도 눈여겨보았다. 보고 싶은 부스와 듣고 싶은 강연, 즐기고 싶은 음악회,

배우고 싶은 새로운 형식의 예배 등이 너무도 많아 선택하는 일이 힘들었다. 이들 행사가 동시다발적으로 열리는 탓에 모든 것을 경험하기란 불가능했던 것이다.

대략 내가 눈여겨본 강연 주제들을 열거하면 다음과 같다. "Du siehst mich"를 주제로 한 국제적인 만남의 장, 인권을 주제로 한 주제 강연, 전쟁과 테러에 반대하는 비폭력주의, 경계 없는 교회, 다원주의 시대의 기독론(기독교) 재구성, 유대교와 기독교(루터), 이슬람과의 공존의 길, 여성 안수의 문제, 지구를 위한 소금이 되자, 세계적 가난의 문제를 줄이기, 종교들 속의 페미니즘, 하나의 세계가 가능한가? 루터의 '오직 은총' – 정의와 관련하여, 공존을 위한 관용, 평화를 위해 더 큰 책임 감당하기, 하느님 은총으로 해방되기, 종교적 자유, 교회와 정치 등이었다.

전체 프로그램은 여기 열거한 것보다 수십 배는 많은 양이다. 시간에 쫓기며 이곳저곳을 넘나드느라 내용을 충분히 숙지하기 어려웠고, 언어의 한계로 이해가 충분치 않았음에도 분위기와 방향은 제대로 가늠할 수 있었다. 교리가 아니라 실천이 중요했으며 진리보다 평화가 요청되는 현실을 충분히 인식할 수 있는 계기가 되었다. 이 시대에 교회가 무엇을 위해 필요하며 왜 존재하는가를 물었고 그 답도 얻었다. 그것은 '세상을 위한 교회'로서 자폐증에 걸린 한국교회를 위한 처방

이 될 것이다. 어떤 에큐메니칼 예배에서는 간디의 텍스트와 달라이라마를 갖고 설교하고 묵상하는 경우도 있었다.

이처럼 광대하고 다양했으나 나의 시각에서는 교회의 날이 여전히 유럽 중심적이었다. 유대교와 이슬람에 대한 관심이 고작이었고 아시아 문화와 종교에 대한 관심이 전무했기 때문이다. 과거 유대민족에 대한 죄책, 현재 이슬람 난민 수용 문제가 그들 관심의 전부였다. 아프리카적 시각도 상대적으로 적었다. 생태, 환경 문제도 활발하게 논의된 것 같지 않았다. 물론 자본주의 비판, 인권, 평화의 안목에서 보는 논의가 없지 않았으나 핵심 주제는 되지 못한 것 같다. 이런 점에서 세월호 어머니들과 함께 한국의 촛불을 말하고 세월호 이후의 삶을 논한 것도 의미 깊었다.

주최 측으로부터 논문을 처음 요구받았을 때부터 우리는 교회의 날 행사에 단지 배우러 가지만은 않겠다고 말했다. 하지만 영어가 공식 언어였기에 독일어가 편한 나에게는 조금 버거운 과제였다. 하지만 기독교를 숱하게 재해석했듯이 유교도 재해석(구성)하여 다른 기독교와 다른 유교를 유럽에 선보이고자 했다. 이은선은 종교개혁이 말한 3개의 '오직(sola)' 교리를 3개의 성, 즉 '성(聖), 성(性), 성(誠)'으로 재해석했고 나는 유교의 제사 원리를 최소주의에 입각하여 만인

사제설로 발전시켰다. 평신도도 설교는 물론 의례의 주체가 될 수 있음을 신독(愼獨) 개념에 근거해 재해석한 것이다. 지금껏 3개의 'sola'가 오용되고 과장되어 자본주의 논리로 변질되었기에 만인사제직은 제대로 논의조차 되지 못한 채 사장되고 말았던 탓이다.

앞서보았듯 생명평화마당에서는 탈성직, 탈성장, 탈성별을 '한국적 작은교회론'의 가치로 여겼고, 3개의 '탈(脫)'을 통해 종교개혁 500년을 맞고자 했기에 이러한 작업은 한국에서도 수차례 토론되었었다. 외국어로 난해한 과정을 상세히 설명하려니 한계도 많았으나 의사는 소통된 듯싶어 안심했다. 앞으로도 지속될 과제이기에 질문을 경청했고 더 생각할 거리를 갖고 돌아왔다.

세월호 기억저장소 어머니 두 분을 모시고 간 것도 큰 기쁨이자 수확이었다. 추진할 때와 달리 정부가 바뀐 탓에 분위기가 달라졌으나 어머니들은 세월호 기억저장소를 알리기 위해 혼신의 힘을 다했다. 세월호 유품들은 수없이 생겨나는데 그를 보관할 공간은 없고 추모관 건립에 정작 안산 시민조차 반대하는 상황에서 어머니들은 기억저장소 활동이 자신들만을 위한 것 아님을 역설했다. 독일에서 아우슈비츠 참사를 기억하는 방식도 열심히 배우고자 했다.

세월호를 통해서 촛불 민심이 생겨났고 그것이 한류 중 한류가 되어 세상의 희망이 된 것을 외국인들에게 열심히 설명하였다. 우리 역사상 '기억'의 중요성을 이처럼 중시하게 된 것도 분명 세월호 참사로 인함일 것이다. 그래서 벤야민은 기억을 메시아 사건이 발생할 수 있는 '돌쩌귀'(돌의 틈새)와 같다고 말한 적 있다. 벙어리와 같았던 유족 어머니들의 입이 열려 세상을 흔든 예언자의 소리가 된 것은 실로 엄청난 사건이었다. 우리는 이를 일컬어 또 다른 부활이라 명명했다. 그들은 강한 자들, 배운 자들을 부끄럽게 하는 메시아 소리를 전한 것이다.

　베를린에서 개회한 교회의 날 행사는 루터가 95개조 항목을 써 붙였다는 비텐베르크에서 폐막했다. 도시가 협소한 관계로 수십만이 모이는 폐회예배는 도시 인근의 넓은 초원에서 드렸다. 안타깝게도 도심에 이르지 못해 먼 발치에서 비텐베르크 교회를 바라보는 것으로 만족해야만 했다. 내리쬐는 땡볕을 견디며 수십만의 사람들이 모여들었다. 남아프리카공화국에서 온 목사의 설교가 있었고, 독일 대통령의 마지막 인사가 있었으며, 오병이어의 기적을 꿈꾸며 성만찬 예식을 거행했다. 관현악단과 합창단의 멋진 음악이 백미였다. 선포된 메시지 내용을 떠올리며 "We shall overcome" 노래 4절까지를 모두 합창했다. 우리 이웃을 더 잘 살펴보겠다는 다짐을 하면서 말이다. 수백 대의 차량(버스)이 줄지어 오가는 모습도 장관이었다. 주차 후 3~4킬로미터를 걸으며 서로에게 인사하는 모습도 마음속 깊이 각인되었다.

행사에 참여하느라 몰랐던 소식을 접하게 되었다. 교회의 날 행사가 진행되는 동안에도 독일 TV채널에서는 과연 이런 행사를 지속해야 옳은가에 대해 장시간 토론을 했다는 사실이다. 국가교회로서 독일교회가 막대한 예산을 치르면서 이런 행사를 지속하는 것에 대한 이의 제기가 없지 않음을 알게 된 것이다. 그럼에도 50~60년 이상 지속된 것은 본 행사에 정당성을 인정하는 사람들이 많았던 결과다. 무엇보다 젊은 이들이 모여 독일교회의 사명과 미래적 과제를 진지하게 토론하는 것이 독일의 앞날에 유익하다는 판단에서였다. 세상의 고통을 독일교회가 감당할 수 있기를 바라는 젊은이들이 있는 한 한국교회는 유럽교회의 텅 빔을 비웃을 자격이 없다. 이들 문화 속에 남아있는 기독교 정신은 결코 소멸되지 않았다. 여타의 모든 것들은 다른 분야가 감당할 수도 있을 것이다. 의료, 복지, 교육 등이 그렇다. 그러나 세상에 대한 책무를 가르치는 종교(기독교)의 역할은 이와 별도로 여전히 존재하는 법이다.

행사 첫날(24일) 베를린 일간지에 한 무신론자의 시각이 실렸다. 종교개혁 500년을 축하하는 교회의 날 행사에 대한 일종의 관전평이었다. 그의 말을 요약하자면 이렇다.

"루터보다 더 중요한 것이 종교개혁이다. 가톨릭이나 개신교의 관계보다 더 중요한 것이 있다. 그것은 동구권의 좌파와 탈(脫)교회성이 예수와 훨씬 친근하다는 점이다. 이런 예수를 말하는 한 무신론자인 나 자신도 교회의 날 행사를 지지한다. 한마디로 종교개혁은 지속되어야만 한다. 현재의 기독교는 세상을 품을 만한 규범(Norm)을 갖고 있지 못하다. 루터의 종교개혁지인 비텐베르크의 개신교 인구가 18% 미만인 것을 숙지하라."

교회의 날 행사를 마치고 온 지 많은 세월이 흘렀다. 많은 것을 배운 자리였다. 올해 준비하는 '작은교회한마당'을 위해서도 생각거리를 많이 주웠다. 배운 생각들을 많이 반영하면서 더욱 좋은 모임으로 키워나갈 것이다. 독일서 만난 제자들, 후학들에게도 고마운 마음을 전한다. 힘겹게 목회하면서도 세월호 유족들을 만나겠다고, 선생을 보겠다는 일념으로 1천 킬로미터 이상을 달려와 준 목사들이 고맙다. 이들 교회에서 세월호 기억저장소를 위해 큰 헌금을 해주었다. 세월호 부스를 나눠 함께 쓴 베를린 한인교회 성도들의 인내와 노고도 기억할 것이다.

무엇보다 우리의 가스트 게버(Gast Geber)가 되어 준 독일

부부에게 깊이 감사하고 싶다. 이들은 교회의 날 행사로 아침 6시에 떠나는 우리를 위해 손수 아침상을 차려주었고 떠나는 날 공항까지 데려다주었다. 그곳에서 나눈 아침 식사를 잊을 수 없다. 아시아적 시각을 존중하고 좋아하면서 넉넉한 대화로 우리를 격려한 그분들을 기억할 것이며 우리도 이전보다 환대하는 삶을 살 것이다. 독일 교회의 날에 대한 기억이 종교개혁 500주년 이후를 생각하며 집필하는 내게 큰 영감을 주었으니 참으로 고맙고 고마울 뿐이다.

뉴스앤조이 인터뷰

타자를 악마화하는 기독교, 살아남을 수 있는가?

'거리의 신학자', 이정배 교수를 지칭하는 말이다. 그는 감리교신학대학교(감신대) 교수로 30년 넘게 학생들을 가르치다 2016년에 은퇴했다. 정년을 다 채우지 않고 은퇴한 것은 학교 밖을 교회 삼아 활동하기 위해서였다. 세월호 이후 집회 현장에는 그가 있었다. 각종 행사와 집회에서 기도하고 설교했다. 2015년에는 감신대 정상화를 위해 단식 투쟁을 하기도 했다.

이정배 교수는 누구보다 '토착화신학의 산실' 감신대의 정체성을 드러내는 신학자다. 윤성범 박사, 변선환 교수의 가르침에 따라 토착화신학의 맥을 잇기 위해 바젤로 유학을 갔고 '개신교와 유교'를 공부했다. 같은 신학자인 아내 이은선 교수도 함께였다. 이미 30년 전부터 개신교 신학과 생태학, 과학, 이웃 종교와의 대화를 시도하는 글을 써 왔으며 늘 한국적 신학을 이야기하려 했다. 그의 관심 분야는 다양하지만

이 모든 것은 개신교 신학자로서 대안을 만들고 길을 내는 일로 수렴된다. 다양한 주제로 수십 권의 책을 펴낸 그다.

이어지던 빗줄기가 잠시 잠잠해진 7월 11일, 서울 부암동 현장아카데미에서 그를 만나 2시간 가량 이야기를 들었다. 쉰 목소리와 헝클어진 머리카락, 피로해 보이는 얼굴이었지만 눈동자는 또렷이 살아 있었다. 오늘날 이정배 교수를 만든 사유의 궤적을 두 차례 인터뷰로 나눠 싣는다. 먼저 신학교에 들어가고 유학을 갔다 온 뒤 '한국적 생명신학'을 논하기까지의 여정을 듣는다. 이어지는 기사에서는 글쓰기와 설교, 종교개혁 500주년과 세월호에 대한 그의 생각을 나눌 것이다.

평소 책을 어떻게 읽으시는지요?

다독(多讀)하는 편이지요. 책을 읽을 때 처음에는 빠르게 한 번 읽습니다. 내용의 대강을 파악하는 것이 우선이기 때문입니다. 빠르게 읽더라도 한 번 읽으면 내용이 머릿속에 어느 정도 남아 있어요. 그러면 두 번째 읽을 때 어떤 책인지 알고 읽게 되니까 더 정확히 이해하게 됩니다. 책은 되도록 한꺼번에 읽으려 노력합니다. 1,000쪽 정도 되는 책도 3~4일이면 읽습니다. 열흘이나 보름 넘게 읽으면 전체 내용을 파악하기 어려워지더라구요. 대부분 책은 빠르게 한 번 읽고 말지만, 어느 경우는 깊게 숙고하고 싶은 책도 있습니다. 그런 책은 읽으면서 노트에 정리를 하지요. 요약하는 방식이 아니라 나름

대로 소화하면서 정리합니다. 논문이나 글을 써야 하니까요. 이런 방식으로 정리하는 것이 습관이 되었습니다. 요즘에는 대학 졸업시 논문을 쓰지 않으나 우리 때는 졸업논문을 써야 했어요. 400자 원고지 50매 이상을 채워야 했는데. 만만치 않은 분량이었지요. 학사논문을 쓰면서부터 내용을 정리하면서 독서하는 습관이 생겼습니다.

어렸을 적부터 책을 많이 읽었는지요? 독서 습관을 들이게 된 계기가 있다면 말씀해 주십시오.

저는 늦게 독서의 즐거움을 알게 되었어요. 본격적으로 책을 읽기 시작한 시점은 대학교 1학년 때입니다. 의사이자 소설가인 J. 크로닌이 쓴 소설 『천국의 열쇠』를 읽고부터였어요. 이 소설에는 두 명의 신부가 등장합니다. 함께 신학교를 졸업했으나 유럽 중심부에서 성공적인 삶을 살아가는 신부와 반대로 화려하지는 않지만 성실하게 중국 선교사로서 소명에 헌신하는 삶을 살던 치숌이라는 두 신부의 이야기가 중심입니다. 가슴을 치고 눈물을 흘리며 나의 앞날을 생각하면서 흥미롭게 읽었습니다. 처음으로 독서의 즐거움을 준 책입니다. 신학도로서의 소명을 깊게 고민하게 만들었던 책으로 기억합니다. 당시 200원이면 문고판 책 한 권을 구입할 수 있었는데 『천국의 열쇠』를 읽은 이후로 눈에 띄는 책들은 당장 읽지 못해도 웬만하면 다 사 모으려 애썼습니다. 책을 발견하는 것은 사람과의 만남과도 비슷한 면이 있습니다. 한 권의 책을 사는 것을 한 사람과의 만남이라 생각했던 것입니다. 책과의 만남을 귀하게 생각하게 되었지요. 대학 재학 중에 종교철학회 모임이 있었는데 이곳에서 칸트, 헤겔을 비롯해 유명 철학자들 서적을 친구들과 더불어 읽을 수 있었지요.

기독교 학교인 대광중고등학교를 다니신 것으로 압니다. 그 시절에 읽은 책 중에 기억에 남는 것이 있습니까?

대학 입학 전 고등학생 때, 알베르트 슈바이처의 생애에 관한 책이 기억에 남습니다. 그는 뛰어난 신학자였지만 당시에는 신학은 잘 모르고 읽었습니다. 학교에 액자로 걸려 있는 위인 중 한 명 -안창호 역시도- 이었기에 그에게 호감이 갔던 것이지요. '밀림의 성자'로 의사인 줄만 알았어요. 그때는 한국인 안창호와 기독교인 슈바이처의 삶에서 인간이 어떻게 살아야 하는지를 배울 수 있었습니다.

고등학교를 졸업하고 신학교에 입학했는데, 특별한 소명이 있으셨습니까?

특별한 소명이 있어서 신학교를 선택한 것은 아니었어요. 아버지 사업이 실패해서 식구들이 충북 보은, 어머니 고향으로 어릴 적에 이주했습니다. 하지만 어머니께서 자식의 공부를 위해 초등학교 4학년 때부터 저를 서울로 보내셨습니다. 아버지는 한학에 능한 유교인이었고 어머니는 장독대 위에 정한수를 떠 놓고 기도하시던 토속 신앙인이었어요. 이렇듯 기독교 배경이 없는 집안에서 미션 스쿨로 진학하게 된 것입니다. 대광중고등학교 시절 6년간 학교에서 매우 열심히 종교 활동을 했습니다. 영락교회 중등부에서 3년간 생활한 것도 큰 추억거리입니다. 고등학교 입학 후 친구 따라 감리교회인 평동교회를 다니면서 평생의 멘토인 장기천 목사를 만난 것이 계기가 되었습니다. 나중에 대한기독교감리회 감독회장을 지낸 분인데, 아주 올곧은 분이셨어요. 이분이 강단에 서서 말씀을 전하는 모습과 평소의 행실을 보면서, 저런 삶이 목사의 삶이라면 나도 목사가 되면 좋겠다고 생각했습니다.

그렇게 고등학교를 졸업하고 감신대에 진학했습니다. 감신대에 들어와서는 이 길을 선택한 것을 많이 후회했습니다. 재학 중에 감리회 감독 선거가 있었습니다. 목사들이 모여서 160번 넘게 투표하는 모습을 지켜보았습니다. 투표할 때마다 함께 기도를 하곤 했었지요. 기도하고 투표하고, 기도하고 투표하는 과정이 반복되었는데 이렇듯 수없이 기도해도 한 사람의 마음도 움직여지지 않았습니다. 단 한 표도 요동하지 않았던 것이지요. 감독은 결국 그 자리에서 뽑지 못했고 감리회는 양분됐어요. 그 모습을 보고 심한 회의를 느꼈습니다. 기도가 거짓된 것이 아닌가 하는 생각마저 들 정도였습니다. 그런 회의감에 군대나 가야겠다고 마음먹었고 친구와 여행도 다녀왔습니다. 여행을 마친 후 정작 그 친구는 군대를 갔는데, 제 경우 막상 가려니 마음이 거부하더라구요. 떠밀리듯 3학년이 되었습니다. 마침 그때 스위스 바젤대학교에서 유학을 마치고 돌아온 변선환 교수를 만났습니다. 그분과의 만남이 신학교에 계속 남게 하는 결정적 계기가 되었습니다. 총학생회장도 맡고, 변선환 교수에게 가르침을 받으면서 이 길을 계속 가야겠다고 마음을 다잡게 된 것입니다.

먼저 대학교 때 읽었던 칼 야스퍼스의 『철학적 신앙』을 들 수 있습니다. 야스퍼스는 이 책에서 '차축시대' 개념을 이야기합니다. 기독교에서는 예수 그리스도의 오심, 계시 사건을 비교 불가능한 절대적인 역사의 한 점으로 인식합니다. 어둠으로 가득한 세상에서 예수 그리스도의 탄생을 유일한 빛으로 이해했던 것이지요. 예수가 오기 전까지의 세상을 총체적 어둠이라 하면서 말입니다. 칼 야스퍼스는 기독교 계시 신앙에 대한 문제점을 지적하면서 기원전 8세기부터 2세기까지의 차축시대를 선언했습니다. 갑작스럽게 홀연히 한 빛이 비친 것이 아니란 말이지요. 세계사적으로 다양한 문화 속에서 동시다발적으로 종교성이 발현되는 응축적인 시기가 있었다는 것입니다. 기독교 역시도 이런 차축시대 종교의 발전적 양태일 뿐 그 자체로 절대적일 수 없다고 하였습니다.

　재학 시절 나는 당시 예수를 믿어 구원받지 않으면 천국이 아닌 지옥으로 간다는 신앙 이해 탓에 고민이 많았습니다. 때로는 나 스스로도 다른 종교에 배타적인 생각도 갖고 있었습니다. 특히 기독교에 입문하지 않은 가족들이 지옥에 갈 수 있겠다는 생각에 고민이 많았습니다. 하지만 이 책을 읽으면서 어느 정도 자유(해방감)를 얻었습니다. 야스퍼스는 계시 신앙만이 절대적인 것이 아니라 자기 신념 때문에도 죽을 수 있는 철학적 신앙 양식이 존재한다고 가르쳤습니다.

　주지하듯 갈릴레이는 천동설이 아닌 지동설을 주장해 종교재판을 받았지요. 그 자리에서 지동설을 부인하고 재판정을 나오면서 "그래도 지구는 돈다"고 말했다는 이야기는 널리 알려져 있습니다. 과학자인 갈릴레이뿐 아니라 동시대를 살았던 조르다노 브루노라는 신부도 재판을 받았는데, 수학자면서 신부였던 브루노는 갈릴레이와 달리 지동설에 대한 주체적 신념을 굽히지 않았기에 화형을 당했습니다. 갈릴레이는 지동설을 하나의 객관적 지식으로 여긴 과학자였습니다. 객관적 사실이기 때문에 자신이 부정하든 긍정하든 사실관계는 바뀌지 않기에 생존을 위해 지동설을 부정할 수 있었습니다. 이에 반해 브루노는 자신이 확신하는 지동설을 부정할 수 없었습니다. 기독교적 신앙이 아니라 철학적 신념을 가지고 죽음의 길을 택한 것입니다. 이것으로 야스퍼스는 주체적 자기 확신을 철학적 신앙의 이름으로 신앙 영역에 편입시켰습니다. 이 역시 기독교 계시 신앙만큼이나 중요하다고 본 것입니다.

이런 칼 야스퍼스의 철학적 신앙은 제 학사 논문의 주제가 되었습니다. 대학원 시절에는 야스퍼스 철학적 신앙을 신학화한 프리츠 부리의 기독론을 연구했습니다. 변선환 교수는 바젤대학교 프리츠 부리 교수 밑에서 "불교와 기독교의 대화"를 주제로 논문을 쓰신 분이지요. 부리 교수의 신학은 야스퍼스와 알버트 슈바이처 신학에 근거하고 있습니다. 그분은 슈바이처에 대한 존경 때문에 신학 공부에 뛰어든 분이구요. 야스퍼스의 철학적 신앙은 알버트 슈바이처의 철저 종말론에 기초한 예수 이해를 논리화하는데 기여했습니다. 야스퍼스는 기독교 계시 신앙 대신, 인간의 보편적 실존에 근거한 철학적 신앙을 이야기했고, 부리 교수는 야스퍼스의 철학적 토대 위에서 슈바이처의 신학을 재해석한 것입니다.

슈바이처는 '철저 종말론'을 주장했지요. 요지는 다음과 같습니다. 예수는 실제로 종말이 곧 올 것이라고 믿으며 죽었으나 종말은 예수의 죽음 이후에도 곧바로 오지 않았습니다. 이

럽듯 지연된 종말 속에서 우리가 배울 것은 예수의 세계 인식 차원에서가 아니라 종말을 위해 죽음을 결정한 그의 의지라 하였습니다. 예수를 '인식의 권위'가 아니라 '의지의 권위'로서 다시 강조한 것이지요. 그런 예수의 의지와 내 의지가 결합된 것이 '그리스도 안의 존재'일 것인데, 이것을 '생명외경 사상'으로 풀어냈습니다. 슈바이처 본인이 대학 교수직을 포기하고 아프리카로 향한 것은 이런 맥락에서 이해할 수 있습니다.

부리 교수는 동양 종교와 기독교와의 만남에도 관심을 기울였습니다. 슈바이처가 『세계종교와 기독교』라는 책을 썼듯이 그 역시 영향을 받지 않을 수 없었겠지요. 종교들이 저마다 생명 외경을 말한다고 믿은 까닭입니다. 하지만 동양 종교들에 대한 비판도 없지 않았습니다. 그것은 계시 신앙의 차원에서가 아니라 윤리적 철저성 여부에서 비롯한 비판이었습니다. 감신대에서 석사를 마친 우리 부부에게 변선환 교수는 윤성범의 토착화신학(유교와 기독교의 대화)의 맥을 이으라며 바젤대학교로 유학을 주선해 주었습니다. 그곳에서 비케리그마화라는 신학방법론을 부리 교수에게서 배울 수 있었어요.

바젤은 유럽에서도 특수한 곳입니다. 모두가 정신 나갔다고 믿은 니체에게 강단을 내주었으며, 칼빈의 폭정으로 제네

바에서 도망친 종교개혁자들을 지켜준 도시이기도 합니다. 휴머니즘의 도시라 일컬어지는 이유입니다. 독일의 히틀러에게 협조하지 않고 도망친 야스퍼스를 대학교수로 세운 곳으로도 유명하지요. 티벳 난민들을 가장 많이 수용한 유럽 도시로도 알려져 있습니다. 입학 당시 프리츠 부리 교수는 H. 오트와 더불어 동양 종교와의 대화에 관심을 가진 70대 노학자였습니다. 앞서 변선환 교수를 통해 불교와 기독교의 대화 방법론을 알고 있었기에 우리 부부를 어떻게 지도해야 할지도 간파하고 있었습니다. 그래서 어려움 없이 6년 안에 박사과정을 마칠 수 있었던 것이지요. 프리츠 부리 교수는 칼 바르트의 영향력이 절대적이던 때 바젤대학교에 와서 고유 영역을 개척한 학자였습니다. 바르트는 부리 교수가 바젤에 오는 것을 신학적 견해 차이로 반대했지요. 그런데도 바젤 시는 프리츠 부리를 베른대학에서 바젤로 초빙했으니 이곳의 휴머니즘 전통이 경이롭습니다. 하지만 우리 부부는 유학 생활 대부분을 칼 바르트 둘째아들 집에서 지냈어요. 신학적 이해가 다른 우리 부부를 가족처럼 여겨주며 긴 세월 공부할 여건을 바르트 가족이 마련해 주었으니 신비한 인연입니다.

저는 『토착학신학의 관점에서 본 신유학과 신개신교 간의 공동의 구조와 문제점 탐색』이라는 주제로 박사학위 논문을 제출했습니다. 유학자 3명(주희, 퇴계, 율곡)과 신학자 3명(슐라이에르마허, 헤르만, 트뢸치) 총 6명을 위 아래로 옆으로 상호 비교 분석하여 한국 기독교를 위한 의미가 무엇인지를 찾고자 했습니다. 유교와 기독교가 다른 종교이긴 하나 소위 문제사적으로 볼 때 형이상학과 인식론 그리고 윤리가 엮어지는 과정에서 공통되는 부분을 찾을 수 있었습니다. 박사 논문을 썼다는 것은 가르칠 수 있는 자격이 생겼다는 뜻입니다. 중요한 것은 박사 논문 그 자체가 아니라 그때부터 무슨 책을 읽고 어떻게 뻗어 나가느냐가 중요한 것이겠지요. 그것은 오롯이 자기의 몫이겠지요. 이 시절 내가 배운 제일 중요한 것은 기독교는 개방적이어야 한다는 것입니다. 이 배움이 내 삶을 결정짓는 아주 중요한 계기가 됐습니다.

1986년, 한국에 들어온 뒤 먼저 제게 영향을 준 책은 물리학자 칼 프리드리히 폰 바이체커(Carl Freidrich von Weiszacker)가 쓴 『시간이 촉박하다』(대한기독교서회)였습니다. 1990년 JPIC(Justice Peace and Integrity of Creation) 서울세계대회를 앞두고 JPIC를 열지 않으면 안 된다는 당위성을 이야기하기 위해 쓴 책이지요. 그는 세계 내 분배 불균형과 핵무기 과다 보유, 지구 생태계 파피 등의 문제를 지적하면서 소위 JPIC 문제들을 책임지지 않으면 기독교에서 말하는 구원이 멀었다고 지적했습니다. JPIC 문제가 세계와 자연 생태계에 종말을 불러올 수 있다는 점에서 '사실적 종말론'이라는 표현을 쓰기도 했지요.

JPIC에서 Justice(정의)는 1세계와 3세계 간의 문제를 말합니다. Peace(평화)는 세상을 파멸로 이끄는 1세계 간의 핵무기 경쟁을 주제 삼았지요. 반면 'Integrity of Creation(창조질서의 보존)'은 전 세계 공통의 문제로 인식되었습니다. 본 대회에 참여하는 과정에서 처음으로 생태 문제에 관심을 기울이게 됐어요. 생태학을 하다 보니 자연과 여성의 관계성에 대한 인식도 생겨났습니다.

고대에는 어머니, 중세에는 마녀, 근대에는 창녀 이미지로 여성 인식이 그렇게 변해 왔고 자연 이해도 그런 메타포에 근거해 달라졌더군요. 이런 배경에서 에코페미니즘, 여성생태학, 생태여성학을 공부하게 되었습니다. 이렇듯 자연을 공부하다 보니까 과학과 종교의 주제가 신학의 또 다른 연구 주제인 것을 알아차리게 되었어요. 종교와 과학의 대화에 관심이 생긴 것이지요. 이렇듯 JPIC 서울대회를 기점으로 관련 분야 독서량이 늘어나면서 다양한 주제를 다룬 많은 글을 쓰게 되었습니다.

가장 의미 있다고 생각하는 책 두 권이 있습니다. 먼저 『신과 자연: 기독교와 과학 그 만남의 역사』(이학여자대학교출판부)가 그것이지요. 신과 자연은 본래 기독교 계시의 두 지평이었는데 기독교는 자연을 잃어버리고 신(神)만의 종교가 됐다는 비판을 담았습니다. 이후 기독교는 자연을 관심하며 과학과 대화할 것을 권면한 책입니다. 다른 하나는 『엔트로피』로 유명한 저자 제레미 리프킨의 『생명권 정치학』(대화출판사)입니다. 이 책은 로즈마리 루터를 비롯한 기독교 여성신학자들에게 신학 콘텐츠를 많이 제공했습니다. 물리학자들의 경우 자기 영역이 깊어지면 깊어질수록 종교적이 되어가는 현실을 지켜봤습니다. 종교와 과학 간의 만남은 종교와 종교들 만남만큼이나 복잡하고 다양하지요. 아주 잘못된 만남의 결과물로 창조과학이 있고 그것이 발전한 형태가 지적설계론입니다. 이 두 가지는 과학도 종교도 아니다, 지적설계론에는 이 세상 모든 것이 하느님에 의해 설계되었다는 의미가 배어 있습니다. 그렇다면 무수한 장애인과 동성애자가 신의 설계의 결과라는 논리가 성립되는데 가당치 않습니다. 동성애 문제도 성서의 문제가 아니라 과학의 문제로 접근하자는 추세에 동의하고 싶습니다.

자연 생태계 안에는 동물이든 곤충이든 식물이든 심지어 사람도 10% 남짓 동성애 성향을 지닌 생명체가 있다고 합니다. 그들이 자연 생태계를 위해 유익한 일을 한다는 것이 생태신학자 매튜 폭스(M. Fox)의 말입니다. 이들을 부정하고. 그들을 잘못된 시각으로 보는 사람들이 문제란 것이지요. 천동설, 지동설 문제 역시 성서 문제가 아니라 과학의 문제임을 늦게서야 알아차렸듯이 말입니다. 이제 인공지능이 존재하고 기계와 인간이 섞이는 시대가 됐습니다. 사실 유전자 조작 문제도 심각합니다. 과학의 개벽을 정신 개벽이 못 따라가는 상황이라 걱정이 큽니다. 물질의 개벽을 어떻게 감당할 것인지 신학이 심각하게 고민해야 할 시점입니다.

앞으로는 외계인도 신학의 주제가 될 것 같습니다. 한국의 유명한 천체물리학자가 지구가 속해 있는 태양계와 우주 전체의 크기를 비교하면서 든 비유가 생각납니다. 지리산의 크기를 전 우주의 크기라고 한다면, 태양계는 지리산 자락에 떨어진 인간의 눈썹 한 가닥 정도의 크기라 했습니다. 이렇게 어마어마한 우주 속에서 우리는 지구(인간) 중심적인 사유를 하면서 살아왔지요. 태양계와 같은 은하수가 수십억 개 존재하는 대우주를 발견했기에 신학도 달라지는 것이 지당합니다. 신학이 편협한 자세를 취한다면 점점 무용지물이 되고 말겠지요. 위태롭고 무너질 것 같으니 밖의 적을 만들어 자신의 정체성을 말하는 방식으로 신학과 교회가 존재하고 있습니다. 이슬람, 동성애, 종북/좌빨이란 개념을 만들어 타자를 악마시하면서 자신을 유지, 존속시키려는 것이지요.

토착화신학을 공부해 왔지만, JPIC 영향으로 서양의 생태학, 여성학, 종교와 과학의 대화를 다시 공부하다 보니 우리 것에 대한 깨달음이 다시 생겨났습니다. 서양의 자연, 서양의 연구만이 아니라 아시아적인, 동양적인 시각에서 이 문제를 이해하는 것이 좋겠다는 고민이 생긴 것이지요. 생태학적 지평에서 토착화를 생각하게 된 배경입니다. 토착화의 지평이 넓어졌다고 말해야겠지요. 윤성범 선생이 조상의 효, 하늘의 효를 말했다면 저는 생태학적 관점에서 '땅에 대한 효(地孝)'를 생각하게 되었습니다. 풍수지리설에 대한 생태신학적 연구도 이때쯤 시작되었지요. 한동안 서양 공부 즉 생태학, 페미니즘, 종교와 과학에 대한 연구를 토착화신학의 내용으로 동화시켰다면, 이후는 민중신학의 정치적 토착화에도 관심을 갖게 되었습니다. 마르크스 연구가 시대 요청이었던 탓이 컸지요. 민중신학에 관심을 갖게 되었고 동학에 관해 여러 편의 논문을 쓴 것도 이런 연유에서입니다. 이후 유교 전통을 진일보시켜 대중화, 서민화된 동학을 더 많이 생각하게 되었습니다. 그렇게 동학, 민중신학과 만났고 연장선상에서 다석 유영모와 그의 제자 함석헌에 대한 글도 수 편 생산했습니다.

  당시 2세대 민중신학은 안병무, 서남동 선생의 영감이 넘치는 1세대 민중신학과 달랐습니다. 마르크스적인 민중신학이 주된 흐름이 되었습니다. 과학적 민중신학이란 이름 하에 1세대 선생에 견주어 서구적으로 치우쳤다고 생각했지요. 따라서 민중신학을 토착화신학 전통에서 다시 수용하는 방식을 통해 서구 생태학을 아시아적 토양에서 재론하며 '한국적 생명신학'이라는 화두를 끄집어냈습니다. '한국적 생명신학'은 토착학의 새로운 이름으로 민중신학과 생태신학 그리고 문화신학을 아우르는 개념이 되었습니다. 무엇보다 동학에서 말하는 사유의 틀을 가지고 서양 생태신학 개념을 담을 뿐 아니라 민중신학도 수용할 수 있었습니다. 그로써 변선환 교수의 종교해방신학이 말하는 해방의 차원을 우주 생태적 지평으로 확장시킬 수 있었지요. 이런 결과물이 1996년 『한국적 생명신학』이라는 이름으로 출판되었습니다. 민중신학과의 갈등과 투쟁과 극복 그리고 서양 신학을 넘어 보겠다고 하는 토착화 의식의 결과물이라 하겠습니다.

2000년에 접어들면서 다석 유영모, 함석헌에 대한 연구에 집중했습니다. 학창 시절은 물론 교수 초년 시절에도 다석 유영모를 배워 본 적이 없었습니다. 변선환, 윤성범 선생들에게서도 들어보지 못했습니다. 마침 다석의 제자 김흥호 목사께서 이화여대를 은퇴하고 감신대 명예교수로 오면서 그분과 독대하며 다석사상을 배우게 되었습니다. 그때부터 공부하여 다석에 관한 책 3권을 냈습니다. 『없이계신 하느님, 덜없는 인간』과 『빈탕한데 맞혀놀이』가 그것입니다. 이후 또 한 권의 책 『다석 유영모의 귀일신학(歸一神學)』도 출판했습니다.

나는 다석신학을 케리그마 이전의 예수, 곧 역사적 예수를 삼재론의 틀에서 토착화한 것으로 이해했습니다. 서구 신학을 공부하지 않고서도 동양적 사유로 기독교를 이해했던 다석 같은 사상가의 생각이 얼마나 귀한지 다시 알게 된 것입니다. 신학을 하는 데 있어 다석 유영모를 알게 된 것은 제게 또 다른 패러다임 시프트를 선물했습니다.

뉴스앤조이 강동석 기자 2017. 7. 20

세월호 이후의 한국교회

부활의 계절 4월에 세월호 참사가 있었고, '세월호 이후' 종교개혁 500주년을 맞이한 한국교회는 개신교의 죽음과 부활을 논해야 하는 아이러니에 직면해 있다. 올해 초 한국교회에 대한 어느 신학자의 목소리가 귓가를 떠날 줄 몰랐다.

"오늘의 교회는 영적 치매 상태입니다. 예수가 어떤 분인지를 다 잊어버렸어요. 영적 자폐입니다. 자기들 속에만 갇혀 버렸어요. 영적 방종이죠. 하느님의 이름으로 할 짓 못할 짓 다하고 있습니다. 한마디로 영적 파산입니다. 과장일지 모르지만 기독교가 백해무익한 시대가 됐습니다."

영화 〈사일런스〉 대담 자리에서 한 말이었다. '세월호'로 명명되는 시대적·신앙적 현실 앞에 서 있는 한국교회 모습에 대한 이정배 교수(감신대 은퇴)의 진단이었다. '세월호 이후의 신학'을 이야기해 온 그가 7월 11일 인터뷰 자리에서 말했다. 아우슈비츠 이후에 그랬던 것처럼 세월호 이후 개신교는 또 한 번 죽음을 맞았다고. '세월호 이후' 그는 개신교권 집회 현장에서 기도와 설교를 하며 자리를 지켜 왔다.

서울 부암동 현장아카데미 앞에서 만난 이정배 교수에게 근황을 묻자 종교개혁 500주년을 맞아 '이후(以後) 교회' 담론을 책으로 묶어낼 예정이라고 했다. 치열하게 연구하고 토론하며 대안을 모색한 결과물이다. 이 교수는 박득훈, 방인성, 한경호 목사와 함께 생명평화마당 공동대표로서 '탈성직, 탈성별, 탈성장'을 외치며 '작은교회' 운동을 펼치고 있다.

이정배 교수가 한국교회 개혁의 키워드로 꼽은 단어는 고독·저항·상상이다. 기독교인들에게 믿음의 눈, 의심의 눈, 자기 발견의 눈을 통해 성서를 읽어 나갈 것을 주문했다. 지난 인터뷰 기사에 이어 글쓰기와 설교, 종교개혁 500주년과 세월호에 대한 이야기를 싣는다.

저서나 평소 쓰는 글을 보면 특유의 문체가 보입니다. 본인의 글쓰기에 대해 어떻게 생각하시는지요?
나는 지금도 내가 글을 잘 쓰고 있는지 모르겠습니다. 교수가 되고 3~4년이 지났을 즈음, 익명의 학생에게 편지를 받은 적이 있어요. 편지에는 "선생님 그게 글입니까? 이 글 좀 보시고 참고하십시오"라는 메시지와 함께 복사된 인쇄물 2개가 놓여 있었습니다. 이현주 목사와 민영진 박사의 글이었습니다. 창피하기도 했지만 충격이 더 컸습니다. 아직까지도 편지를 보낸 사람이 누군지 모르지만 고맙게 생각합니다. 유학하면서 독일어로 6~7년 사유하다 보니 글이 독일어식으로 길게 늘어졌고 우리말을 써도 독일어식 수동태 문장이 많아졌던 것입니다. 그런 글을 쓰니까 한 학생이 익명으로 제 아픈 곳을 건드린 것이지요. 그때부터 조금씩 달라지려 애를 썼지만 금방 변화되지는 않았지요. 갈수록 글을 쉽게 쓰라는 요구를 많이 받았습니다. 나름대로 문장을 더 간결하게 써야겠다고 생각했는데, 자연스럽게 이 과정에서 어떤 습관이 생긴 것이 아닐까 싶습니다. 최근 제 글에서 좋은 느낌을 받았다면 고맙고 다행한 일입니다.

겨자씨교회에서 10년 넘게 설교 목사로 섬기고 있고, 개신교권 세월호 집회에서 했던 열정적인 설교로 호응을 받기도 했습니다. 평소 설교 준비는 어떻게 하시는지요?

평소 설교를 20분의 예술이라 생각해 왔습니다. 20분 동안 듣는 사람들 마음속에 들어갔다가 나올 수 있어야 하는 까닭입니다. 하지만 그렇게 설교할 수 있는 사람이 그리 많지 않습니다. 나는 본문 설교보다는 주제 설교를 많이 하는 편이에요. 성서학자가 보면 비판할 여지가 많을 것입니다. 성서를 읽다가 설교 단상이 떠오른 경우도 많지만, 현실을 보며 성서를 떠올리는 경우도 제법 많았습니다. 책을 지속적으로 읽고 현장 이곳저곳으로 곧잘 발걸음하는 과정에서 설교 주제가 떠오르곤 했습니다. 그때 얻은 생각을 갖고 성서 본문과 연결하여 설교를 구성하곤 했지요.

주제가 떠오르면 한참을 머릿속에서 심화시킵니다. 주제를 담아낼 성서 구절이 어디 있는지를 생각해 보고, 못 찾겠으면 성서 여러 곳을 다시 읽곤 합니다. 무엇이 먼저라 말하기 어려울 정도로 성서 본문과 아이디어를 놓고 설교를 구상합니다. 저에게는 제목이 제일 중요합니다. 제목을 잘 잡아야 사람들과 접촉할 수 있는 힘이 생겨나기 때문이지요. 제목을 머릿속에서 굴리고 굴리며 생각을 불려 나갑니다. 우리말 성경에서 안 풀어지면 영어 성경, 독일어 성경, 가끔은 희랍어 성경도 들추어 봅니다. 희랍어 실력이 일천하지만요. 이들의 번역 차이에서 아이디어가 떠오른 경험도 많습니다. 주석에는 많이 의존하지 않습니다. 삶의 현장이 텍스트라는 민중신학의 영향을 받은 탓일 것입니다.

설교와 관련하여 다석 유영모, 함석헌, 김흥호와 같은 분에게서 배운 것이 있다면, '누에의 철학'이란 말로 집약할 수 있습니다. 누에는 무수히 많은 뽕잎을 먹지만 결국 자기 꽁무니에서 비단실을 뽑아내는 신비한 곤충입니다. 성경 말씀을 많이 읽어도 결국 그 말이 제소리로 나와야 한다는 사실을 가르쳐 주었습니다. 구약, 신약의 말씀을 아무리 많이 외우고 주워섬겨도 그 자체는 여전히 남의 말일 뿐이지요. 그것을 어떻게 제소리로 표현할 것인가가 더 중요합니다. 설교는 반드시 제소리로 전달되어야 합니다. 제소리가 바로 설교입니다. 하지만 제소리를 내는 사람이 드물지요. 성서구절을 읊조리거나 출처 모를 예화로 내용을 메우는 경우가 다반사입니다. 이 역시 남의 소리만 하는 것이겠지요. 물론 설교를 위해 성서를 비롯하여 책을 많이 읽어야 합니다. 뽕잎을 많이 먹어야 비단실이 나오듯 말이지요. 책도 많이 읽고, 현장도 많이 다니고, 사람도 많이 만나야 합니다. 성서도 읽어야 하지만, 긴 시간 주제를 자기 입에 물어서 불려서 풀어낼 수 있는 힘이 더 요구됩니다. 주제를 불려서 그 뜻을 풀어내는 것이 제소리로서의 설교라 생각합니다.

경향신문에 쓴 칼럼 '내 인생의 책'에서 『노예냐, 자유냐』(늘봄)를 인생의 책으로 뽑으셨는데 이 책은 언제 읽으셨는지요?

『노예냐 자유냐』는 장인어른인 고(故) 이신 박사가 번역한 유고입니다. 임종을 앞둔 이신 박사께서 1979년 번역하셨지요. 결혼 후 이 책을 알게 되었으나 공들여 읽은 시점은 상당히 지나서였습니다. 유학 후 감신대에서 니콜라이 베르댜예프(Nikolai Aleksandrovich Berdyaev)를 가르치면서 집중적으로 읽기 시작했지요. 베르댜예프는 러시아 태생의 신학자입니다. 자신의 조국이 마르크스주의를 이념 삼아 전체주의화 되자 조국을 등지고 서유럽으로 망명했습니다. 마르크스주의는 인류의 미래가 될 수 없다고 판단한 까닭이지요. 유럽 망명한 후 서구 자본주의와 대면했는데 자본주의 역시도 인류를 행복하게 할 것 같지 않다고 보았습니다. 마르크스주의도 서구 자본주의도 인류의 미래를 생각했을 때 그에게는 절망이었습니다.

1930년 양대 이데올로기가 싸울 때 베르댜예프는 두 이념을 함께 비판하면서 "인간은 물질 없이 살 수 없는 존재다. 그러나 최소한의 물질로 살려고 할 때 그 최소한의 물질은 물질이 아닌 정신이다. 인간이 빵으로만 살지 않고 하느님 말씀으로 산다는 것이 바로 이 말의 본뜻이다"라는 유명한 말을 남겼습니다. 또 이런 이야기도 있습니다. "내가 먹은 빵은 아무리 잘 먹어도 서너 시간 지나면 나를 또 배고프게 만드는 물질에 불과하지만, 내가 남에게 준 빵은 영원히 기억되는 정신으로 남는다"고.

마르크스주의와 자본주의가 한창 대결할 때 베르댜예프는

'최소한의 물질(Simplicity)'을 이야기했습니다. 그는 자본주의 체제나 마르크스주의 사회 속에서도 상전인 척하는 사람이 너무 많다고 지적합니다. 상전인 척하는 사람이 많을수록 거기 빌붙어 종처럼 살려고 하는 사람들 역시 많아집니다. 이들은 한마디로 노예들이지요. 하지만 종은 물론 상전도 역시 자유로울 수 없는 존재들입니다. "내가 너희를 자유케 했으니 다시는 종의 멍에를 메지 말라"는 성서 말씀에 따른 자유로운 사람이 이 시대에 필요합니다. 자유로워지려면 상상력이 있어야 하겠지요. 그는 인간이 하느님의 형상을 닮았다고 하는 것을 상상력을 지닌 존재로 이해했습니다. 창조적 상상력(환상)을 통해 인간은 하느님처럼 될 수 있고 그처럼 살아갈 수 있는 존재가 될 수 있을 것입니다.

우리는 상상력이 없을 뿐더러 있는 상상력도 부패시키며 살고 있습니다. 상상력의 부패야말로 우리 시대의 가장 큰 부패입니다. 우리의 의식은 둔화되었고 부패해 있습니다. 돈을 많이 버는 것이 꿈인 시대를 살고 있는 까닭이지요. 베르댜예프는 하느님의 형상으로서 상상력을 가지고 사는 제3의 길을 알려 줬습니다. 러시아정교회는 베르댜예프 사상을 바탕으로 자신들의 교회를 개혁하려고 준비하고 있다고 합니다. 그가 말한 상상력에 기반한 '최소한의 물질운동', '심플리시티(Simplicity) 가치'를 통해서 말이지요. 오늘날 환경론자들이

21세기 화두로 심플리시티 즉 단순성을 들고 있는데, 베르댜예프는 100년 전 이미 이런 생각을 했습니다.

교수님의 저서 『고독하라 저항하라 그리고 상상하라』(동연)에 쓴 종교개혁 500주년을 맞은 개신교에 대한 처방과 겹치는 부분이 있습니다. 고독, 저항, 상상을 개신교의 해법이라고 말씀하십니다.

키에르케고르의 핵심 개념이 고독이고, 본 회퍼의 핵심 개념이 저항이며, 베르댜예프의 핵심 개념이 상상입니다. 장인이신 이신 박사가 고독과 저항의 신학자 키에르케고르와 본 회퍼를 주제로 쓴 글이 있습니다. 그것을 발전시켜서 고독과 저항과 상상이라고 확대해 보았습니다. "고독하라, 저항하라, 상상하라"는 말을 쓰면서 베르댜예프와 이신 박사의 삶을 함께 사유했지요. 이 세 개념이야말로 종교개혁자들이 말한 세 가지 '오직(Only)' 교리에 대한 재해석이자 인문학적 지평의 확대라 생각합니다.

'고독'은 외로움과 같지 않습니다. 누구나 자기만의 길을 가기에 사람은 고독할 수밖에 없는 존재입니다. 살다 보면 자기보다 더 낫거나 좋아 보이는 사람이 있겠지요. 그래도 자기 길에 대한 확신이 있으면 아무리 객관적으로 더 낫고 좋아 보여도 자기 길에 떳떳할 수 있습니다. 그런 사람이 고독한 사람입니다. 자기 길에 자신이 없을 때 자기 바깥에 있는 사람에게 움츠러들고 왜소해지고 열등감을 느끼게 됩니다. 그래서 고독은 '열려진 감정'이고, 외로움은 '닫혀진 감정'이라 말합니다. 우리 시대 종교인들을 보면 외로울 뿐 고독하지 않습니다. 오늘의 교회는 사람들에게 고독을 가르치지 않습니다. 사람들을 떼거리 문화에 집어넣어 버리지요. 사유를 빼앗아 버립니다. 그럴수록 오직 믿음은 고독과 유관합니다.

'저항'은 본 회퍼의 핵심 개념이지요. 자기 길을 옳게 갈 때 즉 고독하게 될 때 비롯할 수 있습니다. 저항은 고독의 외적 표현일 것입니다. 떼거리 집단, 끼리끼리 문화 안에 있으면 저항하지 못합니다. 저항은 곧 하느님나라와 연결됩니다. 하느님나라는 '체제 밖의 사유'가 아니겠습니까? 체제 안에서는 도무지 꿈꿀 수 없는 이야기, 그것이 하느님나라 사유의 핵심입니다. 하느님나라 운동은 그래서 체제 안에서는 저항적인 운동일 수밖에 없습니다. 고독하면 저항하게 됩니다. 저항할 때 필요한 것이 상상력입니다. 현실을 극복하기 위해 환상이 필요하고 그 환상이 저항을 가능케 합니다. 이처럼 고독, 저항, 상상은 함께 엮여 있습니다. 오직 믿음, 오직 은총, 오직 성서를 고독, 저항, 상상이라는 말로 바꿔도 무방하다고 생각합니다.

열려 있는 고독, 이것은 '오직 믿음'에 대한 또 하나의 해석입니다. 우리에게 현존하는 세계는 전부가 아닙니다. 하느님

나라와 하느님의 의가 없는 세계를 거부합니다. 이런 하느님 나라 사상이 앞서 존재한다는 것, 이런 길을 가신 분이 있다는 사실이 바로 은총이 아닐까 싶습니다. 자신들이 만들지 않았으나 가야 할 길이 있다는 것, 그것이 은총입니다. 그래서 '오직 은총'이라는 말은 저항으로 이어질 수밖에 없습니다. 하느님나라, 하느님 의에 사로잡히면 이 세상에 저항해야 마땅합니다. 상상은 성서와 연결되는 부분입니다. 성서야말로 '상상력의 보고'이기 때문이지요. 이는 문자주의, 근본주의로부터 벗어날 때 가능할 것입니다.

이렇듯 3개의 '오직'으로 대표되는 종교개혁의 기독교 교리가 오늘 우리에게 달리 해석되면 좋겠다 싶습니다. 종교개혁 500주년을 맞아 루터로 돌아가자는 것만이 능사가 아닐 것입니다. 종교개혁 500주년에 루터의 신학을 오늘, 아시아적 시각에서 어떻게 극복할 것인지를 고민해야 합니다. 이는 성서를 옳게 해석하는 일과 무관치 않습니다. 종교개혁 500주년이지만 개신교는 달라질 기미를 하나도 보이지 않고 있습니다. 그래도 여기저기서 "이러면 안 된다"는 절박한 목소리들이 나오니 다행한 일입니다. 종교개혁 역시 루터 이전 100여 년이라는 긴 시간에 걸친 수많은 좌절과 경험 속에서 일어났지요. 가나안 교인 200만 시대가 됐고 불나방처럼 대형 교회를 쫓는 뭇 교회는 앞으로 많이 무너져 내릴 것입니다. 그럴수록 좌절은 필연적입니다. 한번 크게 무너져 내려야만 합니다. 죽어야 사는 것이 기독교인 까닭이겠지요.

교회가 지금보다 더 나락으로 떨어져야 합니다. 지금은 알갱이를 가려낼 수 없을 만큼 쭉정이가 혼재해 있습니다. 더 많은 교회가 주저앉아야 합니다. 그런 모습을 지켜보면서 "이것은 아니다"라는 흐름이 절박할 때 미래가 보일 것입니다. 10년 내의 일일 수도 있겠고 30년 걸릴 수도 있겠습니다. 그러나 이런 과정은 반드시 필요하고, 실현될 것입니다. 지금 500년이라는 숫자가 주는 의미 때문인지 "이것은 아니다"라는 의식이 모아지고 있기에 희망이 있습니다.

성서를 '상상력의 보고'라고 하셨습니다. 성서를 어떻게 읽어야 합니까?

성서를 보려면 세 개의 눈이 있어야 합니다. 첫째, '믿음의 눈'입니다. 내가 성서를 읽는 게 아니라 성서가 내 삶을 읽는다는 고백이 필요하지요. 내가 안식일을 지키는 것 같지만 안식일이 내 삶을 지켜주는 것처럼 말입니다. 그런 점에서 성서에 대한 절대적인 믿음의 눈, 신앙의 눈이 있어야 합니다. 신앙인에게 성서는 문학책도 아니고 이데올로기도 아닙니다. 믿음의 책입니다. 내 삶을 읽어 주는 책, 그래서 영적인 책이고,

본 회퍼의 말에 따르면 '동시성의 책'입니다. 성서와 내 삶을 동시(同時)적으로 묶어주는 것, 그것이 바로 기독교가 말하는 영성의 핵심일 것입니다.

하지만 그것만 가지고는 안 됩니다. 성서는 오늘날 우리에게 '의심의 눈'을 거듭 요구하지요. 의심의 눈이 없으면 성서는 이데올로기가 될 수밖에 없습니다. 끊임없이 의심의 눈으로 성서를 읽어야 합니다. 의심의 눈이 없으면 성서는 우리에게 떡이 아닌 돌덩이가 될 수도 있습니다. 성서의 구절들로 우리 시대의 모든 문제를 재단할 수는 없습니다. 성서 역시 시대의 산물이고 시대적 제한을 지녔기 때문입니다. 그렇기에 성서 역시도 이데올로기 비판의 대상일 수밖에 없습니다. 수많은 비평법이 존재하는 것도 이런 이유에서입니다. 이를 부정하는 교회는 아무리 아름답게 포장해도 신앙을 이데올로기로 만들고 말 것입니다.

동시에 아시아에서 신학하는 우리에게 이 두 눈만으로는 부족합니다. 성서가 상상력의 보고가 되려면 '자기 발견의 눈'이 하나 더 있어야 합니다. 세계관의 한계로 성서에 없는 이야기를 다른 종교의 경전을 통해 발견할 수 있는 눈 말입니다. 이런 눈을 지닌 대표적인 사람이 간디라 생각합니다. 간디는 힌두교에 절망했던 사람이었어요. 그는 영국 유학 중 성서 속 산상수훈을 알게 된 뒤 기독교에 심취했습니다. 이후

간다는 그 생각으로 자신의 경전을 다시 찾았고 거기서 비폭력운동을 시작할 수 있었습니다. 이웃 종교를 통해 자기 종교를 풍성하게 이해할 수 있는 눈이 생긴 까닭입니다. 그것을 자기 발견의 눈이라고 할 수 있습니다. 자기 종교를 태동시킨 세계관의 한계를 벗기 위해서라도 자기 발견의 눈이 필요합니다. 세계관을 결정짓는 자연 풍토에 따라서 인간의 자기 이해도 달라집니다. 인간 이해 방식 차이에서 각기 다른 종교적 표상이 나오는 것이지요. 기독교도 특정 세계관의 산물이기에 자신을 더욱 풍요롭게 하는 길을 배워야 합니다. 다른 세계관에서 생겨난 종교를 통해 기독교 역시 더욱 풍요로울 수 있습니다.

감신대의 토착화신학 전통은 이 점을 중시했습니다. 신앙인에게는 믿음의 눈만 있어도 되지만, 믿음의 눈을 옳게 가르치는 신학자, 목사에게는 의심의 눈 또한 필요합니다. 더구나 서양의 목사가 아니라 한국의 목사이기에 자기 발견의 눈 역시 더더욱 요구됩니다. 이렇듯 세 개의 눈이 있을 때 성서는 상상력의 보고로 재탄생할 수 있습니다.

'길 위의 신학자'라고 불립니다. 그간의 행보를 보면 세월호와 뗄 수 없는 관계에 있는 듯합니다.

세월호는 제 신학과 삶에 큰 변화를 주었습니다. 비교적 일찍 교수가 됐기 때문에 후학들에게 길을 열어 주는 것이 좋겠다는 생각이 오래전부터 있었습니다. 같이 근무했던 송순재 교수와 함께 "정년 다 채우지 말고 은퇴하자"라는 말을 수없이 했지요. 그래야 어렵게 학위 취득한 후배 중 몇 명이라도 교수로 들어올 수 있지 않겠나 생각했던 것입니다. 재학생들 역시 졸업과 함께 대개 2,000~1500만 원 정도 빚을 지고 있다는 사실을 뒤늦게 알게 되면서 고민이 깊어졌습니다. 학생들 빚으로 교수 봉급을 받는다는 생각에 마음이 불편했던 것입니다. 교수 생활이 좌불안석이었던 상황이었습니다. 교권이 대학을 통제하고 인사를 마음대로 하는 처사에도 동의하기 어려웠습니다.

이런 생각을 하던 중 세월호 참사가 터졌습니다. 사직의 기미를 알아챈 총학생회에서 퇴직을 막고자 했습니다. "지금 학교를 떠나면 세월호 선장과 똑같다"고 하면서 말이지요. 다른 유혹들은 다 뿌리치고 이겨 냈는데 제자들로부터 이런 말을 듣고 난 후 마음을 접어야 했습니다. 그런데 얼마 후 감신대 학생들이 세월호 관련 플래카드를 들고 세종대왕상에 올라가는 사건이 터졌습니다. 어떤 예술가들은 이 사건을 그해 가장 멋진 퍼포먼스로 뽑았습니다. 지금도 제 방에 그 사진이 걸려 있습니다. 상상도 하지 못한 일이었기에 일파만파 사건을 만들어냈습니다. 세종대왕상에 올라간 제자들의 부모를 향해 "빨갱이 자식 키웠다", "목회는 할 수 있겠나" 하는 말들이 쏟아졌습니다. 목회하는 그들의 부모에게까지 어려움이 발생한 것입니다. 학생들 다수가 목회를 그만두려 했지요. 실제로 공무원 시험이나 부동산 자격시험을 준비한 학생도 있었습니다. 이들을 대신하여 싸워야겠다는 생각을 하게 된 이유입니다.

어느 날 세월호 가족 박은희 전도사가 있는 안산 화정교회 박인환 목사에게서 연락이 왔습니다. 세월호 사건이 있은지 며칠 지난 주일이라 기억합니다. 도무지 설교를 못하겠으니 와서 설교 좀 도와달라는 것이었어요. 이은선 선생과 함께 설교하러 갔지요. 아내는 1부, 나는 2부 설교자로 강단에 섰습니다. 설교를 끝내고 박은희 전도사 부부를 만났는데, 그들의 말을 듣는 순간 거꾸러지는 것을 경험했습니다. 그날까지 세월호 사건에 대해 남들보다 조금 더 느꼈을 뿐, 세월호 참사를 온전히 몰랐습니다. 면전에서 유가족들로부터 듣는 세월호 이야기에 피가 역류하는 고통을 느껴야 했습니다. 이후 집과 광화문이 가까워서 세월호 광장을 자주 들락거렸습니다. 그곳을 경험한 후 글을 쓰는 것과 그렇지 않은 말과 글은 정말 달랐습니다. 후자의 경우 글이 거짓이 되는 느낌이었지요. 오며 가며 들러 함께 시위하고 집회에 함께 했습니다. 신학자들도 모여 성명서를 만들고, 세월호 관련 책도 묶었고, 거리와 광장에서 세월호를 주제로 설교를 하는 등 꾸준히 마음을 보탰습니다. 그때의 제 글과 이은선 교수의 글을 묶어서 『묻는다 이것이 공동체인가』(동연 2015)를 펴냈습니다.

독일에 아우슈비츠가 있다면 한국에 세월호가 있다고 생각했습니다. 아우슈비츠 당시 히틀러는 개돼지만도 못하다는 루터의 말을 인용해 유대인을 학살했지요. 유대인 학살에 기독교가 크게 공헌, 동조했습니다. '아우슈비츠 이후의 기독교 신학'이라는 이름으로 기독론 명제 10개가 생겼는데, 그 첫 번째 명제가 "아우슈비츠에서 유대인을 학살했으나 정작 죽은 것은 기독교다"라는 것이었어요. 기독교 죽음 이후 발터 벤야민, 슬라보예 지젝, 알랭 바디우, 조르조 아감벤 등에게서 비롯된 유대적 사유가 신학의 새로운 근거이자 토대가 된 것도 알게 되었습니다. 정부는 세월호를 잊으라 했고, 교회는 아이들 천국 갔으니까 됐다고 말했습니다. 이 과정에서 세월호 가족 중 혹자는 자발적으로 교회를 떠났고 어떤 이는 강제로 밀려났습니다. 국가에서 버림받은 이들이 교회에서도 마구 내쳐진 것입니다. 세월호 참사를 대하는 교회의 태도를 보며 기독교가 완전히 죽었다는 생각이 들었습니다. 대형 교회들을 더 이상 기독교라 부를 수 없었습니다. 다행히도 수많은 작은교회들이 이들의 곁이 되었고 의지처를 만들어 주었지요. '작은교회'가 희망인 이유를 확실하게 발견했습니다.

세월호가 터진 2014년, 그 주간은 부활주일(4월 20일)이었습니다. 당시 나는 세월호를 주제로 설교했습니다. 부활절에 죽은 학생들을 생각하며 설교하는 것이 너무도 참담했습니다. 학생들에게 부활주일에 세월호를 주제로 설교한 교회들을 찾아보라고 했습니다. 1,500교회를 조사했는데 세월호를 언급하며 부활절 예배를 드린 교회가 20교회 미만이었습니다. 대다수 교회가 통상적인 부활절 설교를 한 것입니다. 아이들이 물에 잠겨 죽어가는 모습을 7시간 동안 지켜봤으면서도 통상적인 부활절 메시지가 가능할 수 있었는지 상상하기 어려웠습니다. 그때부터 '세월호 이후' 신학자로 사는 것이 무엇인가를 아주 심각하게 질문했습니다. 이렇게 자기 세계에 갇힌 언어로 글만 쓰고 살면 안 된다고 생각한 것이지요.

이런 생각들이 당시 학교 문제와 연관되어서 더욱 급진적으로 표출되었습니다. 학교를 파행으로 이끄는 이사진을 향해 마지막 수단으로 또 퇴직 카드를 내걸고 싸워야만 했습니다. 퇴직 계획을 접고 다시 대학으로 발을 들여놓으면서 정년까지 학생들을 위해 최선을 다하겠다는 다짐을 스스로 어겼습니다. 세월호 문제로 학교에 돌아왔으나 그 때문에 다시 학교를 떠나야만 했습니다. 말에 힘이 있으려면 말에 거짓이 없어야한다는 생각이 컸던 까닭입니다. 대학을 떠나면서 이제 내게 세상이 교회가 되었다고 말했습니다. 학교 밖이 진짜 교회가 될 수 있다고 생각했지요. 세월호 참사가 결국 학교를 떠날 수 있게 나를 추동한 것이라 생각합니다.

 이번에 종교개혁 500주년 관련해서 책을 쓰면서 발터 벤야민에 대한 생각을 많이 했습니다. 물론 그를 단순하게 인용하는 것으로 그치지 않고 아시아적으로 재의미화하는 차원에 서였습니다. 세월호 때문에 '기억'이라는 말이 아주 중요해졌던 까닭입니다. 주지하듯 벤야민은 '기억' 문제를 많이 다뤘습니다. 애도적인 기억을 특별히 '회억(Eingedenken)'이라고 말하였지요. 신학자 이신(李信)의 슐리얼리즘 신학과 만나면서 '역사유비'라는 새 개념을 생각할 수 있었습니다.

 지금껏 서구 역사는 자꾸 미래로만 나아가려 했습니다. 진보 신앙 탓이겠지요. 하지만 벤야민은 실패한 과거를 구원하지 않는 한 미래로 나갈 수 없다고 말했습니다. 오히려 실패한 과거를 구원하는 일이 신학과 철학의 목표라 강변했습니다. 우리 과거에 얼마나 실패하고 좌절한 역사가 많았습니까? 과거를 구원하지 않으면 미래로 나갈 수 없다는 말에 제 마음을 빼앗겼습니다. 벤야민은 결국 자본주의와 철저하게 단절하려 했습니다. 내게는 벤야민의 생각이 세월호 문제와 오버랩됐습니다. 진실을 밝히지 않는 한 우리는 미래로 한 치도 나아갈 수 없으며, 실패한 과거를 구원해야 한다고 말입니다. 우리는 과거를 지나간 시간으로만 여겨 왔습니다. 그래서 과거를 구원한다는 말이 아주 신선했습니다. 과거를 구원해야 현재도 구원하고 그래야 미래도 있는 법입니다. 그것이 없는 미래는 진짜 미래가 아니라는 것이 벤야민의 생각이었습니다. 실패한 과거가 우리의 미래가 될 수 있도록 우리는 세월호에 대한 진실을 온전히 밝혀야 할 것입니다.

우리는 끊임없이 기억하면서 살아갑니다. '애도적인 기억' 즉 '회억'을 한다는 것은 바위에 조그마한 틈바귀를 만드는 일입니다. 그 틈바귀로 메시아적 사건이 개입해 들어올 것입니다. 개입해 들어오면서 난공불락의 실체인 바위를 부술 수 있습니다. 세월호 문제를 겪으면서 고민하고 있던 나에게 그는 이처럼 신선한 신학적 사유를 제공했습니다. 말했듯이 이후 저는 이에 근거한 '역사유비'라는 새로운 신학원리를 발견, 적용시켜 논문을 쓰고 있습니다.

뉴스앤조이 강동석 기자 2017. 7. 21

학문공동체, 그것이 무엇일지 상상해 보십시다. 어머니 감신에는 다른 곳에 없었던 자랑할 만한 유산들이 많습니다. 우리가 배웠던 토착화 전통을 비롯하여 독립운동을 주도한 사회주의 흐름도 존재했으며 교파적 기독교를 넘어선 그리스도 환원운동도 감신에서 시작되었습니다. 풀무학교를 세운 초창기 멤버들도 감신과 유관하며 이후 평신도운동의 주창자가 되었습니다. 이런 우리들 역사를 다시 소환시킵시다. 홀로는 할 수 없는 일입니다. 그래서 학문공동체가 필요합니다.

2. 실패한 제자들, 그 이후

촛불혁명과 인간혁명

 남북 간 급변하는 상황을 목도하며 사람들은 이 땅에 하늘의 좋은 기운이 임하는 것 같다고 이구동성으로 말한다. 얼마 전 NCCK가 주관한 남북대화, 북미대화 성사를 위한 기도회가 열렸다. 예상 외로 많은 사람들이 모여 간절하게 기도했다. 때가 무르익었다는 믿음이 참여한 사람들의 마음에 가득 찼음을 느낄 수 있었다. 그간 북한의 태도를 감안할 때 '개벽'과도 같은 이런 변화가 어찌 시작될 수 있었을까? 2017년 추운 겨울을 광장에서 보낸 천만 이상의 촛불 시민들의 공이었음을 누구나 수긍할 것이다.

 2017년의 촛불혁명은 가까이는 세월호 유족들의 한 맺힌 절규가 그 자양분이었다. 국가로부터 내몰렸고 교회로부터 추방되었으나 자식들 죽음의 진실을 밝히고자 거리에 나선 어머니들이 있었기에 가능했다. 당시 시민단체는 유족들이 진실 싸움의 전면에 나서는 것을 간곡히 말렸다. 자식 잃은 고통만으로도 죽을 것 같은 그들을 보호할 목적에서였다. 시민들이 주도할 터이니 몸을 추스르라 했으나 유족들은 이 제안을 받지 않았다. 자신들이 죽도록 싸워야 시민들이 힘을 보태줄 것이라 믿은 것이다. 결과적으로 유족들이 옳았다. 3년 동안 풍찬노숙했던 이들의 절규가 시민들 마음을 움직였고 촛불을 들고 "이게 나라냐?"고 묻기 시작한 것이다. 사람을 버린 국가에 대한 항거, 그것이 바로 촛불혁명의 시작이었다.

우리들 유전인자 속에 이웃의 고통과 슬픔에 대한 공감력이 저장되어 있다. 불의에 대한 저항 역시 공감력의 다른 표현이다. 함석헌은 이를 "차마 …하지 못하는 어진 마음"이라 일컬었다. 부모가 지어준 우리들 이름 속에서 이런 성향을 감지한 결과였다. 이름에 '뜻'을 담은 백성은 이스라엘 민족과 이 땅의 사람들뿐이다. 순하고 어질며 착한 뜻의 이름은 결코 이스라엘도 따를 수 없다. 나무 작대기뿐이었으나 가난한 백성을 착취하는 관리들에 맞섰던 동학혁명, 외세에 의한 분단을 목숨 바쳐 거부했던 제주 사람들, 위정자들의 거짓에 저항했던 4.19세대의 젊은이들에게서 이런 힘이 온전히 드러났다.

어디 그뿐인가? 군부 독재를 마감시킨 6.29의 시민들, 5.18의 광주시민들 또한 이번 촛불혁명을 가능케 한 뿌리힘(根氣)이었다. 역으로 말하자면 촛불혁명은 이런 과거 역사의 집적물일 수 있겠다. 이 땅의 역사 속에 이런 움직임들이 있었기에 지금처럼 하늘의 좋은 기운이 임하고 있는 것이다.

그럴수록 촛불혁명은 이 실패한 과거를 회복시킬 책임이 있다. 세상의 역사는 늘 성공한 자들의 기록뿐이다. 하지만 실패한 과거를 구원하지 못하면 미래는 없다. 그런 미래는 여전히 억울한 사람들을 양산할 수밖에 없기 때문이다. 동학과 제주4.3사건, 4.19혁명, 6.29민주화운동, 광주 5.18항쟁, 그리고 세월호는 촛불혁명을 통해 그 본뜻을 회복할 수 있다. 한국 근대사 속에서 역사의 총체적 실패는 원치 않은 분단 탓이었다. 분단 체제가 민족의 앞날을 과거로 되돌리곤 했다. 그렇기에 분단극복은 함석헌이 말하듯 우리 민족이 감당할 최후의 시험이자 과제이다.

나는 이번 북한의 노선 변경 역시 촛불혁명과 무관치 않다고 판단한다. 촛불혁명이 북쪽에도 일정 부분 영향을 미쳤을 개연성 때문이다. 국가의 범죄적 무능을 꾸짖는 남쪽 시민들의 촛불 행렬을 보며 북한도 두려웠을 것이다. 지금껏 눈과 귀 그리고 입을 막고 있었으나 촛불혁명의 불씨가 북한 주민들에게 잠재된 두려움을 일깨웠을 법하다. 남쪽의 촛불혁명

이야기가 이런저런 방식으로 회자될 경우 종래와 같은 북한 체제의 유지와 존속이 힘겹게 여겨졌을 것이다. 이것이 평창 올림픽을 정점으로 북한이 정책 기조를 선회한 주요 이유 중 하나라고 나는 믿는다. 사람들이 김정은을 영리하다고 보는 까닭도 여기에 있다(윤석열 정권이 이런 흐름을 차단했으니 역사의 심판은 오롯이 그의 몫이다).

촛불혁명의 영향사(史)는 이제 한반도를 넘어 아시아, 세계로 향하고 있다. 본래 중국과 일본의 경우 이런 시민운동은 기대하기 어려웠다. 중국은 체제 탓으로, 일본은 정서상으로 이러한 혁명을 기대할 수 없는 나라였다. 하지만 최근 일본에서 수십만 명이 모여 부정한 아베 정권을 탄핵하는 집회가 열렸다니 놀라운 일이다. 미국 역시 총기 규제를 원하는 촛불시위가 청소년을 중심으로 확산되고 있다. 앞서 홍콩에서 중국 독재에 저항하는 노란우산운동을 펼친 것도 주목할 필요가 있다. 이런 해석이 견강부회(牽强附會)일 수 있겠으나 세계평화상을 받을 만큼 촛불혁명이 세계에 알려졌기에 가능할 수 있었다. 급기야 미국이 비핵화 의지를 밝힌 북한의 손을 맞잡고 평화의 길에 나섰으니 촛불의 힘이 참으로 놀랍다.

촛불혁명은 무엇보다 이 땅에 많은 변화를 가져 왔다. 우선 새 정권을 출범시켜 축적된 과거의 적폐를 청산할 수 있었다. 뿐만 아니라 의회민주주의를 불신하며 광장 및 거리 민주주의, 곧 시민 참여적인 직접 민주주의 열망을 강력히 표출했다. 시민들의 절실한 요구를 법에 반영시키려는 목적에서였다. 성사될 확률이 작지만 개헌안에는 이런 변화의 뭇 열망이 담겨 있다. 20만여 명의 사람들이 청원하면 청와대가 반드시 응답하여 처리하겠다는 약속도 받아냈다. 억울하게 희생된 장자연 사건을 비롯하여 페트병 처리 문제에 이르기까지 시민들의 지혜가 최고 권력과 소통했던 것이다. 부작용을 낳았지만 남성주의를 청산할 미투운동이 시작된 것도 이런 변화의 산물이다. 하지만 청와대 거리에서부터 세종로에 이르기까지 살려달라는 억울한 목소리는 더욱 커지고 있다. 봇물 터지듯 솟구치는 절규에 향후 촛불 정부가 어떻게 반응할지 걱정 반 기대 반으로 지켜본다.

  이처럼 촛불혁명은 실패한 과거를 구원할 큰 책임을 지녔다. 너무 과도한 책임 탓에 촛불이 꺼질 것 같은 두려움도 있다. 저마다 봇물 터지듯 정부를 향한 하소연을 하고 있으니 말이다. 시간을 두고 기다려야 할 일도 많겠으나 성급한 요구 탓에 촛불 정부에 대한 원망도 점점 커지고 있다. 눈치보는데 익숙한 행정 공무원들 역시 촛불 시민의 의식에 이르지 못한 상태이다. 촛불의 민심 또한 지나갈 일이라 여기며 여전히 인습을 벗지 못했기 때문이다. 소성리 사드 배치를 공권력으로 강행하려는 문재인 정부 역시 염려스럽다. 하지만 남북대화 이후 입장이 급속도로 달라질 것으로 기대한다.

무엇보다 가장 큰 걱정은 여전히 분단 중독증에 빠진 정치가들의 행태라 하겠다. 분단 체제 속에서 얻었던 기득권을 붙잡고 자신들 이익에만 골몰해 있다. 촛불 시민들이 분단 체제를 흔들어 놓았건만 이들은 여전히 그 체제 속에 안주하려 든다. 이 땅의 시운을 애써 부정하는 정치가들의 선동에 놀아나는 기독교인들도 적지 않으니 걱정이다. 촛불혁명은 하늘이 이 땅에 선물한 기회이다. 슬픈 과거사를 구원하라고 하늘이 은혜를 베풀었다. 그것도 자식 잃은 부모들의 희생과 헌신을 매개로 해서 말이다. 이런 기회를 놓친다면 더 이상의 새로운 기회가 없을 수도 있다. 이번 개헌이 좌초될 운명이라 몹시 안타깝다. 촛불혁명은 "민족의 역사를 개벽하라"는 하늘의 명령인 것을 거듭 숙지하자.

거듭 말하지만 북한이 변하고 있으니 기쁜 일이다. 북한의 변화가 남쪽의 분단중독증을 억지로라도 치유할 수 있을 듯싶다. 하지만 스스로 변하는 것이 최우선이다. 북한과 함께 할 새 세상을 꿈꾸며 우리들이 먼저 달라져야 옳다. 원불교 창시자가 말하듯 "물질이 개벽하니 정신을 개벽하자"는 것이다. "역사는 처음이 있어 마지막이 있지 않고, 마지막이 있어 처음이 있다"는 말도 다시 기억하면 좋겠다. 북한이 핵을 버리고 경제를 택한 것은 이 땅의 앞날을 위해 정말 잘한 일이다. 힘이 아니라 삶을 가치의 척도로 삼은 결과였다. 그렇다면 남쪽도 달라져야만 한다. 욕망(돈)을 추동하는 남쪽의 삶 역시, 실상 핵 하나만을 바라봤던 북쪽과 다를 바 없다. 동전의 양면처럼 삶을 잃은 것은 양쪽 모두 같다. 반인반수(半人半獸)의 비정규 노동자를 양산하더니, 가정 구성원 모두를 일터로 내몰고, 급기야 이 모두를 빚더미에 앉게 했다. 직장도, 결혼도, 미래마저 포기하는 젊은 세대의 항변이 무섭지 않은가? 욕망지수가 높으니 불행과 자살지수 역시 높은 나라가 되어버린 것이다. 출생아 수 또한 한없이 줄어들었다. 북쪽이 경제를 추구하는 동안 이 땅 남쪽은 다시 정신을 회복해야 옳다. 그래야 두 동강 난 남북이 제대로 이어질 수 있을 것이다.

한 일간지에 실린 기사 내용을 소개해 보겠다. 2015년 카이스트에서 '한국인은 어떤 미래를 원하는가?'를 조사 발표했다. 절반에 가까운 42%의 청년층(20~34세)에서 '붕괴, 새로운 시작'이라 답했다. 경제가 성장한들 자신들 삶이 달라질 것 없다는 지속적인 학습의 결과였다. 이런 의식상태에서 남북이 하나가 된들 행복할 수 없다. 오히려 하나되기를 거부하는 젊은이들만 양산할 것이다. 그렇기에 글쓴이 강준만은 한국 사회가 지속시킨 삶의 틀을 확 바꾸자는 뜻으로 본 자료를 이해했다. 종교 인구를 자랑하면서 물질만을 추동했던 이 땅의 지배 원리를 폐기하자는 것이다. 이는 정부 홀로 이룰 수 없는 일이다. 하지만 정부는 희망을 잃은 사람들을 먼저 일으켜 세워야 한다.

 촛불 이후 새로운 이데올로기로 '소확행(작지만 확실한 행복)'이란 말이 회자된다. 물질 중심의 행복 기준을 뿌리부터 바꾸려는 의지의 표현이다. 두려운 미래를 맞는 것보다 소소하나마 자신(행복)을 지키려는 사람들의 아우성일 수 있다. 하지만 촛불혁명 이후를 이끌 주체도 바로 이들이다. 이런 식의 삶의 혁명을 통해 촛불혁명은 완성될 수 있다. 남북의 성공적 만남을 위해서라도 우리들 정신개벽은 반드시 필요하다. 하루아침에 인간이 달라질 수는 없는 노릇이다. 반세기를 넘게 지배했던 이념적 궤적을 벗어나는 것이 쉽지 않은 탓이다. 그럼에도 '새 시작'을 원한다면 필히 자신부터 달라져야 옳다. 개신교를 비롯한 제 종교의 위상이 바닥까지 추락했으나 그래도 인간 혁명을 위해 종교가 나서야 한다.
 종교란, '맛'을 추구하던 사람들에게 '뜻'을 선물하는 데 본래의 사명이 있다. 작지만 확실한 행복도 뜻이 있어야 가능하다. 이 뜻은 자신 속의 하늘을 깨닫는 데서 비롯한다. 아주 작은 개체이나 자신 속에 전체를 품고 있다는 자각 말이다. 유영모, 함석헌이 말한 '씨얼' 민중은 바로 이를 일컫는 고유명사이다. 전체를 품었으니 자신 속에 함몰될 리 없고 개체로 머무니 구체(역사)적일 수밖에 없는 실존, 그 오가는 과정 속에 존재하는 것이 바로 '뜻'이다. 이 뜻이 견물생심(見物生心)의 인간을 물건을 보고도 마음을 빼앗기지 않는 견물불가생(見物不可生)의 존재로 만들 수 있다. 다석 유영모의 가르침이다.

본래 기독교는 '제 뜻 버려 하늘 뜻 구한' 씨얼 예수의 삶을 따르는 종교이다. 그 길을 가다 우리도 길이 될 것을 요구하는 삶의 종교였다. 하지만 종교개혁 500년을 지나면서 개신교는 '믿음'을 오독했다. 천박한 자본주의를 유지, 존속시키는 사이비 이념이 되어 버린 것이다. '뜻'을 잃고 '맛'을 추구하고 살아도 믿음만 있으면 구원이 가능하니 크게 변질되었다. 단연코 그런 기독교는 어디에도 없다. 촛불시민의 평균의식에도 상당수 기독교인들이 미치지 못한 것이 걱정이다. 오히려 촛불혁명에 반하는 세력이 되고 있으니 이 땅에서 그 운이 다한 듯싶다. 그럼에도 '씨얼' 예수의 길이 현존하기에 그 길을 쫓으면 될 일이다. 기독교 안팎에서 '씨얼' 예수를 쫓는 뭇 씨얼이 있으니 촛불 이후의 삶이 희망적이다. 씨얼에게서 인간혁명의 길을 본다.

배제와 혐오의 시대를 넘어
- '차별금지법'에 대한 한 생각

　가톨릭교회의 교부 안셀름은 알고자 하면 "먼저 믿으라"고 가르쳤다. 루터가 말했던 '오직 믿음'도 인식에 앞선 믿음의 우선성을 강조한 언표이다. 하지만 지금도 과연 그러하고 그래야만 하는가? 세상은 오히려 생각을 바꾸라 종용한다. 믿고자 한다면 아는 것이 먼저란 것이다. 과거의 연역적 사유(Up-Down-Experience)보다 경험적, 귀납적 사유(Bottom-UP-Experience)를 우선하라는 것이다. 이런 식의 토론을 우리는 이 글의 주제인 교회(성서)와 세상, 혹은 과학과 종교(기독교)의 관계로 치환해서 생각할 수 있겠다.

　과연 무엇이 먼저일까? 과거는 틀렸고 지금만 옳은 것인가? 아니면 과거의 유지, 존속을 고집하는 것을 진리라 우길 것인가? 최근 한국에서 핫 이슈가 된 차별(동성애)금지법에 대한 찬반 논의도 이런 선상에 있다. 하지만 양자택일은 어느 쪽을 위해서도 불행하다. 이 둘의 관계를 제대로 살펴 균형 잡힌 시각을 논하는 것이 신학자, 목회자들의 책무이겠다. 나는 양자의 관계를 '불이성(不二性)'이라 이름하겠다. 하나일 수도 없지만 둘도 아니라는 동아시아적 사유 방식을 염두에 둔 것이다. 이 논리가 세상과 교회, 학문(과학)과 종교의 관계를 정립하는 '뉴 노멀'을 선사할 것을 믿는다.

세계가 코로나바이러스로 큰 홍역을 치르고 있다. 몇천만 명이 감염되었고 수백만 명이 목숨을 잃었다. 2020년 신년 벽두에 찾아온 코로나바이러스는 자연이 주는 경고이며 인류 문명을 교정하라는 신적 메시지일 수 있다. 전자는 과학자의 말이고 후자는 신학적인 언사이다. 지구는 지질학적으로 '홀로세'이나 인간의 과도한 개입으로 돌이킬 수 없는 상태에 이르렀다. 홀로세를 '인간세' 나아가 '자본세'로 변질시켰고, 그 결과로 코로나 역풍을 초래했다는 것이 생태과학자들의 견해이다.

이렇게 생각하면 성서의 창세기는 홀로세를 배경으로 쓰여진 문서가 분명하다. 홀로세가 없었다면 창세기도 없었을 것이다. 피조물의 조화로운 활동을 보며 창세기 기자들은 '참 좋다!' 환호한 하느님을 고백했다. 이 점에서 과학과 종교는 상호 종속되며 사회와 교회는 문제의식을 공유할 수밖에 없다. 자연과 창조, 말은 다르나 함께 왜 이것이 붕괴되었는지를 생각해야 한다. 이 과정에서 신학은 자연과학으로부터 지식을 습득해야 하는 바, 성서와 갈등할 이유가 없다. 그럼에도 불구하고 배운 것을 신학적 언어로 재(神)개념화할 필요가 있다. 날 것 그대로는 결코 신학이 아닌 까닭이다. 과학의 사실적 언어와 신학의 구성적 언어가 성격상 같지 않기 때문이다.

한 여성신학자는 신학 언어의 특성을 '그렇지만 그렇지 않은…(It is, but it is not…)'으로 표현했다. 과거(문자)에 매이지 말고(It is not) 매 시대가 밝혀주는 사실(fact)을 수용하여 사실 적합하게 진리(It is)를 구성하라는 것이다. 오늘 우리는 성서 시대보다 생태적 지식을 더 많이 소유했고 성서가 밝히지 못한 성(性)담론을 배워 알고 있다. 성서 어느 한 구절에 근거해 진리를 독점할 수 있는 시대가 아니다. 그럴수록 신학은 자신의 언어를 재구성하여 시대의 과제를 공동체를 위해 풀어내야 하다.

인류 역사를 전후로 나눴다는 코로나 사태는 우리를 과거로 돌이킬 수 없도록 했다. 만물의 영장인 인간도 멸종할 수 있는 한 생명체로 인식하게 한 중요한 사건이다. 뭇 생명을 빼앗고 재산을 허물었으며 직업을 잃게 만들었으나 자연을 회복시킨 측면도 있으니 악하다고만 말할 수 없다. 시장보다는 국가의 역할을 중(重)하게 했고 신자유주의 종언도 가져왔으니 말이다. 하지만 불평등이 더 심화될 수 있다는 전망도 있다. 비대면 사회의 등장으로 산업구조 역시 크게 바뀔 전망이다. 디지털 뉴딜과 그린 뉴딜이란 말이 그래서 나왔다. 비대면 사회에서 4차산업과 자연이 중요해진 것이다. 중국이 선도하고 유럽과 미국이 서로 경쟁하듯 새로운 뉴딜에 올인 중이다. 한국도 이 흐름에 올라탔다. 하지만 이것이 소위 지속가능한 성장의 연장일 뿐이라는 비판도 많다. 코로나 사태가 성장이 아니라 멈춤, 곧 탈(脫)성장을 요구하는 까닭이다. 그래야 코로나 이후를 사는 지혜, 곧 생태 백신이란 말에도 설득력이 생길 것이다. 이 점에서 코로나 사태 및 그 이후에 대한 신학적 상상력이 절실하다.

어느 글에서 나는 코로나 사태를 희년(禧年)으로 풀었다. 앞서 말한 문명의 교정자란 말을 신학적으로 표현한 것이다. 익히 알 듯 희년법의 배경은 다음과 같다. 모진 고통 속에 원하던 가나안 땅에 입성했으나 그곳은 자연마저 신음하는 불평등한 공간이 되고 말았다. 노아 홍수 이후 더 좋은 세상을 위한 조건으로 하늘과 맺은 약속들 -사람들 눈에서 억울한 눈물을 흘리게 하지 말 것과, 동물을 피(생명) 채로 먹지 말 것-을 어긴 결과였다. 하느님 보시기에 '참 좋은' 세상이 되지 못한 탓이다. 신적 환호가 사라진 세상, 그것이 가나안 입성 후 인간들의 실상이었다. 하지만 이 지점에서 신적 폭력(?)이 개입했다. 그곳을 '처음처럼' 회복시키라는 것이다. 이반 일리치의 말대로 '성장(욕망)을 멈추라'는 명령이었다. 이것은 사랑의 다른 이름이었지만 움켜쥔 손을 펼쳐야 하는 이들에게는 고통이자 아픔이었을 것이다. 가진 사람에게 고통을 안긴 희년법, 그러나 그것은 피조 세계를 지키려 했던 그의 사랑 표현이었다. 이후 성서의 예언자들은 희년사상을 자기 시대의 언어로 선포했다. 과거 동학은 이를 '개벽'이라 말했고 오늘 이 시대에는 '뉴 노멀'로 언표되었다. 예수 역시도 희년법을 선포하며 세상에 오셨다. 굽은 길을 펴서 곧게 하고 패인 곳을 메워 평평하게 하는 것이 그가 말하는 구원이었다.

  오늘날 교회가 독점한 구원과는 동이 서에서 멀 듯 한없이 멀다. 예수 탄생 시 그를 거부한 헤롯의 악행을 생각해 보자. 역사적 사실이라 확신할 수 없으나 뉴 노멀, 곧 구원자로 오신 예수를 찾아 죽이고자 수만 명의 어린 생명을 죽음으로 내몰던 헤롯왕의 악행 말이다. 예수가 전한 구원이란 이름의 뉴 노멀도 이런 희생 속에서 이뤄졌다. 코로나바이러스로 수백만 명이 죽었고 바벨탑처럼 쌓아 놓은 재물이 물거품처럼 사라진 것을 이와 비교할 수 있을까? 이런 희생을 치르고도 여전히 과거처럼 살고자 돌이킨다면 이들의 죽음이 너무도 허무하지 않겠는가? 디지털 뉴딜, 그린 뉴딜도 좋겠으나 신적 환호가 실종되는 불평등한 사회, 자연이 신음하는 세상을 더 이상 만들면 안 된다. 그럴수록 코로나 위기를 희년의 출현으로 여기는 신학적 상상력이 필요하다. 교회와 사회, 신학과 자연, 사회과학이 그 영역은 다르지만 분리될 수 없는 이유가 바로 여기에 있다.

지금 한국교회는 대면/비대면 예배 양식을 두고 극한 투쟁을 하고 있다. 예배를 위해 선교를 포기하는 모순, 교회를 위해 사회를 부정하는 적폐, 지금 당장을 위해 내일을 부정하는 몽매함을 쌓고 있다. 오로지 세상과 교회를 나누는 이분법적 실상 탓이다. 이번 8.15 광화문 태극기 집회를 개신교 대형 교회들이 조직적으로 주도했다는 것이 밝혀졌다. 밀착 접촉으로 바이러스 감염을 우려했으나 정작 방역을 조롱했고 신앙을 과신하며 반정부 투쟁을 감행한 것이다. 그 한가운데 전광훈이란 개신교가 만든 괴물이 자리했다. 보수 정치인과 종교인을 후경(後景) 삼아 무대에서 칼춤 추는 미친 운전사 탓에 감염자 수가 폭증했고 수많은 자영업자들의 생계를 위협했다. 코로나 독재란 말을 앞세워 종교를 정치적 도구 삼는 그를 보며 사람들은 개신교를 경험한다. 차별금지법을 반대하는 개신교인들 자신을 위해 차별금지법을 인정하라는 자조 섞인 말도 회자된다. 하지만 전광훈의 마성(魔性)이 상당수 개신교 목회자들 속에 1/N씩 내재되어 있으니 더욱 걱정이다. 교파를 막론하여 한국 개신교의 절반 이상이 1/N의 전광훈이 되어 대면 예배로 정부와 맞서는 까닭이다. 예배가 생명보다 중(귀)하다는 이들 주장을 세상이 조롱한다. 생명을 살리라는 종교가 이웃 생명을 위협하는 매체가 되었으니 웃픈 일이다. 코로나 사태를 겪으며 세상과 사회, 시민과 교회는 되돌릴 수 없을 만큼 멀어졌다. 불경기의 와중에도 개신교인 출입금지란 글을 붙인 식당도 생겨났다. 혐오와 증오를 부추겨 불만을 폭증시키는 전광훈과 이에 동조하며 개신교(예배) 절대주의를 표방한 교회들로 인해 십자가 복음과 한국 개신교 역사가 맛 잃은 소금처럼 세상에서 버려지고 있다.

이 글에서는 예배와 사회, 종교와 정치 그리고 차별금지법을 불이(不二)적 차원에서 생각해 볼 것이다. 예배가 사회와 고립된 기독교인만의 특권이라 생각하면 오산이다. 예배의 중요성을 결코 모르지 않기에 이를 사소하게 여길 이유도 없다. 성서는 과거 이스라엘 백성(공동체)을 예수 죽음 이후 교회라 칭했다. 그렇다면 교회는 예언자들의 말 "하느님이 제사를 원치 않고 공의를 원한다"는 사실에 일차적으로 공감해야 한다. 당시도 지금처럼 성전에는 회개의 대가로 수많은 제물이 바쳐졌고 쌓여졌으며 거듭 요구되고 있으나 정작 백성들은 굶주려야 했다. 이 상황에서 예언자는 공의 없는 제사를 하느님이 역겨워한다고 선포했다. 예배하기 전에 형제와 화해할 것을 요구하는 복음서도 같은 뜻을 전한다. 예배를 부정하는 것이 아니라 어떤 예배를 드려야 할지를 물었던 것이다. 한마디로 예배와 사회는 둘일 수 없다는 지적이다. 예배 없는 것도 문제지만 공의 없는 예배도 예배일 수 없다.

대면 예배를 강행하는 목사와 교회를 보며 예수 당시 성전 제사장들과 이중 과세에 직면한 무지렁이 백성들 얼굴이 떠오른다. 제국 로마의 칼이 무서운 백성들은 피폐한 삶을 살면서도 성전보다 로마에 먼저 세금을 바쳤다. 성전 곳간이 빈 제사장들은 굶주린 백성들을 당시의 율법, 성전(종교)세를 바치지 않았다는 죄목으로 이들을 공동체 밖으로 내쫓았다. 죄 없는 백성들을 땅의 사람 곧 '암하렛츠'로 폄하하면서 자신들 곳간을 채우려 했던 것이다. 오늘의 상황도 그와 유사하다. 대면 예배를 주장하는 몇몇 목사들은 예배가 천국을 보장한다고 설교했으며, 십일조를 내지 않으면 암에 걸려 죽는다고 말한 이들도 있었다.

통계에 의하면 개신교인들 10명 중 7.3명이 정부 방역 대책을 지지했다. 대면 예배를 원치 않는 교인들 수가 더 많다는 증거이다. 이런 연유로 목사들과 신도들의 갈등이 깊어졌으니 집토끼(?)조차 놓칠 지경에 이르렀다. 예배가 본뜻을 잃고 사회와의 관계성을 놓쳐 버리면 이처럼 교회 자체도 위험에 처할 수 있다.

본래 교회 '에클레시아'는 흩어진다는 뜻을 지녔다. 주지하듯 코로나로 인해 대면 사회로의 회귀는 불가능해졌다. 최소한의 대면, 공동체성은 유지·존속되어야겠으나 교회뿐 아니라 회사, 기업, 학교도 흩어지는 시대에 걸맞게 재구성되어야 옳다.

이 점에서 필자가 강조해온 '작은교회'가 희망인 것이 분명해 보인다. 도시가 달라질 것이고 학교, 교회 건물 또한 달리 지어져야 한다. 교회의 예배가 달라져야 할 이유도 여기에 있다. 큰 건물을 지닌 교회들의 효용가치도 적어질 것이다. 그럴수록 교회보다 가정, 집이 더 소중해질 것이며 적색 은총, 곧 십자가만 강조하던 교회는 자연이 주는 녹색 은총을 구할 때가 되었다. 코로나 사태에 생태 백신만큼 좋은 치료제가 없는 까닭이다. 지금껏 주일 성수를 앞세워 대면 예배를 강조했던 기존 교회들이 간과했던 가치였다. 예수는 공중 나는 새와 이유 없이 피는 들의 꽃을 보라 했으나 정작 우리는 건물 안에 있었고 문자만 읽고 있었다. 예배의 본질을 지키되 흩어지는 교회, 비대면 사회에 적합하게 재창조하는 것이 세상과 교회, 신도와 시민, 종교와 과학이 공존하는 길일 것이다.

세상과 사회의 또 다른 측면인 종교와 정치의 관계를 살필 차례이다. 지금 한국사회는 종교의 정치화, 목사들의 정치질로 혼란스럽다. 지난 광복절에 이어 다가올 개천절에도 광화문 광장에서의 반정부 투쟁이 계획되고 있다. 이명박 장로를 대통령 만들기 위해 정치에 참여했던 개신교가 이제 스스로 정치 집단이 되어 기독교 정당을 만들었고 국회에 입성하고자 기를 쓰고 있다. 지난 총선에서 퇴물 정치인들 다수가 이에 편승하여 전광훈이 주도한 기독당에 기웃거리기도 했다. 국민의 힘으로 바뀐 보수당이 이들 후견인 역할을 한 것도 사실이다. 정치가 종교를 이용하여 정치적 이익을 얻고자 한 결과였다. 이들은 정권(권력)은 하늘이 내린 것이라 하여 독재정권을 옹호하던 세력이었다. 가짜뉴스의 진원지가 대형 교회들이라는 사실이 믿기지 않았으나 그곳 교인들까지 강제로 집회에 동원했으니 할 말을 잊는다. 로마서에서 빈번하게 사용된 '그리스도 안의 존재(Sein in Christo)'란 말뜻을 찾아 이런 편향에 대응할 일이다.

종교개혁자들에 의해 칭의론의 책으로 알려진 로마서는 본래 화해론에 더 큰 무게를 두었다. 그리스도 정신으로 제국 로마와 다른 세상을 만들고자 한 것이다. 이를 위해 먼저는 유대인과 이방인을, 이어 유대인과 기독교인을, 유대적 기독교인들과 이방적 기독교인을 하나로 묶고자 했다. 이는 사람들이 그리스도 안의 존재가 될 때 가능한 일이었다. 그리스도 안의 존재란 종교적 틀 속에 갇혀 있는 상태를 적시하지 않는다. 오히려 제국 안에 있으나 제국과 다른 삶을 사는 사람을 일컬었다. 제국 로마 체제 안에서 노예를 부리고 수많은 여성과 살 섞고 사는 일은 잘못된 일이 아니었다. 그러나 하느님 의(義)를 경험한 사람들은 자발적으로 이런 체제, 가치관 자체와 결별했다. 노예를 해방했고, 한 사람만을 사랑했으며, 자기 욕망을 절제했고, 가난한 자들을 위해 음식을 나눴던 것이다. 로마 체제 속에 살았지만 그와는 다른 방식의 삶을 갖는 것이 복음의 길이자 기독교적 정치였다. 학자들은 이를 일컬어 '복음의 정치학'이라 말했다.

  제국 로마의 기독교가 되기 이전까지 교회는 다양한 존재 양식을 지녔다. 획일성 대신 다양성이 초대교회를 지배했던 것이다. 예컨대 마가 공동체, 마태 공동체, 도마 공동체, 마리아 공동체가 공존했다. 서로 다른 텍스트를 지녔고 강조점도 달랐다. 하지만 이들에게 공통점이 있었는데 복음의 정치학이 바로 그것이다. 하지만 지금 교회는 자본주의 욕망을 추동하며 세상 권력까지 취하고자 안달이다. 돈을 영적으로 포장할 뿐 교회의 존재 양태가 자본주의를 빼닮았다. 허울만 종교인일뿐 실상 무신론자들이 되었고 기업처럼 세습이 이루어지는 집단으로 변질되었다.

 몇 해 전 영국 BBC방송은 대한민국을 OECD 가입 국가들 중 욕망지수가 가장 큰 나라로 선정했다. 이웃 종교에도 해당되겠으나 이 말은 일차적으로 교인 수를 자랑했던 한국 기독교에 내려진 일종의 사망선고라 할 것이다. 본래 욕망과 종교는 상호 반비례해야 정상이다. 이런 현실에서 대면 예배를 강요했고 그것이 생명보다 중하다는 교계 대표자의 발설은 세상 조롱거리가 되기에 충분했다. 이 점에서 본 회퍼가 주창한 '새로운 수도원 운동' 즉 세상 안에서 세상 밖을 살자는 제안은 '복음의 정치학' 새 버전으로 종교와 정치의 불이(不二)성을 환기시킨다. 세상 속에서 세상 밖을 살아내는 일을 위해 교회가 존재하고 예배가 필요한 까닭이다. 교회가 안식일 위주의 신앙생활 대신 일상 속에서 생활신앙을 펼치는 시민 양성에 몰두할 이유가 여기에 있다. 교회란 본래 타자를 위할 때 존재 가치가 있는 까닭이다. 이 점에서 교회 전세 보증금으로 어려움에 처한 전 교우들을 위해 기본 소득으로 선용한 일산 지역 한 개척교회 목사 이야기가 희망줄을 붙잡게 했다.

 마지막 주제에 이르렀다. 한국교회가 사력을 다해 부정하는 '차별금지법'에 대해서이다. 오래전 완성된 법안을 개신교의 집단적 반발로 정치권이 아직 입법화하지 못하고 있다. NCCK가 차별금지법을 지지한다는 이유로 장로교단은 파송한 총무를 소환, 응징을 검토하고 있고 감리교단 역시 자신들이 힘써 세운 NCCK 탈퇴를 겁박하며 본안 철회를 요구하고 있다. 국민 70% 이상이 민주당이 주도한 이 법안을 지지했으나 '국민의 힘'이 이를 부정했으며 개신교가 이에 힘을 보태는 양상이다. 여기서도 세상과 교회의 관계가 다시 소환된다. 개신교가 차별금지법을 반대하는 것은 낯선 두 타자, 이슬람과 동성애에 대한 혐오 탓이다.

본래 기독교는 자기 부정을 우선하는 종교이건만 타자 부정을 통해 자기를 긍정하는 오류를 반복해 왔다. 지금껏 반공을 내세워 북(공산주의)을 타자(악마)화했다면 4.27선언 이후 대북 이미지가 달라졌기에 새로운 정치 전략을 구사한 것이다. 이유는 각설하고 이 땅에 이슬람 종교가 유입되는 것을 막았고 동성애를 부정했다. 차별금지법을 이들 보호법으로 여겨 기독교계의 역차별을 우려한 소치였다. 그럴수록 차별금지법이 구원자 예수를 부정하고 하느님의 창조 질서를 훼손된다고 강변했다. 정말 그러한가?

기독교의 이런 태도가 오히려 선교를 망치고 자신들 미래를 부정당할 수 있다. 언제부터 기독교가 이 땅의 주인이었던가? 자신도 서구에서 유입된 종교인 것을 잊어서는 아니 될 것이다. 목회자들은 기독교가 선교를 통해 이 땅을 구원했다고 말하나 종교학자들은 오히려 우리들 종교적 기초이념이 기독교를 수용했다고 보는 바, 여전히 토론거리이다. 일제 강점기, 독재 시대 기독교가 일군 족적을 부정할 사람은 누구도 없다. 그런 기독교였기에 민족이 수용했고 이를 체화시켰다. 하지만 작금의 기독교를 민족이 거부하며 토해내고 있지 않은가? 더 이상 수용하여 체화시킬 가치가 없다고 여긴 것이다. 개신교 인구가 조만간 5% 이내로 줄어들 것이라는 진단도 있다. 과거 유교, 불교의 경우처럼 역사 유물처럼 취급될 수도 있을 것이다. 개신교를 위해서 이슬람 종교 유입을 부정하는 것만이 능사가 아니다. 이슬람 종교의 기층 속에 예수를 하느님으로 봤던 유대적 기독교의 흔적이 담겨 있기 때문이다. 노동 시장의 유연화 과정속에서 이 땅의 더 많은 사람에게 이슬람 종교가 알려지게 될 것이다. 이종교배를 통해 새 가치, 새 문화를 창조할 수 있다면 좋은 일이다. 천민자본주의에 대한 대안도 기부금에 익숙한 이들로부터 기대할 여지가 크다. 하지만 이슬람 종교 역시 이 땅의 종교로서 변화될 각오가 필요하다.

지난 100년의 역사를 통해 기독교의 토착화 작업을 배울 일이다. 거듭 말하지만 교회는 타자 부정을 통해 자신을 주장하나 세상은 교회에 자기 부정을 요구한다. 차별금지법을 반대하는 교회는 세상과의 소통을 닫는 영적 지폐에 빠졌음을 적시할 뿐이다.

동성애에 대한 시각도 그러하다. 평생 이성애자로 살아왔던 우리에게 동성애는 사실 경험 밖의 일이다. TV 교육방송에서 5~6명 동성애자 부모들의 경우를 소개한 적이 있다. 아들로 태어난 아이를 딸로 받아들여야 하는 부모의 고통과 인내, 부모에게 부정당할 경우 25살까지만 살다 죽겠다는 자식의 일기장 속 글을 접한 부모의 이야기도 전해졌다. 최근 교회를 개척한 목사 부부의 경우도 소개되었다. 인습적 가르침 탓에 동성애를 부정, 저주했던 자신들에게 신체적으로 여성이지만 XY염색체를 지닌 자식이 태어난 것이다. 몸속에 숨겨진 고환 제거 수술을 해주었고 서너 살부터 여성 호르몬을 주입하여 여성으로 살도록 하겠다는 다짐을 글로 남겨 주었다.

지금껏 우리는 남녀 양성만 인정했고 그것을 창조 섭리로 생각했다. 여타의 성(性)은 낯선 것이었기에 지금껏 그 존재 자체를 부정했고 악마시했다. 성서에서도 동성애를 부정적으로 묘사한 곳이 두세 곳 있다. 하지만 경전에 그리 언표되었다 해서 이들 존재를 부정하고 성(性)정체성을 인정하지 않는 것은 잘못되었다. 성서의 전체적 지향성과도 걸맞지 않는다. 전체적인 뜻을 놓친 탓에 귀납적 뭇 경험을 부정하는 폭력이 될 뿐이다. 이를 우리 시대의 마녀재판이라 해도 과하지 않다. 성서 속 욥기가 지금껏 절대 진리였던 신명기 사관만으로 역사를 설명할 수 없을 때 생겨났음을 기억하면 좋겠다. 과거의 잣대로 현실과 미래를 심판한다면 그것은 자신은 물론 인류 역사를 위해 불행한 일이 될 것이다.

  부모들은 자기 자식들이 처음부터 동성애자로 태어났다고 증언했다. 사춘기에 이르기까지 자신을 숨기며 살았던 자식을 생각하면 오히려 커밍아웃한 지금이 훨씬 편하고 좋다며 웃으며 말한다. 자식의 치유를 위해 수없는 노력을 했으나 불가능하다고 여겨 성전환수술을 받게 했다는 증언도 이어졌다. 물론 더러는 치유될 수도 있을 것이나 어머니들은 그것이 답일 수 없다고 확언했다. 자식들이 행복해 하지 않기 때문이다. 동성애자 역시 누군가에게 둘도 없는 자식이고 형제다. 이들의 성정체성을 부정하고 오로지 치유 대상으로 보는 것은 본인들에게 폭력일 수밖에 없다. 일부 개신교인들은 치유 권유를 사랑이라 말하지만 어불성설이다. 존재 자체를 부정당하는 현실에서 사랑이란 말은 개신교인들의 착각이자 오만일 것이다. 일반 시민들의 경우 동성애에 관한 한 개신교인보다 훨씬 더 관용적이다. 어느 통계에 의하면 아직도 동성애자들 80% 정도가 개신교인들의 통념 탓에 숨어서 지낸다고 한다. 우리는 이들을 하느님 창조의 오발탄으로 여길 수 없다. 동성애자들의 성정체성을 인정하는 일이 사랑이고 관용이며 환대이자 창조 질서 속의 삶인 것을 수용해야 옳다.

몇 해 전 명동성당에서 있었던 창조신학자 매튜 폭스(M. Fox)의 강연 내용을 소개하는 것으로 글을 마감하겠다. 그날도 폭스는 원죄보다 원(原)은총이 우선이라는 원복(Original Blessing) 사상을 전했다. 질문 시간에 한 남자가 손을 들며 자신을 가톨릭 게이 신자로 소개했고 자신을 어찌 이해해야 좋을지를 강연자에게 물었다. 신부, 수녀로 구성된 청중들이 수군거리기 시작했다. 이때 매튜 폭스는 좋은 질문이라고 칭찬하며 논지를 펼쳐 나갔다. 원(原)은총의 신학자답게 그는 자연, 하느님 창조 질서 안에 인간을 포함하여 동성애 성향을 지닌 피조물들이 일정 비율 존재한다고 말하였다. 우리 시대의 동성애 문제는 과거 천동설/지동설에서처럼 종교가 아닌 과학의 문제라는 사실도 천명했다. 자연 세계 안에서 동성애자(피조물)들의 고유한 역할이 있음도 부정하지 않았다. 오로지 성적 관점에서 비난받는 동성애자들이지만 -실제로 이성애자들이 자신들의 행위로 더 비판받아야 옳다.- 예술, 음악, 학문 심지어 종교 분야에서 출중한 재능을 드러낸 존재들이 부지기수라 했다.

최근 『호모 사피언스』『호모 데우스』 등의 명저를 쓴 유대인 유발 하라리도 자신이 동성애자임을 스스로 밝혔다. 유대 기독교 전통하에서 성정체성으로 억압받던 그는 불교 명상으로 해방과 자유를 얻은 것으로 유명하다. 그렇기에 폭스 또한 이렇게 말을 마쳤다. "이렇게 선한 존재들을 기존 종교(인)들이 악으로 규정했기에 밝은 세상을 만나지 못해 제 역할을 못하며 살게 되었다"고 말이다. 그는 이들에게 고통을 안겨준 기존 규범 –그것이 성서의 문자적 독해 탓이라 해도– 그것은 악일 뿐이라 말하였다.

이들을 생각하며 욥을 다시 소환해 본다. 당대 규범인 신명기 사관으로 자신의 고통을 규정, 정죄하는 세 친구들의 하느님과 사투를 벌인 욥을 기억하며 오늘 자신들을 살펴보길 바란다. 이렇듯 진리는 흔들리면서 굳세지는 법이다.

코로나바이러스, 사람에게 묻다

위 제목은 2021년 10월 말 종교개혁을 생각하며 때맞춰 출판한 나의 저서 제목이다. '코로나바이러스, 종교에게 묻다'로 할 생각이었는데 출판사에서 굳이 종교로 할 필요가 있겠냐고, 종교에 대한 세인들의 부정적 평가를 고려할 것을 요구하여 몇 번 주저하다 '사람'으로 바꿨다. 내가 '종교'를 생각한 것은 코로나바이러스를 대하는 종교인들의 편협성과 자기중심성 때문이다. 내 주변의 목회자들 다수는 아직도 세상이 교회 중심으로 돌아간다는 중세적 확신으로 가득 차 있었다. 심지어 신학자 중에서도 코로나바이러스를 '악마적'인 것으로 해석하거나 신정론 차원에서 접근하는 이들이 있었다. 중세기 흑사병이 발발했을 때 당시 교회가 그랬듯이 말이다. 그럴수록 나는 코로나바이러스를 폄하하고 기독교를 안식일(성전)을 위한 종교로 축소시키는 성직자들을 불편하게 만들고 싶었다. 그것이 신학자로서의 역할이라 생각했기에 동기 목사들 카톡방에서 논쟁을 피하지 않았으며 거북한 반응을 온몸으로 느끼면서도 직설하였다.

'사람에게 묻다'로 제목을 바꾼 것은 역사를 이전과 이후로 나눈다는 코로나바이러스가 결국 사람의 문제인 것을 인정했던 까닭이다. 사실 종교(인)도 세상(사람)과 조금도 다를 것이 없었다. 이는 기독교에 몸담고 사는 이들의 자조 섞인 발설로도 누차 들었고 경험해 왔다. 이름을 달리하는 뭇 종교가 있지만 사실 근본에서 '자본교' 하나뿐이라는 말에 토를 달 수 없을 정도에 이른 것이다. 홀로세 말기, 신생대의 지구를 인간세, 자본세로 만들 만큼 인간은 '욕망 사회' 소위 '탈결핍 사회'를 만들어 즐겼던 바, 그 반대급부로 자연을 황폐하게 했다. 무엇보다 지구 공유지뿐 아니라 유색 인종을 식민화시킨 자본화된 기독교 서구 문명의 죄과가 크다.

기후 붕괴와 세계적 차원의 불평등이 크게 볼 때 바로 서구가 저질른 악행들이었다. 물론 중국, 인도 같은 아시아 국가들의 탄소 배출량이 많아진 것도 사실이고 이들 책임도 적지 않다. 하지만 지난 몇백 년간 누적된 결과를 셈할 때 미국을 중심한 서구의 항변은 변명일 수밖에 없다. 코로나바이러스는 지구온도의 상승(1.5도)을 막고자 향후 10년 이후인 2030년까지 탄소 배출량을 2천년도 초엽 대비 40% 정도 줄이자는 논의가 시작된 시점(2020년)에서 시작되었다. 지금껏 수없이 생태 붕괴에 대한 경고가 있었지만 성장 이념에 취한 인류는 이를 귀담아듣지 않았다. 하지만 생존 가능한 지구의 미래를 위해 남겨진 시간이 향후 10년 남짓뿐이라는 사실이 기후 문제에 관해 가장 보수적으로 접근해온 IPCC(Intergovernmental Panel on Climate Change; 기후 변화에 관한 정부간 협의체)의 공식 의견으로 발표되었다. 이 점에서 변종을 거듭하며 우리들 인간 생명을 위협하는 코로나바이러스는 자연이 인류에게 주는 마지막 경고라 생각해도 좋을 것이다. 그럼에도 서구 특히 미국의 경우 중국음모설을 퍼트렸고 아시아(인) 혐오까지 부추겼으며 코로나바이러스를 하찮게 생각하고 탄소 제로 사회를 꿈꾸는 인류의 미래를 발목잡고 있으니 실로 기독교 국가라는 말이 무색할 지경이 되었다.

코로나 상황을 겪으며 앞선 어느 글에서 나는 아프리카 밀림 지역에서 '서구 문명의 몰락'을 걱정하던 A. 슈바이처의 심정을 소환하여 복기한 바 있다. 최고 문명을 자랑하던 서구가 두 차례 전쟁을 통해 몰락하는 현실을 목도한 슈바이처가 생명 외경 사상으로 서구를 재건코자 했음을 환기한 것이다. 우주 속에 가득 찬 '살려고 하는 의지(Wille zum Leben)'를 너무도 쉽게, 많이 희생시킨 서구 문명의 폐해를 아프리카 자연 속에서 여실히 느꼈을 것이리라. 당시 기독교는 그의 예수 이해(철저종말론)를 거부하며 신학에서 소외시켰지만 오늘 코로나 사태는 그가 제시한 '생명 외경론'의 부재 탓이라 봐도 좋을 듯하다. 사실 인류는 가축을 기르기 시작하면서 짐승들의 바이러스와 공생해 왔다. 야생동물 포획을 위해 서식지를 약탈하면서 낯선 바이러스가 자신들 생존을 위해 인간을 숙주 삼은 것이 코로나바이러스의 민낯일 것이다.

기후 붕괴로 해빙될 동토(凍土)에서 부활한 바이러스 역시 인류의 미래를 위협할 수밖에 없다. 이 점에서 하느님 형상(Imago Dei)의 성서적 본 의미를 생각해 보는 것도 도움이 된다. 여러 해석이 있겠으나 가장 원초적 의미는 생명체의 서식지를 지켜주라는 것이었다. 하나의 생명 공간에 두 생명체 – 인간과 짐승–가 공존하는 상황에서 각기 먹거리를 달리 얻으며 살라는 의미였다. 즉 사람은 경작을 통해서, 동물은 야생의 풀을 먹으며 살라고 한 것이다. 신이 세상을 거듭 축복하듯 세상의 유지·존속을 위해 살라는 뜻이 담겼다. 하지만 인간은 동물 서식지를 자신의 것으로 울타리(Enclosure)쳐 사유화했고 길들여진 짐승으로 부족하여 야생성마저 굴복시켰다. 이런 방식으로 자신들 욕망을 확장시켜 자연을 지배한 인간, 그들이 아시아, 아프리카를 식민화시킨 결과가 바로 작금의 서구 자본주의의 실상이다. 이렇듯 우리가 그 안에서 허우적거리며 살고 있는 자본주의는 공유지 약탈을 통해 발전되었다. 현재 한국은 물론 전 세계적 불평등 지수가 프랑스대혁명 시기보다 훨씬 높다는 분석도 자본주의의 병폐와 한계를 여실히 보여준다.

이 점에서 코로나바이러스는 인류 문명의 교정자로 보는 것이 틀리지 않다. 중국 철학자들의 경우 이것을 새 시대의 '뉴 노멀(New Normal)'로서 신적 메신저로 이해하는 이도 있다. 유물론 철학자 S. 지젝은 왜 사람들이 "코로나바이러스에 대해 철학적으로 사유하지 않는가?"를 물었다. 나 역시 이 질문을 받아 이번 책에서 종교적으로 신학적으로 깊이 사유하지 않는 풍토를 걱정했다. 익히 알 듯 2억만 명 이상이 감염되었고 8백만 명 이상이 목숨을 잃었다. 일상을 회복할 성급한 욕심으로, 경제를 살리기 위해, 또 백신 불평등 탓에 바라던 '코로나 이후'가 실종되었다. 앞으로 얼마나 많은 이들이 변이된 바이러스로 인해 죽음으로 내몰릴 것인지 예측조차 어렵다.

2022년 진달래 대선을 앞둔 상황에서 코로나 주제는 경제 문제에 밀려 여전히 변방에 처해 있다. 소상공인들, 계약직 노동자들의 삶이 벼랑 끝으로 내몰렸으니 대권 획득 차원에서 그리할 수밖에 없겠다는 생각이다. 하지만 그럼에도 3년째 접어든 코로나바이러스는 지금 생태 문명으로의 전환을 간절히 요구하고 있다. 기후 붕괴와 세계적 차원의 불평등을 해소하지 못하면 자본주의는 물론 지구의 미래도 보장할 수 없는 지경에 이를 것이다. 어느 한 나라의 문제만이 아닌 탓에 쉽지 않겠으나 소위 'K-'라는 말이 회자되는 상황에서 세상을 견인할 책임을 더 크게 가졌으면 좋겠다. 기독교를 비롯한 종교 대국인 우리나라에서 자본주의 '이후'를 상상할 수 있는 힘이 표출되었으면 싶다.

나는 뭇 종교가 선포하는 구원은 결국 당시 세상을 위한 '뉴 노멀'이었다고 생각한다. 창세기 9장, 홍수 이후 노아와 맺은 보편계약과 희년정신을 계승한 예수의 하느님나라 그리고 전 피조물의 구원을 열망한 로마서 8장의 바울을 기독교의 핵심 사상으로 재소환했다. 신구약성서를 관계시켰던 종래의 신학적 도식 －제2이사야서와 바울의 대속종교－과 결을 크게 달리하면서 말이다. "사람들 눈에서 억울한 눈물을 흘리지 말 것"과 "동물(자연)을 피 채로 먹지 말라"는 노아 계약이 예수의 하느님나라 사상의 본질이었고 제국 로마 속에서 탄식하는 피조물 일체를 구원하려는 바울의 언술로서 재언표된 것이라 생각한다.

이 모두는 당시 다른 세상을 위한 '뉴 노멀'로서 역할을 담당했다. 예수의 경우 -역사적 사실은 아니겠으나 기록에 의하면- 그의 탄생은 2만 명의 어린아이들의 죽음 속에서 일어난 사건이었다. 코로나 희생자 수가 늘어날 수밖에 없는 현실에서 이들 죽음을 헛되게 하지 않으려면 우리들 종교가 '뉴 노멀'이 될 이유가 여기에 있다. 세상도 기후 붕괴를 걱정하고 불평등 해결을 위해 '뉴 노멀'을 찾고자 한다. 하지만 내가 속한 기독교는 이런 세상 흐름을 따라잡지 못하고 있다. 영적 구원과 내세적인 천국 신앙을 앞세우면서 말이다. 세상을 지은 후 "참 좋다!" 하신 하느님을 망각했고, 세상을 사랑하여 이 땅에 인간 몸을 입고 오신 예수를 배반했으며, 모든 피조물 속에 내주한 그분 영을 부정한 낯선 종교가 되고 말았다.

철학자 지젝은 불평등과 기후 붕괴를 가시화한 현 코로나 상황을 '비상 상태', '예외 상태'라 불렀고 이를 타개하고자 '전시적 공산 체제'를 강변했다. 종래와 같은 자본주의 체제로는 코로나 이후를 기대할 수 없다는 것이다. 목하 경험하듯 코로나 이후 불평등이 가중될 것을 걱정했다. 자본주의 체제하에서는 자국 이기주의로 인해 백신 대륙 간 접종률 차이를 극복할 수 없고 백신을 공공재로 여길 수 없는 탓이다. 아프리카를 비롯한 제3세계 방역이 부실할 경우 변종 바이러스 출현을 막을 수 없음을 적시했다. 지젝은 이런 자본주의를 기술을 앞세운 기업 중심의 '신봉건주의'라 불렀다. 이를 대신 할 새로운 형태의 연대(공동체)가 요구되는 바, 유물론 철학자인 그는 '포스트 휴먼(탈인간)'의 길을 제시했다. 예수 사후 생긴 교회 공동체가 바로 이런 인간 이해에 기초했음을 부정하지 않았다. 일체 불평등 구조를 타파할 수 있는 인간 공동체, 그것이 비상(예외) 상태를 사는 '포스트 휴먼'의 길이었다.

지젝은 이를 '전시적 공산 체제'라는 새로운 정치 체제를 통해 이루고자 했다. 그의 '포스트 휴먼론'은 자본주의 이후의 시각에서 '탈성장' 담론과 연계될 수밖에 없다. 본디 생산 공동체가 아니었던 원시 공산제를 오늘 우리가 그대로 소환, 지속할 수 없는 까닭이다. 그럴수록 자본주의를 추동한 성장이념과의 논쟁이 필요 막급하다. 하지만 지젝의 경우는 인간 간 차별에 방점을 둔 나머지 인간과 자연의 불평등에는 관심을 갖지 않았다. '포스트 휴먼'이 정치, 경제 차원이기도 하지만 자본주의를 후견한 근대 자연관으로부터 이격되어야 옳았다. '포스트 휴먼'에 자연에 바탕한 인간의 '재주체화'까지 포함했으면 좋았을 것이다.

나는 '탈인간'과 더불어 '탈성장'을 강조했고 오히려 후자를 더 앞세웠다. 인간 대 인간, 사람과 자연의 관계는 −창세기 9장이 말하듯− 상호 엮여서 공존하기 때문이다. 주지하듯 '탈성장'은 역성장과 구별되는 바, 아직 논쟁 중에 있는 개념이다. 그간 GDP 위주의 성장이 불평등과 기후 붕괴를 가속화했다는 성찰에서 비롯했다. 코비드19는 바로 이런 현실을 구체적으로 가시화했다. 매년 2~3% GDP 성장을 목표할 때 20년 이내에 총생산량이 두 배로 증가할 것인 바, 지속 가능한 지구를 기대할 수 없다. 이전 경험으로 봐서 불평등 해소도 낙관적이지 않다. 기존 성장 이념이 반복, 지속될 수 없는 이유이다. 재생에너지로 대체하여 탄소 발생을 줄인다 해도 이윤 추구를 위해 성장을 목적하는 한 지구 미래는 불투명할 것이다. 재생에너지를 위한 필요 원자재가 거듭 착취될 것이기 때문이다. 산업 체제의 전환으로 일자리 수 또한 급격히 줄어들 것인바, 성장의 열매는 여전히 소수의 몫이 될 수밖에 없다.

이 점에서 성장보다 돌봄이 우선적 가치가 되어야 한다. 평등은 기후 붕괴 상황에서 단순성(Simplicity)에 기초한 돌봄을 통해서 이룰 수 있는 가치이다. 공생공빈(共生共貧) 즉 더불어 가난해질 때 자연과 인간은 함께 생존할 수 있다. 이 경우 필요한 것이 돌봄이자 단순성이다. 탈성장 담론이 공유지 -그것이 자연이든 문화 및 지식이든지 간에- 회복을 통해 '기본소득'을 말하는 것도 이런 연유에서다. 전시 상태인 지금은 이윤 추구가 아니라 쌓아 둔 기업 곳간을 허무는 일이 우선이다. 굶주린 사람이 있는 한 자연 생태계 회복은 불가능하다. 가난한 대륙 아프리카의 생태계가 유럽보다 더 파괴되었다. 2차세계대전 후 신학자 본 회퍼가 말했듯이 교회 건물을 팔아 사람을 구할 시점에 이르렀다. 소득세 위주의 세금제도도 바뀌어야 할 것이다. 공유지를 약탈, 독점했던 나라, 기업들에 사용료를 물리고 탄소세를 부가하는 일이 그것이다.

이로써 자연을 구하고 인간을 돌볼 때 세상은 이전과 전혀 다른 차원에서 성장을 경험할 수 있다. 성장 이념은 아프고 지친 이들을 거추장스러운 잉여인간으로 간주하나 돌봄을 우선시하는 탈성장 담론은 이들의 창조성을 복원시킬 것이기 때문이다.

이 책 『코로나 바이러스, 사람에게 묻다』에서 나는 '탈인간', '탈성장' 외에 두 개의 '탈'을 더 언급했다. '탈서구'와 '탈종교'가 그것이다. 코로나바이러스에 직면하여 우리는 서구의 민낯을 보았다. 제조업 붕괴로 마스크가 없어서 허둥대는 모습, 아시아 혐오를 부추기고 나아가 인권, 주체성의 이름하에 마스크 착용을 거부하여 희생자를 양산한 현실을 목도한 것이다. 서구 이상으로 우리도 얼굴을 중시한다. 얼굴은 '얼의 골짜기'로 인간의 본질인 '얼'이 드러나는 장소인 까닭이다. 하지만 우리는 타인을 위해 자신의 얼굴을 스스로 가릴 수 있었다. 타자를 신의 얼굴로 인식한 서구 철학(레비나스)보다 훨씬 더 타자를 위한 존재 양식을 보여준 것이다. 공(公)을 위해 사(私)를 감추는 습성이 몸에 밴 탓이다. 외국인 타자를 혐오하지도 않았고 거리 봉쇄 조치도 상대적으로 덜 했다. 미국처럼 의료민영화 제도를 따르지 않았기에 백신 접종에 비용이 들지 않았다. 인권보다 생존권을 앞세우며 봉쇄 정책을 강행했던 중국과도 비교할 수 없다. 인권과 생존권을 분리시켜 서구 공세에 맞서려는 대국 중국 입장이 가련하며 처절해 보였다. 탈성장 담론에 근거하여 돌봄 가치 우선 정책을 수행하여 자영업의 폐해를 살펴볼 과제가 남았다. 위드(with) 코로나로의 전환이 성급했다는 비판도 있었으나 지금껏 우리는 서구는 물론 중국과 비교할 때 선진 모습을 드러냈다.

올해 세계가 한류 음악과 영화에 주목한 것도 코로나 현실에 대한 인정 및 평가와 무관할 수 없을 것이다. 더 열거할 것이 많으나 이상의 내용만으로도 지금껏 '답(표준)'이라 여겼던 서구 및 그들의 가치에 주눅들 이유가 사라졌다. 흔히 한국적인 미적 감각으로 흥(興), 한(恨), 정(情)을 일컬어 왔다.

'흥'은 인간 속에서의 하늘의 표출, 곧 '신'나는 상태, 이런 '흥'이 내외적 이유로 깨어질 때 '한'이 생겨나고 이런 '한'을 치유하는 것이 공동체적 감각인 '정'인 것이다. 위기 때마다 발현된 '정'을 통해 우리는 한을 해결했고 흥을 복원시켰다. 원죄, 내세, 타력 신앙인 기독교가 '흥, 한, 정'의 미감에 근거한 한국적 기독교가 될 이유도 여기서 찾을 일이다.

마지막 '탈'로서 나는 '탈종교'를 역설했다. 코로나바이러스는 교회가 바이러스 전파의 매개 공간이 된 탓에 제도 종교로서 기독교를 무력화시켰다. 사람이 아니라 안식일을 위한 종교로서 종교의 존재 이유를 도치시킨 까닭이다. 전능한 신이 코로나바이러스 앞에 무력했던 경험도 한몫했을 것이다. 대면 예배(교회)를 고집하는 성직자와 비대면(가정)을 선호하는 신도 사이에 갈등도 많았다고 들었다. 성수 주일의 도그마가 완전히 깨진 것도 이후 교회의 실존을 어렵게 할 것이다.

자기 교회를 넘어 이곳저곳의 다양한 메시지를 접한 경험도 향후 종교 생활을 달리 만들 수 있다. 성직자들 스스로 감염 경로를 속여 사회에 물의를 일으킨 경우도 다반사였다. 이로써 교회의 유기체성, 공교회됨, 사회적 책무 모두 무너져 버렸다. 교회의 존재 이유와 더불어 성직에 대한 근본적인 물음도 제기되었다. 코로나 시대에 사회적 역기능을 수행하면서도 그것을 신앙의 본질로 가르치는 교회, 포스트모던 시대를 살면서도 중세적 기독교 이해를 고집하는 성직자들, 정작 사람보다 교회 조직을 우선하는 이들의 가르침에 회의하는 이들이 많아진 것이다.

교회 존재 양식 자체가 자본주의화된 것도 오래전부터 제기된 문제였다. 목사의 크기가 교회의 크기에 상응했고, 목회자들의 경제적 위상이 천차만별인 개신교 상황은 가톨릭교회나 원불교와 견줄 때도 자본화된 기업을 빼닮았다. 이로써 종교 생활이 아니라 생활 종교의 요청이 거세졌고, 제도가 아닌 영성의 갈급함이 더해졌다. 교회보다 가정을 중히 여기게 되었으며, 자신들 속에 내주한 하느님을 더욱 찾게 되었다. 동학 식으로 말하자면 '향벽설위(向壁設位)'에서 '향아설위(向我設位)'에로의 대전환을 스스로 요구하기에 이른 것이다. 성직이란, 제도나 교리로 보증하는 것이 아니라 자신들의 삶으로 증명하는 것임을 깨우친 것이다. 불고 싶은 대로 부는 하느님 영은 인간이 쌓았던 담을 허물며 그들이 맺는 열매를 통해 자신을 드러내기 때문이다. 이렇듯 성령의 사람은 제도나 '직'으로 보장될 수 없다. 이는 코로나 상황이 엄중하게 보여준 가르침이다.

나는 이상의 4가지 '탈'을 통해 문명의 교정자로서 활동(?)

한 코로나바이러스의 출현 의미를 생각해 봤다. 불평등과 기후 붕괴를 치유할 새로운 문명, 그것은 '자본주의 이후'를 상상할 때 비로소 가능한 일이다. 지금껏 말한 '지속 가능한 성장'은 언어도단이며 성립할 수 없는 개념임이 입증되었다. 대신 돌봄 가치를 우선하는 '탈성장'을 통해 우리는 공존 가능한 성숙한 세상을 꿈꾸고 만날 수 있다. 중세 흑사병이 봉건제를 무너트리고 근대국가를 열어젖힌 것처럼 그렇게 코비드19가 자본주의 이후, 생태 문명으로의 전환에 초석이 될 것을 기대한다. 그럴 때 졸지에 희생된 8백만을 넘는 사람들의 죽음이 헛되지 않을 것이다.

불평등과 기후 붕괴를 초래한 코로나 사태, 그 이전으로 돌아가는 것이 우리들 답이 될 수 없음을 거듭 강조한다. 이 땅에 존재했고 지금도 존재하는 종교가 그들 창시자의 정신을 회복하여 이 일을 위해 역할을 담당해 줄 것을 요청하고 싶다.

기후위기 시대,
인권과 공동체로 전환의 길을 찾다

　정권교체만을 탐하는 정치 현실과 달리 정작 세상은 '체제 전환'을 요구하고 있다. 코비드19로 불평등과 기후 위기 현실이 여실히 드러난 까닭이다. 한 철학자는 8백만 명 이상의 목숨을 앗아간 코로나바이러스 사태를 정직하게 사유하지 않는 정치 현실을 개탄했다. 이들 죽음을 헛되이 않으려면 돌아가야 할 일상이 코로나 이전과 다를 것을 역설한 것이다. 하지만 바이러스와 공존할 인류의 미래가 향후 더 불평등해질 것 같아 걱정이다.

　애당초 기후 위기 -개인적으로 기후 붕괴라는 말을 더 선호한다-는 불평등의 산물이었다. 기술과 문명 때로는 종교를 앞세운 자본주의가 지구 공유지를 약탈한 결과였다. 홀로세 말기인 신생대를 자본세라 부르는 이유일 것이다. 그럼에도 성장 이념을 포기하지 않고 지구 온도 1.5도 상승을 앞당기고 있는 것이 선진국들의 실상이다. 이렇듯 기후정의의 붕괴는 식량 및 물 부족 사태로 인간 평등을 해쳤고 생존권을 박탈했다. 동토 해빙으로 창궐할 수십만 종의 바이러스가 항차 인간종을 멸종시킬 개연성도 있다. 생존을 위한 것이긴 하지만 생태계를 파괴하는 제3세계의 속도 역시 지금보다 빨라질 것인바, 이는 생존 불가능한 지구를 만들고 말 것이다. 미래 산업인 재생에너지를 여전히 성장의 도구로만 생각하는 것도 문제다.

이런 묵시적 위기 현실에서 인류 보편적인 창조신화를 소환한다. 대홍수 이후 노아란 존재와 맺은 신의 약속을 담은 내용이다. 원 역사에 속하는 본 신화는 특정 민족, 특정 종교에 속할 수 없는 것으로 반복, 재현될 필요가 있다. 첫 창조 세계를 홍수로 포기했던 신은 유일한 생존자 노아와 새롭게 계약을 맺었다. "사람들 눈에서 억울한 눈물을 흘리게 하지 말 것"과 "동물을 피 채로 먹지 말라"는 것이었다. 앞의 것은 사람간의 정의의 감각이겠고 나중 것은 자연과의 형평성 원리를 언급한 것이다. 이 둘은 함께 굴러가는 바퀴 양면으로서 오늘의 실상, 즉 기후 위기와 불평등, 즉 생태계와 인권의 문제가 항시 함께 엮여 있음을 방증한다. 어느 것 하나만으로 세상이 유지, 존속될 수 없다는 말이다.

브라질 리우환경회의를 촉발시킨 '정의, 평화, 창조질서(JPIC)'를 위한 기독교공의회(1990) 역시 이 점을 명시했다. 생태계 보전과 인간의 기본권을 해치는 분배 불균형이 상호 불이(不二)적 관계에 있다는 것이다. JPIC 의제가 해결되지 못할 경우 기독교는 세상을 위한 '답'이 될 수 없음도 명시했다. 그러나 어디 기독교뿐이겠는가? 자연권과 인권, 이 둘을 함께 지켜내지 못한 종교는 그 어떤 것일지라도 존재 의미가 없다. 정치 역시 다를 수 없다. 자연이 붕괴되고 인간 기본권이 소멸되며 공동체가 해체되는 현실에서 정치는 체제 전환을 목적해야 한다. 이 모든 것이 500년 역사도 지니지 못한 자본주의의 해악이라면 다른 체제를 상상할 수 있는 힘을 이 땅의 정치, 종교, 교육이 손 맞잡고 펼쳐내야 할 것이다.

자연생태뿐 아니라 종교 나아가 사람 자체를 변질시킨 자본주의 성장 이념은 참으로 유해했다. 함께 경작하며 자급자족했던 호혜적 공간을 경쟁의 터로 만들었고 인간을 노동자로 전락시켰으며 그 내면까지 성장 이데올로기의 노예로 만들었기 때문이다. 공유지로부터 뿌리 뽑힌 사람들이 내몰린 곳은 도시였고 그곳에서 산업화의 수단으로 임금노동자가 되었다. 일자리와 배고픔은 천부적 인권을 하찮게 만들었고 그를 근거로 자본가는 노동(자) 위에 군림했으며 이익만을 쫓는 자본주의 체제를 강화했다.

아프리카 아시아로 향한 제국주의적 식민사관은 자국 내 인클로저 시스템의 외적 확장이었다. 공유지 약탈 및 값싼 노동력 확보가 16세기 이후 5백여 년간 지속되었다. 자연은 오로지 자원이었고 사람은 노동력 그뿐이었기에 인간과 자연의 식민지화가 동전의 양면처럼 진행되었다. 그 결과가 기후위기와 코로나 상황이었으며 불평등한 세계 현실이었다. 더욱이 식민 국가를 자본주의적 생산의 소비처로 삼았기에 자급적 순환 경제 또한 파괴되었고 사람들 내면마저 식민화시켰다. 이 과정에서 인간과 자연을 나누고 유색인종을 차별하는 소위 이원론 철학이 유럽 내부는 물론 아시아, 아프리카 등의 자연주의 사상을 파괴했다. 공간적 초월 및 내세를 가르친 기독교의 공헌(?) 역시 적지 않았다. 이원성을 잣대로 한 서구 기독교가 본뜻과 달리 차별의 종교가 된 탓이다. 자연을 유색인처럼 여겼고 심지어 창녀의 메타포로 보았던 견해가 근대 서구 철학과 종교의 근간을 이뤘다.

이런 차원에서 하늘, 바다, 땅, 전자파, 종자 등 공유지에 속한 것을 사사화하는 시도가 여전하다. 이는 오로지 성장, GDP 위주의 성장을 목적으로 한 탓이다. 그럴수록 자연은 물론 인간마저 삼켜버린 자본주의, 이것이 추동한 성장 이념과의 단절이 인권과 공동체 회복을 위한 길인 것을 사람들이 점차 인식하기 시작했다. 기후 붕괴라는 묵시적 현실에서 말이다. 지구 온도 0.3도 상승 여부에 인류의 미래가 달려 있다는 말은 더 이상 과장이 아니다.

최근 '탈성장(Degrowth)' 담론에 관한 책들이 여럿 출판되었다. 이런 담론으로의 전환은 인간(인권)과 약탈된 자연 공유지 회복을 동시적으로 살피는 데서 비롯했다. 요즘은 문화 및 지식 공유지란 개념까지 등장하여 논의를 확장시킨다. 자본주의 체제하에서 인간은 누구나 예외 없이 사적 존재로서 타자의 욕망을 모방하며 살아왔다. '탈결핍' 사회 속에서 욕망 따라잡기가 삶의 이유가 되었기 때문이다. 비정규직 하청 노동자들 경우 '을' 중의 '을'이 되어 절대 빈곤에 시달리며 죽음의 외주화로 내몰렸다. 자연에서 이득을 얻지 못할수록 노동착취를 통해 자신들 손실을 보존하려는 자본주의 생존전략으로 인함이다.

어느 경우든 공유지 회복이 자연뿐 아니라 인간을 살리는 길인 것을 탈성장 이론은 역설한다. 자본주의 체제는 인간을 사적 존재로 만들어 -개인주의화 시켜- 전체를 보지 못하게 했지만, 혹은 복지제도에 안주하게 하는 방식으로 체제 순응을 요구하나 탈성장 담론은 반대로 공유지 의식을 일깨우고 오히려 공동체를 지향하도록 한다. 추후 언급할 기본소득 문제가 기존 복지제도와 다른 이유도 여기서 찾을 일이다. 이를 위해 역시 그 의미의 재생과 반복을 위해 또 다른 창조신화를 소환해 보겠다. 원죄, 타락설의 교리로 오용된 선악과 신화는 사실 '모든 것은 하느님의 것'임을 전제했다. 여기서 하느님 것은 '모두의 것'을 뜻한다. 따라서 모두의 것, 소위 공적인 것의 사사화, 그것이 악이자 죄일 것이고, 그것을 다시 공적으로 되돌리는 것을 선이자 구원이라 말할 수 있다. 이 점에서 선악과 사건은 탈성장의 근간을 이루는 공유지 회복 개념과 정확히 중첩된다. 선악과 신화의 재현으로서의 공유지 회복, 공유경제의 종교적 뒷받침인 셈이다.

그렇다면 공유지는 어떻게 회복되는 것이며 그것이 과연 자연과 인간을 정말 달리 만들 수 있는 것일까? 말했듯이 자본주의는 모두의 것을 소수, 일부의 것으로 만든 이윤(자본) 축적의 역사였다. 공유 공간, 즉 자연을 식민화했던 자본주의가 지금은 인류가 함께 만든 지식(문화)조차 독점하기에 이르렀다. 그린 뉴딜의 이름하에 재생에너지 산업이 활발하나 그 역시 성장을 목적한 탓에 필요 원자재는 거듭 약탈될 수밖에 없다. 이를 공급하는 남반구의 자연은 계속 붕괴할 것이고 그 지역 자체는 서구의 소비처로 전락할 것이다. 이에 더해

AI시대(디지털 뉴딜)의 자본은 계층 양극화를 넘어 정치 현실 및 인간 심리를 조작할 만큼 힘을 지녔다. 자유이자 인격인 인간 존재 양식을 노예화시켜 일상 자체를 식민화시킨 것이다. 자연으로부터 인간을 분리(일탈)시켜 가상세계로 이격시키는 것도 문제이다. 확장된 현실로서의 가상세계는 정작 자연 및 일상 현실과의 조우를 방해한다. 성남시 대장동 사태는 공유지를 파괴시켜 개발 이득을 독점한 자본의 횡포를 여실히 보여준 단적인 예다. 공유 공간에서 값싸게 내몰린 사람들은 평생 뿌리 뽑힌 삶을 살 수밖에 없다. 그렇기에 공유지 회복은 기후뿐 아니라 인간(권) 회복의 첩경이자 공동체적 삶을 유지, 존속시킬 수 있는 근거다. 향후 그것이 자연이든, 좁은 의미로 땅(대지)이든, 지식(문화) 공유지이든, 공유지는 소유와 지배의 영역이 아니라 사용과 접근의 차원에서 재 개념화되어야 마땅하다. 물론 공유지 회복은 현 자본주의 체제 그 이상을 상상할 때 가능한 일이다.

지구적 비상사태인 지금을 '체제 전환' 시대라 일컫고 있는 바, 이를 위해 조세제도의 변화 및 기존 복지 개념과 차원을 달리하는 기본소득 논의가 세계적 차원에서 일어나는 중이다. 앞의 것이 공유지 사용 정도에 따라 누진세율을 적용하는 예컨대 탄소세나 취득한 기존 공유지에 대한 부유세 등을 적시한다면, 나중 것은 세수를 바탕하여 전 국민 모두에게 최소한의 삶의 경비를 지속적으로 지출하는 행위를 일컫는다. 이는 기후정의 실현 즉 공유지 자체의 보전을 목적할 뿐 아니라 세계적 차원의 불평등을 치유코자 하는 것으로 지역 공동체의 자급적 삶을 유지, 존속하기 위함이다. 이런 공유경제를 최근 탈성장(Degrowth) 담론으로 설명하는 추세이며, 성장 이념에 추동된 GDP 위주의 경제체제와 대척점에 서 있다. 하지만 현실은 이미 불가능하다 판명된 녹색성장 개념을 붙들고 재생에너지 생산에 사활을 걸고 있으니 탈성장 시도의 골자인 공유지 회복이 결코 쉽지 않을 것이나 가야 할 길인 것은 분명하다.

'멸종 반란'이라는 국제환경단체의 존재를 최근에 알았다. 대멸종의 시간에 이르도록 세상을 이끈 종래의 자본주의 체제, 성장 이념에 대한 적대감의 표출일 것이다. 이는 지배와 추출의 경제 시스템이 아니라 생명 세계와 상호 의존적인 경제 공동체를 통해서 가능한 일이겠다. 그럴수록 공유지 회복은 더욱 절실하며 지역 단위의 자급자족 공동체가 화급히 요청된다. 근자의 지역순환운동은 한 실상으로서 공동체 회복을 목적한다. 성장보다 나눔, 개인보다 공동체, 파괴보다 순환, 경쟁보다 상호 호혜성에 무게 중심을 두었다. 지금껏 자본주의는 성장을 위해 개인주의를 부추겨 왔다. 개인이 삶

(경제)의 단위가 될수록 더 많은 생산과 소비는 불가피하다. 그럴수록 개인은 일터에서 경쟁으로 내몰리고 공동체는 언감생심 공유지 의식 자체가 연목구어(緣木求魚)일 수밖에 없다. 개인주의를 앞세워 성장 그 자체를 위한 전체주의, 그것이 오늘날 자본주의의 속살이었던 까닭이다.

'멸종 반란'을 말할 수밖에 없는 탈성장 담론은 분배와 돌봄, 곧 공동체의 가치에 우선성을 둔다. 일자리를 나누고 작은 소득일지라도 시간을 얻고 인간의 창조성을 통한 의미 창출을 말하기 시작한 것이다. 사회적 약자들의 생존 차원을 넘어 스스로 가치 창출의 주체로 세우려는 노력의 일환이겠다. 경쟁에 내몰릴수록 환경 파괴적으로 살 수밖에 없고 불평등한 세상 자체가 생태적 압력이 된 현실 모순을 끊고자 함이다. 이로써 자본주의 이념의 노예가 된 인간 마음을 탈식민화시켜 본래 공동체적 존재인 것을 각인시킬 수 있다.

성서의 "서로 사랑하라"는 메시지는 "공동체를 이루라"는 뜻과 같다는 것을 유념할 필요가 있다. 거듭 말하지만 이는 노동자들에게 공유지 약탈을 통해 소수가 독점한 이익을 돌려주는 체제 전환 의식에서 비롯한다. 이미 비상 전시 사태로 여겨지는 코로나 위기 현실에서 각국은 이념 차를 넘어 이를 실험해 왔다. 자연 착취와 노동 착취가 지금껏 동전의 양면처럼 굴러왔음을 코로나바이러스가 여실하게 적시하게 하고, 인정하게 했기에 이 점에서 그를 문명 교정자로 부르는 시각도 참으로 유의미하다.

공유지 회복에 기초한 지역(공동체) 순환운동을 한 예로 언급해 보겠다. 항차 산업 개편으로 농촌으로 이주할 사람들 숫자가 적지 않을 것이기 때문이다. 익히 알 듯 코로나 이후 세상은 온갖 쓰레기를 양산하는 배달 시스템이 지배하고 있다. 하지만 자연 순환을 기초로 사회 순환을 성사시키려는 노력도 생겨났다. 말한 대로 '지역순환 사회운동'이 그것이다. 자연 생태계와 일치하는 농업 체제, 즉 생산, 소비, 유통과정을 순환적 자립구조로 만들고자 애쓰는 일이다. 지역(마을) 화를 통해 자본주의적 세계화를 거부하는 것이 이들 운동의 골자이다. 여기서 '지역화'는 자급자족을 위해 경제를 지역으로 가져온다는 의미를 지녔다. 인간/인간, 인간/사회, 인간/자연의 순환 관계, 한마디로 공유지를 회복시킬 목적에서이다. 『오래된 미래』의 저자 헬레나 노르베리 호지의 다른 책 『로컬의 미래』의 한 구절을 인용해 본다.

"지역화란 경제를 분권화하여 지역사회와 지방, 국가와 자치를 더 튼튼하게 만드는 것이다. … 생산자와 소비자의 거리를 줄이고 기업이 독점하고 장악하는 글로벌 시장과 로컬 시장의 균형을

이루자는 뜻이다. … 지역화를 추진하면 불필요한 운송이 줄어들고 지역뿐 아니라 국가 경제도 튼튼해지고 다양해질 수 있다."

여기서 지역화는 지역 공동체란 말로 확대 해석될 수 있다. 지역을 기반한 문화, 생태, 인간 가치가 획일화에 맞서는 동력이 될 수 있다는 것이다. 즉 로컬 푸드의 생산, 가공, 판매, 소비의 전 과정을 통해 지역 공동체가 살아날 것이며 지역화폐의 비중 또한 커질 수 있다. 이에 대한 적정기술이 요청되며 폐기물 반출이 줄어든 순환적 자급자족한 공동체적 삶 또한 기대할 수 있을 것이다. 도시농업을 통한 도시인의 삶 역시 창조적으로 달라질 여지가 적지 않을 것이다.

기본소득은 물론 줄어든 노동(시간)에 창조적 사유가 더해지면 인간은 누구나 다른 삶을 꿈꿀 수 있다. 퇴직 후 공동체 영성가의 삶을 시작한 조현 기자의 말처럼 "인간은 혼자서는 외롭고 여럿이는 불편하지만" '공생'할 존재이며 그 방향은 '공빈'이어야 옳다. 재독 철학자 한병철은 공동체 상실을 리츄얼(지속성)의 종말로 보았고 생산을 강제화시키는 자본주의 탓이라 했다. 결국 공유지를 약탈한 자본주의와 맞서는 과정은 인권, 자연권, 나아가 공동체가 회복되는 과정일 것이다. 2022년 진달래 대선이 정권 교체 싸움이 아니라 체제 전환의 장이 될 이유가 여기에 있다.

민족의 십자가 '광주', 미얀마를 구원하라

 4월이 세월호 참사로 기억된다면 5월은 우리에게 광주의 십자가를 상기시킨다. 연중 최고로 아름다운 절기에 가장 처참한 일이 발생했던 1980년 5월의 역설을 우리는 잊을 수 없다. 군부에게 짓밟히는 온갖 수모와 고통을 당했지만 결국 군사 독재의 최후를 앞당겼고 민족을 억압에서 구원했던 까닭이다. 모든 것을 잃었던 광주, 5월의 어머니들이 세월호 유족들, 4월의 어머니들에게 편지글을 써 위로와 용기를 선물한 것도 기억할 일이다.

 1980년 광주혁명을 통해 우리는 '스스로 서지 못한 나라'의 비극, 외세에 휘둘리는 민족 현실을 자각했다. 외세에 기생하는 군부 독재의 실상을 여실히 알게 된 것이다. 미국의 암묵적 승인 탓에 결코 일어날 수 없는 사건이 발생했다. 이로써 외세에 의한 분단이 결국 비극의 원천이자 시발점이었던 것을 온몸으로 깨닫게 된 것이다. 분단 극복을 위한 민주, 자주화의 열망이 이후 가열차게 시작된 것도 오롯이 광주 덕분이었다.

광주의 경험이 없었다면 세월호의 저항과 촛불혁명 역시 쉽지 않았을 것이다. 이처럼 모질게 아팠던 광주는 우리 민족에게 희망의 봄을 선사했던 구원사건, 곧 '십자가'가 되었다. 그리스도 구원 사건인 '십자가'가 밀폐된 교회 공간이 아니라 민족사 한가운데서 광주의 역설로 새롭게 드러났던 것이다.

이런 광주혁명이 미얀마 민중들에게 소환되고 있다. 일전에는 홍콩의 민주화를 위해 광주의 이름이 불리더니, 지금는 미얀마에서 더욱 간절하게 자신들 의식 속에 광주를 되살려 놓았다. 광주는 미국을 등에 업은 군부와 싸웠으나 이들은 합법을 가장한 독재(군부) 정권, 배후의 중국과 힘겨운 씨름을 하고 있다. 국경을 맞대고 있기에 민주화를 위한 이들의 열망에 한계가 많다. 군사적, 경제적으로 군부와 소통하는 것이 자국에 유리하다고 판단한 중국이 노골적으로 군부를 지지하고 있으니 말이다. 중국 사회주의 체제와 미얀마 군부 독재는 민중을 너무도 가볍게 여겼다. 쿠데타 100여일이 지나면서 8백명 이상이 군부에 의해 참혹하게 죽었고, 앞장섰던 3천5백 명이 소재 불명 상태로 갇혀 있다. 장기가 적출된 상태의 시신도 여럿 발견되었다 그러니 언어도단의 현실이 된 것이다. 그럼에도 이들은 광주의 노래 '임을 위한 행진곡'을 부르며 싸우는 중이다. 유언을 남기며 시위 현장을 누비고 있다. 경제 활동이 전면 중단되었기에 굶주리는 이들도 적지 않다. 홍콩의 노란우산처럼 그렇게 미얀마인들이 치켜든 세 손가락은 광주의 승리를 자신들 것으로 만들겠다는 다짐이다. 광주가 이들에게 평범한 민주화의 일상을 되찾아 줄 수 있을지 5.18혁명 41주기를 맞는 광주의 십자가가 더 무겁게 느껴진다.

미얀마 상황은 당시의 광주보다 더 힘겹다. 밖으로는 경제, 군사적 이권을 노리는 외세의 위협에 처해 있으며, 안으로는 유대인과 사마리아인 이상의 민족 간 분열로 심각한 내분을 겪고 있다. 식민지 시절 영국은 자신들의 통치를 위해 다수인 버마족을 내치고 소수민족을 앞세워 나라를 다스렸다. 해방 이후 소수민족은 다수의 버마족에 의해 배반자 소리를 들었고 자치권을 부정당했다. 소수민족 중에는 중국과 긴밀한 관계를 맺은 경우도 있다하니 대단히 걱정스럽다. 아웅산 수지의 민주정권 하에서도 소수민족이 부정당했기에 작금의 민주화 혁명에 이들의 도움을 기대하기가 어려운 실정이다. 우여곡절을 겪으며 다행히 민족 간 통합 정부가 세워졌고 동맹군이 창설되었다는 소식도 접하고 있다. 향후 미얀마는 시리아처럼 군부와의 내전 상황에 돌입할 것이다. 하지만 군사력을 견줄 때 이들 동맹군이 군부와 맞서 이길 승산이 없어 보인다. 내전으로 더 많은 이들이 죽음으로 내몰릴 상황을 지켜보아야 한다.

우리는 내전이란 말보다 민중 혁명의 승리를 기대한다. 죽어가며 남긴 한 시인의 말, "머리를 향해 총을 쏠지라도 내 가슴 속에 혁명이 있다"는 그 말을 믿고 민주화를 위해 자기 삶을 던지는 시민들이 있는 한 하늘은 군부를 권좌에서 내칠 것이라 믿는다. '가슴 속 혁명'을 확인하며 자기 삶을 던지는 이들을 위해 5.18광주를 경험한 우리는 미얀마의 '양군'을 '광주'로 만들 책임이 있다. 이것이 지금껏 알려진 그 어떤 한류보다 강력하고 분명한 한국의 힘일 것이다. 40년 전 앞서 경험한 광주의 십자가가 미얀마를 구원하는 것을 보고 싶다. 죽어가면서 '가슴 속 혁명'을 외친 그는 자신을 거룩하게 낭비한 사람이다. 자신의 전부였던 옥합, 그를 깨트려 예수의 발에 기름을 발랐던 여인처럼 그렇게. 성서는 이 여인의 행위를 예수의 죽음을 준비한 것이라 하였다. 예수의 죽음, 그것은 세상을 구할 십자가였다. 제자들은 서로 "누가 높은가?"를 두고 다투었으나 오직 이 여인만이 예수의 죽음을 앞서 보았다. 그의 죽음을 예견하며 자기의 모든 것을 던졌고 바친 것이다.

 죽음은 곧 부활이다. 죽음을 옳게 접한 자만이 부활을 제대로 알 수 있기 때문이다. 한 성서신학자는 이 여인을 예수 생전에 그의 부활을 믿은 최초의 존재라 칭송했다. 머리에 총을 맞아 산산조각난 몸이 되었지만 시인은 죽음으로 민중의 혼을 다시 살려냈다. 가슴에 담은 혁명은 미얀마의 앞날, 조국의 미래를 보여준 사건이 되었다. 이렇듯 그가 광주의 십자가를 미얀마의 십자가로 만들었고 조국에 새로운 미래를 선물할 것이다.

 마가복음 14장 말미에 예수를 팔았던 가롯유다의 이야기가 나온다. 성서 저자가 옥합을 깨트린 여인을 유다와 연결시킨 것이 흥미롭다. 예수 공생애에 동반자였음에도 그의 죽음을 알아채지 못한 제자들, 이에 더해 그를 팔아넘긴 제자들을 이 여인과 비교할 목적에서다.

 가롯유다의 이야기를 새기며 불교국가인 미얀마 승려들을 다시 떠올려본다. 미얀마 혁명에 불교 승려들이 역할을 했다는 소식을 지금껏 듣지 못했다. 개별적 참여는 있었으나 책임 있는 승려들의 역할이 전무했음에 시민들은 분노했다. 민중들의 힘에 의지해 사는 이들이 정작 민중의 열망을 짓밟고 오히려 군부에 힘을 보태고 있는 것이다. 한국의 불교 역시 미얀마의 현실에 묵묵부답하니 뜻있는 불교인들이 답해야만 한다. 대형 사찰의 주지들 이름으로 삼성 재벌 이재용의 사면은 청원하면서도 미얀마 민중을 위한 입장 표명이 없는 것은 납득하기 어렵다. 물론 이웃 종교를 비난할 목적에서 하는 말이 결코 아니다. 기독교계 역시 이런 오류와 오판을 수없이 반복했기 때문이다. 종교계의 이런 태도는 결국 예수(진리)를 파(배반하)는 일이자 민중의 삶, 민족의 미래를 부정하는 일인 것을 말하고 싶을 뿐이다. "누가 높은가?"를 두고 싸우다가 급기야 돈으로 진리를 파는 행태 탓에 종교는 물론 나라 역시 망하는 현실을 걱정한다. 예수를 팔았던 가룟유다는 성서 속 인물만은 아닌 듯싶다.

광주의 십자가가 미얀마의 십자가가 되려면 이곳에서 우리의 할 일이 더 있다. 국가 공영기업 포스코와 미얀마 군부 간의 관계를 차단하는 일이다. 그곳 천연가스 수입 대금으로 연간 3천억 원 이상의 돈이 군부 재정에 편입되고 있다. 군부가 기업도 경영하는 미얀마 현실에서 이 자금이 백성들이 아닌 군부를 위해서 사용된다니 한탄스럽다. 그 돈이 군부 쿠데타를 유지, 존속시키는 수단이 되는 까닭이다. 정부 차원에서 군부 폭거를 공식적으로 비난하지만 그 진정성을 위해 정부는 포스코의 돈 지불 방식을 지금과는 달리해야 옳다. 국제법 상으로도 국가 간 무역이 정작 누구를 이롭게 하는지를 옳게 판단할 책임을 명시하지 않았던가?

 우리 정부와 기업은 지금껏 가스 수입권을 이웃 국가에게 뺏길 수 있다는 이유로 어떤 액션도 취하지 않고 있다. 우리가 미얀마의 민주화를 위한다면, 광주의 십자가가 그곳에서 구원이 되려면, 우리는 정부와 포스코를 압박해야 한다. 그것이 미얀마 민주화를 위해 모금하는 일보다 긴급하고 효과가 클 것이며 신앙적으로 정당한 일이다. 하지만 지금껏 포스코는 가룟유다의 길을 걸었다. 돈벌이를 위해 미얀마의 민중 생명을 내팽개쳤던 까닭이다. 민주화를 위해 희생한 삶을 헛되게 만들고 있다.

 이제 이들의 거룩한 낭비가 헛되지 않도록, 광주의 십자가가 그곳을 구원할 수 있도록, 우리는 이곳의 가룟유다와도 싸워야 한다. 그것이 종교든, 국가든, 기업이든 말이다. 이것이 이웃 나라 미얀마를 위한 이 땅 기독교인들이 떠맡아야 할 몫이다. 미얀마가 민주화되는 것이 한국의 미래를 위해서도 좋다. 미얀마의 민주화가 중국 의존적인 아시아 국가들에게 제 소리를 찾게 도울 수 있기 때문이다. 미·중 양국 사이에서 곡예를 하며 살아야 할 한국으로서도 미얀마를 비롯한 아시아의 민주화가 우리에게도 살 길인 것을 명심해야 할 것이다. 그래서 다시 외쳐 본다.

　광주의 십자가여! 미얀마를 구원하라!

대한민국을 만들고
지켜온 사람들

 2024년 3월 30일 오늘은 기독교적으로 부활절 전날이다. 울며 무덤을 찾은 여인들에게 예수는 "왜 산 자를 죽은 자 중에서 찾느냐?"며 자신의 부활을 알렸다. 제7공화국을 꿈꾸는 이 땅 대한민국에 열흘 앞으로 다가온 총선이 부활에 상응하는 새로운 미래를 선사하길 소망하며 이 글을 쓴다.

 분단 이후 태어난 우리들 다수는 휴전선 너머의 세상을 접할 기회가 없었다. 지난해 늦가을 두만강에서 압록강으로 이어진 범도 루트를 경험하면서 우리 땅(영토)에 대한 이해가 달라졌다. 나라 뺏긴 이들의 싸움터였던 간도 땅, 광활한 만주 벌판을 다시 발견한 것이다. 독립을 위해 자신은 물론 가족 전체를 제물로 바친 이들, 죽음보다 더한 고통을 민족애로 감내했던 선혈의 삶을 책이 아닌 가슴으로 느껴 알았다. 나라

(왕조)가 힘이 없어 포기하고 방치했던 땅과 유구한 역사, 그 때문에 고초당한 민초들의 삶을 지키려 했던 의병 및 독립투사들, 그들의 존재와 의미를 다시 생각하지 않을 수 없었다.

독립, 그것은 '스스로 선다'는 뜻이다. '제국'에서 '민국'으로 체제를 바꾸되, '스스로 서는' 나라를 만들기 위해 종교, 이념, 반상(班常), 남녀, 노소의 벽을 허물었던 기미년의 사건을 우리는 기억한다. 그 사건은 주변 나라에 영향을 미칠 만큼, 식민지 아시아의 의식을 깨울 만큼 강력했다. 지금껏 그 공을 기독교가 독차지했지만 사실 동학 천도교의 역할이 컸고 아울러 그보다 앞선 대종교의 영향력이 없었다면 불가능했을 것이다. 대종교인들이 주축이 된 무오년(1918년)의 독립선언이 바로 그 실상이었다. 서세동점(西勢東漸) 시기 이 땅의 종교들은 저항적 민족주의를 일깨운 선각자였다. 탈민족주의 논쟁의 유의미성을 모르지 않으나 공통된 서사 없이 공동체로서의 국가가 유지·존속되기 어려웠을 것이다.

해방 80년(2025년)이 목전에 있으나 친일 종속 사관이 때론 친미 종속으로 변형된 채로 작동되고 있다. 친일을 넘어 종일의 DNA가 소수 특권층에게 남겨진 탓일 것이다. 총선 정국에서 불거진 상당수 '국민의 힘' 후보들의 언사에서 이

점이 가감 없이 드러났다. 북·중·러 견제를 위해 한·일 공조를 바라는 미국의 충견되기를 자청하는 듯싶다. 최근 영화 〈건국전쟁〉은 이런 의식의 정점에 위치한다. 각설하고 감독은 해방 후 한국의 분단을 신의 은총으로까지 묘사했다. 분단되었기에 미국(기독교)을 통해 남한이 빠르게 성장했다는 것이다. 이는 식민지 근대화론을 주창한 친일 사관의 연장일 뿐이다. 민족의 주체(자발)성을 실종시킨 노예 사관이라 말해도 좋겠다. 최근 학계, 종교계에서 서구(일본)적 '개(근대)화'보다 자생적 개벽을 소환하는 이유도 여기에 있다. 36년 통치 후 물러나는 그 순간까지 일본은 미국에 조선 분단을 요구하지 않았던가. 정작 카이로 선언과 무관하게 말이다.

'스스로 서고자' 했던 독립 의지를 불구로 만들면서까지 이렇듯 친일·친미를 종일·종미 수준까지 높이는 까닭은 분명하다. 이승만 재평가를 빌미로 윤 정권에게 오롯한 정당성을 부여할 목적에서다. 정치 지도자의 공과를 함께 살폈던 영화 〈길 위에 김대중〉의 영화와 결과 맥을 달리한다. 〈건국전쟁〉이 역사 부정(왜곡)을 의도한 까닭이다. 이는 '스스로 서기' 위해 자신과 가족을 버렸으나 잊히고 때론 폄하된 선혈들에 대한 모독이자 배반이 아닐 수 없다.

〈건국전쟁〉은 해방 전후 공간에서 이승만만큼 외교적 감각이 뛰어난 정치가가 없었다고 강변한다. 일리가 있겠으나 전리(全理)일 수 없다. 그가 정적으로 생각한 몽양과 견줄 때 더욱 분명해진다. 여운형은 원심력으로 대변되는 외교와 구심력을 뜻하는 만족 주체성을 새의 두 날개로 비유했고 양자의 균형을 위해 순간마다 신의 뜻을 강조했다. 기독교인으로 알려져 있으나 동학, 대종교 등 민족의 정신세계와 폭넓게 관계를 맺은 인물이었다. 다자 중심의 외교력을 중시했고 무엇보다 구심력(주체성)을 역설했기에 미국 의존적인 이승만과 변별되었다. 기독교를 자기 이익을 위해 수용한 이승만과 달리 여운형은 종교를 제반 갈등(이념)을 포괄하는 힘으로 여겼다. 그가 천덕꾸러기 백정들의 해방을 위해 애쓴 이야기도 널리 회자되고 있다. 이는 좌우합작론을 설명할 수 있는 배경이기도 하다.

이 땅의 독립운동사에 있어 사회주의 계열이 생략된 것이 못내 안타깝다. 범도상(像)을 육사 교정에서 치워버린 것도, 연해주 지역의 독립운동가 이동휘의 삶을 음소거하듯 지워버린 것 또한 이승만 -결국 미국- 주도로 건국했던 까닭이다. 이승만을 건국 아버지라 칭한 〈건국전쟁〉은 이런 이념 잣대로 역사를 조명했다. 하지만 압록강, 두만강을 넘나들며 나라를 찾고자 희생했던 독립군에게 '사회주의'라는 이념은 수단에 지나지 않았다. 작금의 대한민국은 민족주의 이상으로 사회주의 계열의 독립운동가들의 끈질긴 희생에 힘입은 바가 크다. 중국 공산주의에 몸담았던 것도 결국 나라를 찾고자 하는 열망에서 비롯한 일이었다. 긴 투쟁 과정에서 여타 종교인, 민족주의자들보다 상대적으로 변절자들이 적었던 것 역시 이들 항일운동사의 한 특징이다. 제국을 민국으로 바꾼 애국지사 중에 민족주의자들만큼 사회주의자들의 공헌을 기억해야 옳다.

기독교 신학자로서 필자는 1907년에 있었던 두 사건에 주목한다. 하나는 평양에서 일어난 대부흥운동이고, 다른 하나는 민족 결사의 형태로 기독교, 민족주의자, 사회주의자들이 함께 참여한 신민회 창설이다. 작금의 기독교는 앞쪽 것만을 유의미한 사건으로 기억할 것이나 나중 것도 그 이상의 의미로 평가, 기억되어야 마땅하다. 기독교 세를 불린 전자의 영향 이상으로 후자는 모든 차를 초극하는 3.1사건의 모체였던 까닭이다. 그렇다면 〈건국전쟁〉에 열광하는 개신교 교회는 애당초 생겨나지 않았을 것이다.

다시 묻는다. 누가 대한민국을 만들고 지켰을까? 자신의 재능을 사사로이 쓰지 않고 독립을 위해 바친 독립군들, 이름 한자 남기지 않은 채 목숨을 내놓은 민초들, 이들을 먹이고 입히고자 밥 짓고 옷 만든 어머니들, 자기 재산과 가족 모두를 항일 전투를 위해 내놓은 유자(儒者)들, 종교나 이념보다 민족을 중히 여겼던 사상가들, 반상의 차(差)를 스스로 벗어던진 양반들, 바로 이들 모두의 힘이 합쳐져 이 땅을 살려냈다. 함석헌의 시적·종교적 표현을 충분히 이해, 공감하지만 해방은 결코 도둑같이 임하지 않았다. 종종 원심(외교)력에 의해 나라가 휘둘리기도 했으나 상술한 구심력이 있었기에 중심을 잡고 나라를 지킨 것이다. 외교는 주체성이란 자양분을 먹고 힘을 발휘할 수 있을 뿐이다. 마지막으로 하고 싶은 말이 있다. 과거 역사를 공부하고 옛 지역을 탐방하는 이유는 우리가 '지금 이곳에서 그때의 그들이 되기 위함'이라는 말이다. 이것이 부활에 대한 필자의 생각이다.

우리의 부활 없이 예수의 부활을 말할 수 없다. 범도상을 치워버린 정부에 분개하는 이유도 여기서 찾을 일이다. 모두가 말하듯 과거를 지워 현재를 호도하면 미래가 없다. 역사를 '그들' 손아귀에 맡겨서는 아니될 일이다. 그들이 과연 누구일까? '스스로 설' 생각이 도무지 없는 자들이겠다. 우리의 기억 투쟁을 불온하게 여기는 자들 말이다. 그럴수록 더욱 불온해져야 할 것이다.

영화 〈건국전쟁〉 유감

내가 영화 〈건국전쟁〉 소식을 들은 것은 〈길 위에 김대중〉을 본 지 얼마 지나지 않아서였다. 상영 일주일만에 후자의 관객 수를 능가했다는 놀라운 소식도 들려왔다. 고교 동창들 카톡방에서는 〈건국전쟁〉을 보고 감격했다는 이야기가 넘쳐났다. KBS 뉴스에서는 우리 역사를 잘못 알았다며 성토하는 중학교 3학년 여학생 모습을 보여주기도 했다. 급기야 이승만을 이제는 국부로 여겨도 좋겠다는 어느 지인의 글도 접했다. 오랜 세월 농촌문제에 관심하며 민주화 진영에 몸담았던 분이었으나 그는 어느 순간 사회의 좌편향을 걱정하며 운동권 논리를 비판하는 입장을 취하고 있었다. 그런 그의 입에서 위 영화 이야기와 함께 이승만 국부론이 거론된 것에 아연실색할 수밖에 없었다.

당초 〈건국전쟁〉을 입에 담고 싶지 않았으나 이런 상황에 처하고 보니 이 땅의 미래마저 걱정되기 시작했다. 기후 문제 때문만이 아니라 역사 인식 차이로 다음 세대가 더 힘들어질 것 같은 두려움이 생긴 것이다. 이런 역사관을 대형 교회 교인들이 단체관람을 통해 확산시키고 있다는 사실에 부끄러움과 책임감을 느끼며 이 글을 썼다.

마침 TV조선에서 만든 〈건국전쟁〉을 제작한 김덕영 감독과의 인터뷰 동영상을 봤다. 이승만 국부론을 언급한 지인이 전도(?)를 목적하여 내게 보내 준 것이다. 이승만을 주제로 영화를 만든 감독의 의도가 너무도 상세히 언급되었기에 굳이 영화를 보지 않더라도 영화 성격을 가늠, 판단할 수 있었다.

일견할 때 〈길 위에 김대중〉과 달리 〈건국전쟁〉은 '다큐' 장르로 분류될 수 없을 만큼 사실을 빙자한 왜곡(해석)의 산물이었다. 예컨대 앞의 영화에서 양김, 곧 김대중과 김영삼의 분열 책임을 여실히 밝혔으나 나중 것은 오로지 한 인물을 미화, 침소봉대했다. 검증받은 새로운 자료를 언급하며 그에 기초하여 영화를 제작했다고 강변했지만 내 보기에 같은 취향의 소수 학자들 견해를 반영했을 뿐이다. 공개적인 비판과 토론이 없는 사실은 결코 사실일 수 없다.

그런 그를 다큐 감독이라 부를 수 있을지 모르겠다. 이후에 제작할 영화에서 '인간 이승만'을 다루겠다니 걱정이 크다. 사실이란 미명으로 왜곡과 편파성과 마주할 것이니 말이다. 감독이 '사실'을 강조할수록 우리는 그를 더 의심해야 한다. 한나 아렌트의 말대로 그는 의견을 사실로 둔갑시키는 악마적 재주를 지닌 사람이다.

감독은 영화 속에 법무부장관 시절의 한동훈을 깜짝 등장시켰다. 권력의 힘을 빌어 영화 속 자기 주장을 역사를 넘어 법적 사실로 둔갑시키고자 했던 까닭이다. 한동훈, 그가 도대체 어떤 유형의 인간인지를 모르지 않는 바 감독은 어찌 그에게 기댈 생각을 했을까?

김덕영 감독은 〈건국전쟁〉 제작의 변을 이렇게 말했다. 지난 70년간 이승만 대통령에 대한 부정적 평가가 지배적인 상황에서 '기계적인 균형'을 맞추기 위해 애써 긍정적인 면을 다뤘다고 말이다. 해방 전후 그리고 한국전쟁 전후 공간에서 종래의 이승만 평가가 사실 왜곡에 기초했다고 강변한 것이다.

역사를 다룰 때 과연 '기계적인 균형'이란 말이 가능할지 모르겠다. 특정 -임정에서부터 해방까지의- 시기를 논외로 한 채 건국에만 초점을 맞춰 이승만을 조명한 것은 전형적인 뉴 라이트(New Right)적 발상이다. 이 과정에서 분단국가의 탄생을 오히려 축복이고 은총이라 역설했다. 지금도 그렇지만 당시 국제 상황에서 통일을 말하는 것은 정신병자거나 유아기적 발상일 수밖에 없다고 단언한 것이다.

대한민국이 이만큼 발전하여 국가 위상이 높아진 것은 분단을 통해 서구(미국)적 영향을 많이 받은 탓이라 거듭 주장했다. 이는 '식민지 근대화론'을 펼친 친일파들의 논리의 재현이다. 단지 일본이 미국으로 바뀌었을 뿐 그 정신적 실체는 조금도 달라지지 않았다. 이를 정당화할 목적으로 김구를 악마시했다. 우익 민족주의자 김구를 김일성에 동조하는 사회주의자, 공산주의자로 몰아간 것이다. 외교에 능한 이승만에 견줄 때 김구를 국제 정서에 무지한 자로서 대한민국 건국의 방해거리로 치부하기까지 했다.

지금껏 우리는 김구가 분단을 거부했다고 알고 있으나 영화는 그가 김일성의 적화통일에 대한 기대를 갖고 있었다는 논리를 폈다. 이 역시 감독은 새롭게 발견한 자료에 근거했다고 말했으나 김구기념사업회 측의 즉각적인 반발에 직면했다. 그 자료를 통해서 김구의 이중성과 거짓을 폭로했다고 주장했지만 지금껏 결코 공론화한 적도 검토되고 토론된 바도 없었다. 우리가 아는 바 상해 임정에서부터 김구는 사회주의 이념에 대해서는 거리를 두었던 인물로 그것이 오히려 그의 한계였다. 그가 '좌우합작론'을 펼친 몽양 여운형과 불화했던 이유도 여기서 찾을 수 있다.

그런 그가 자기의 정치적 야욕을 위해 김일성 정권과 손잡을 생각을 했다는 것은 반쪽짜리 건국을 정당화하려는 뉴 라이트 역사관의 억지 투영이다. 어떻게 김구를 그토록 부정하고 악마화할 수 있을까? 물론 김구 역시 그간 미화된 측면이 없지 않았다. 『김구 청문회』라는 책이 나올 정도로 그에 대한 비판적 검토가 필요한 부분이 당연히 있다. 하지만 그가 사회주의와 공조할 야심을 지녔다는 것은 생각할 수 없는 일이다.

감독은 이승만의 최대 공적으로 토지개혁을 과도하게 강조했다. 토지개혁을 통해 근대화, 산업화의 기초를 놓았다는 것이다. 일리 있는 지적이나 이 역시 따져 볼 대목이다. 무산자에게 토지를 분배하는 토지개혁은 북쪽에서 먼저 시작되었다. 당시 동학교도를 중심한 청우당에서는 토지개혁에 찬성했으나 조만식을 중심한 조선(기독교)민주당 측에서는 반대했다. 이 일로 기독교 세력들이 남쪽으로 대거 이동하는 계기가 되었다. 북쪽에 자극받은 이승만은 당시 죽산 조봉암을 농림부장관으로 임명하여 소작농 비율을 급격히 줄여가는 방식으로 토지개혁 작업 -경자유전의 원칙-에 착수했다.

하지만 이승만은 토지개혁을 성공적으로 마무리했던 조봉암을 공산주의자로 몰아 결국 제거(사형)했다. 민중의 신망을 얻은 그를 정적이라 여긴 탓이다. 본래 토지개혁에 대한 생각은 사회주의 사조에 익숙했던 조봉암에게서 비롯한 것이었다. 하지만 이승만은 그것을 자기 공으로 만든 채 그를 축출했다. 하지만 토지개혁만을 근대화, 산업화의 동력으로 보는 시각에도 문제가 있다. 물질과 정신이 동전의 양면, 새의 두 날개처럼 함께 가야 하는 것이나 이승만은 민중의 정신을 계도할 만한 인물이 못되었다. 종교사상가 다석 유영모의 『다석 강의』에 이승만에 대한 비판이 잘 적시되어 있다. 그는 정신적 근대화를 망친 장본인이었다. 4.19혁명이 그래서 비롯된 것이 아니었던가?

〈건국전쟁〉을 두고 진중권과 감독이 앞서 토론을 한 적이 있었던가보다. 진중권이 모처럼 뼈 있는 말을 했다. 이 영화는 4.19정신을 부정한 것으로 국가의 기강을 해치는 측면이 있다고 지적한 것이다. 맞는 비판이라 생각한다. 이승만이 4.19혁명을 통해 부정되었고 4.19혁명 정신이 헌법의 기초가 되었기 때문이다. 영화에서는 이 점을 다루지 않았을 뿐 아니라 궤변을 일삼았다. 이승만 정권의 부정선거, 사사오입에 대한 민중들과 학생들의 분노, 그 실체에 대한 반성과 성찰이 없었고 오히려 자신의 영화가 4.19정신과 가치를 옳게 실현했다는 거짓 사설을 늘어놓은 것이다. 왜곡된 이승만을 복원시키는 것이 4.19정신이자 그 실현이라는 억지를 부렸으니 감독이란 사람의 의식이 참으로 가관이다. 백성들에 의해 부정되고 퇴출된 이승만을 논외로 한 채로 이승만의 가치(사실) 회복을 4.19정신의 근간이라 여길 수 있는 만용이 부럽기(?)까지 하다.

이런 식으로 이승만이 옳다는 이야기가 영상을 통해 회자되고, 무엇보다 다음 세대 청년들이 이렇게 역사를 배우고 이해할 경우 민족과 국가의 기틀이 무너질 수밖에 없다. 헌법 자체가 부정될 여지도 크다. 이미 친일파들이 안면몰수 활보하는 세상이 눈앞의 현실이 되었는데, 더더욱 심해질 것이다. 이렇듯 이승만에 대한 긍정과 회복은 움츠렸던 친일 세력이 득세하고 있다는 반증이다.

감독은 'TV조선'과의 대담에서 북한이 이승만 정부에 대해 지속적으로 비판하는지 모르겠다는 말을 반복했다. 반세기도 훨씬 지난 과거 정부인 이승만 정권에 대한 북한측 반응이 납득하기 어렵다고 한 것이다. 아마도 감독은 이승만에 대한 이 땅 좌파들의 부정적 시각이 북쪽의 이승만 평가와 무관하지 않다는 사실을 말하고 싶었을 것이다. 이승만은 우리 민족의 해방사에 있어서 원죄적 측면을 지녔다는 것이 나의 생각이다. 그런 이승만을 국부로 삼겠다는 말에 피가 거꾸로 솟을 사람이 많을 듯하다.

감독은 한국전쟁 연구자인 브루스 커밍스(Bruce Cumings)를 역사 수정주의자로 비판했다. 한국전쟁을 민족 간 내인설로 봤다는 것도 커밍스를 부정하는 이유 중 하나였다. 하지만 커밍스는 새로운 자료가 발견될 때마다 이론을 더욱 정교화했고 국제적 이념 전쟁의 성격을 지닌 것 역시 부정하지 않았다. 단지 한국전쟁 발단의 내인적 차원도 있음을 첨가했을 뿐이다. 만주국이 세워진 1930년을 기점으로 일제에 대한 민족의 세력화된 양분 –저항(Resistance)과 협력(Collaborate)– 이 전쟁의 한 요인일 수 있다고 보았다. 자신의 정권을 위해 미국과 손잡고 친일파들을 대거 기용한 이승만 정권을 북쪽에서 거듭 비판하는 이유도 바로 여기에 있다.

뉴 라이트 입장을 대변하는 감독이 브루스 커밍스를 거부하는 이유는 이승만 정부의 친일적 특성과 무관치 않다. 이 점을 드러내놓고 홍보하는 영화를 어찌 기독교인들이 눈물 흘리며 보아야 하는지 납득하기 어렵다. 한때 기독교와 민족주의가 하나였음을 한국교회가 자랑했기에 더더욱 말이다.

〈건국전쟁〉보다 10여 년 전에 민족문제연구소가 주관하여 〈백년전쟁〉이라는 이름으로 이승만의 친일 행각을 밝힌 영상 –두 얼굴의 이승만–이 있다. 배우 권해효의 음성으로 소개된 영상이다. 〈건국전쟁〉에서 다뤄지지 않은 해방 전의 공간에서 드러난 이승만의 행적을 문제 삼았다. 이 영상은 CIA 문서에 담긴 다음 물음을 갖고 이승만을 조명했다. "이승만 그는 자기 권력을 추구한 자인가 아니면 독립운동가인가?" 후자라는 것이 당시 미 정보부의 판단이었다. 그가 기독교인이 된 것은 출세를 위한 방편이라 했다. 하와이에 머물 때 미국 눈치를 보며 일본 편에 섰던 인물이었다. 러시아 견제를 위해 미국이 일본과 손잡고 있었던 까닭이다. 그가 반일 항전 투사가 된 것은 태평양 전쟁 이후의 일이었다. 그것도 일본이 패망할 것을 눈치채고서 말이다. 임정 초대 대통령 시절 독립자금을 움켜쥐고 사사화했던 경력도 있다. 이런 이승만을 기호지방 사람들과 기독교인들이 지지했던 것은 부끄러운 일로 기억되어야 한다.

  오죽했으면 상해 임정원에서 이승만을 탄핵했을까? 그 때문에 이동휘를 비롯한 안창호 등이 상해 임시정부를 떠난 것을 아프게 기억해야 옳다. 이승만이 일본에 머물던 맥아더에게로 날아가서 권력을 구걸한 것도 기록에 남아 있다. 권력을 위해 친일을 용납한 반공주의자가 되었고 이후 수많은 백성을 반공의 이름으로 집단 학살할 수 있었던 배경이다.

  한 인간의 삶은 연속(통전)성을 갖기 마련이다. 과거가 미래로 이어지는 법인데 〈건국전쟁〉은 기계적인 균형이란 말로 이 점을 애써 부정했다. 상세히 소개할 수 없어 유감이지만 나중에 이 영상을 통해 이승만의 존재가 더 객관적으로 알려질 수 있을 것이다. 민족문제연구소가 만든 이 영상조차 좌파 편향적인 것으로 매도하지 않았으면 한다. 민족주의와 사회주의가 해방 전후 공간에서 같은 뜻을 품었지만 결코 하나가 될 수 없었지 않았는가. 〈건국전쟁〉을 보고 환호하는 사람들, 기독교인들, 이 영화를 보고 역사를 다시 알았다는 순진한 젊은 학생들을 생각하면 가슴이 아프고 아리다. 최소한 〈백년전쟁〉 영상도 함께 보면서 김덕영 감독이 말하는 '사실'의 의미가 뭔지를 다시 깨쳐 알기를 소망한다.

지금 이 땅에서는 나라의 근간을 흔드는 큰 사상 전쟁이 벌어지고 있다. 기독교가 잘못된 판단으로 역사 왜곡에 힘을 보탠다면 항차 우리 역사가 기독교를 내칠 수도 있음을 두렵게 생각해야 할 것이다.

몽양 여운형의
'좌우합작론'의 기독교적 의미

　최근 '생명평화마당'에서 정치학자 박명림 교수를 청해 남북 화해를 주제로 토론회를 개최한 적이 있다. 이 기회를 통해 두 가지 사실을 마음에 담을 수 있었다. 하나는 남북 화해는 남남갈등 극복 없이 힘겨울 것이고 이 과제는 기독교, 크게 보아 종교가 풀어내야 할 과제라는 사실이다. 너무도 당연한 이야기였으나 분단 체제에 기생했던 이 땅의 정치와 종북/좌빨의 이념을 확대, 재생산한 한국교회의 현실을 생각할 때 이 사실이 가슴 깊게 새겨졌다.

　지금껏 일제하의 독립을 다룰 때 우리는 민족주의와 기독교적 시각만을 집중적으로 배웠다. 반공주의자 이승만을 국부로 강요했던 지난 역사 탓이다. 하지만 독립을 위해 중추 역할을 했던 다른 이념, 사회주의를 간과하고서는 독립운동의 온전한 실태를 그려낼 수 없다. 건국절 논쟁도 이런 맥락에서 비롯한 것이겠다.

이런 생각을 갖고 몽양 여운형의 자서전과 관련된 논문들을 다시 읽게 되었다. 재일 사학자 강덕상의 『여운형 평전』이 그중 하나였다. 몽양기념사업회가 조직되어 매년 추모 강연회가 열린다는 소식도 접했고 올해 발표된 자료집도 구해 읽었다. 자서전도 여럿 나왔다. 그의 생애가 독립에서 분단을 거쳐 통일을 위한 여정까지 걸쳐 있기에 자서전은 곧 이 땅의 정치사였다. 몽양의 정치 스펙트럼이 당대 민족주의 계열이나 사회주의 계열과 많이 달랐다.

3.8선이 만들어진 이후에도 수차례 김일성을 만나기도 했다. 결국 양 진영에서 많은 비판을 받았고 어느 쪽 사주인지 모를 일이나 혜화동 거리서 암살당했다. 이승만, 박헌영 심지어 김구가 그랬다고 하는 설도 지금까지 회자된다. 여하튼 그는 독립운동 시기부터 해방 후 찬·반탁 운동에 이르기까지 모든 이념을 품고 가려고 했다. 특정 이념 및 정파에 매몰되지 않고자 기를 썼던 정치가였다. 때론 상해 임정과도 거리를 두었고 민족 배반자라는 오해를 무릅쓰고 일본 정치가들과 만난 적도 있었다.

해방 후엔 민족주의와 사회주의자들과 함께 자주적 정권

을 이루고자 했다. 일본이 그를 회유했듯이 미 군정과 김일성 모두가 여운형을 자기편으로 만들기 위해 공을 들였다. 그만큼 그는 역량이 컸던 인물이다. 해방 공간에서 첫 대통령이 될 사람이 바로 그였다는 것이 당대의 역사적 평가이다.

내가 여운형을 처음 알게 된 것은 가나안농군학교 김용기 장로 책을 읽던 중 두 사람이 함께 찍은 사진을 발견한 시점에서였다. 사진 하단에는 이렇게 쓰여 있었다. "조국이여 안심하라, 우리가 있다." 얼마나 대단한 이들이기에 이런 말을 내놓고 할 수 있었을까를 한참 생각한 적이 있었다. 이와 함께 정치가 몽양과 기독교 장로인 김용기와의 관계가 궁금했다. 아니 정치인 몽양과 기독교의 관계가 더 궁금해진 것이다. 그는 평양신학교 출신으로 승동장로교회 전도사였고 상해에서 교회 담임자로 일했던 것을 최근 알게 되었다. 손정도 목사와도 임정에서 같이 활동했다. 3.1독립운동 이후 일본 정부조차 자국 조합교회를 앞세워 그를 성직자로 묶어 둘 음모를 세운 바 있다. 무엇보다 몽양은 자신의 정치적 역량과 판단이 기독교적 시각 탓에 생겨난 것을 스스로 고백하였다. 잘 밝혀지지 않았을 뿐이지 최소한 일제 말기까지는 이런 경향이 공공연했다. 실제 전도사라는 직책이 당시 서양 세력과 접할 수 있게 하는 촉매가 되었을 것이다.

'좌우합작' 이론가로 알려진 몽양의 정치 여정을 기독교적 시각에서 조명할 여지가 바로 여기에 있다. 해방 후 강원용 목사도 몽양의 정당에서 활동한 바 있다. 평화의 기운이 감도는 한반도의 현 상황을 개척할 기독교 사상가로서도 큰 의미를 갖는 존재라 할 수 있다. 이하 내용에서는 사안과 주제들을 생각나는 대로 나열할 것이다.

몽양은 젊은 시절 실천적 유교인 양명학의 가르침을 존중했고 이후 그 바탕에서 기독교를 수용했다 우찌무라 간조 같은 일본 기독교인들 마음바탕이 본래 양명학이었듯이 말이다. 이보다 먼저 그의 조부 및 선친은 동학교도였다. 해월 최시형과 함께 동학 운동을 했던 가계였다. 이후 배재학당에 입학 기독교에 입문했고 상동교회에서 전덕기 목사 등 많은 독립 지사들을 만나 민족의식을 키웠다. 이후 당시 만난 인사들 다수가 104인 사건에 연루되자 이를 민족의식을 함양하는 계기로 삼았다. 승동교회에서 외국인 선교사를 돕는 전도사 역할을 시작했다. 열심을 다해 사역했기에 선교사들이 몽양을 기독교 지도자로 키우고자 평양신학교에 입학시켰다. 이후 고향 양평 인근에서 교회 사역을 시작했으나 선교사들이 한국인을 무시하는 현실에 분노했고 말과 행위의 불일치에 기독교를 다소 멀리하기 시작했다. 한국 정치현실에 무관심한 선교사들에 절망하고 거리를 두기 시작한다.

　몽양은 선교사들이 세운 남경 금릉대학에 기독교를 본격적으로 배우러 중국으로 건너갔다. 하지만 그곳에서 배운 것은 영문학이었고 이 공부가 당대 세계적 인물들과의 관계를 형성하는 밑거름이 되었다. 학업 후 상해 임시정부를 함께 만들어 갔으나 의견 차이로 임정과 거리를 두었고 상해에서 교회 목사로서 활동했다. 많은 청년들이 그의 감화로 교회에 모였고 독립을 위해 헌신하였다. 하지만 본래 몽양은 임시정부를 원치 않았다. 정부 대신 정당을 만들고자 했다. 실제로 그는 임정 이전에 '신한청년당'을 만들어 활동했었다. 거시적 정부를 만들기에는 때가 이르지 못했다고 여긴 까닭이다.

　몽양은 조선 땅에서부터 중국 상해에 이르기까지 YMCA 활동을 많이 하며 기독교와의 관계를 깊게 했다. 상해에서도 이것을 실마리 삼아 외국 선교사들과 소통하며 지냈다. 그 스스로 YMCA를 통해 한국 체육 발전을 위해 애썼다.

　3.1독립선언 이후 일제가 무단정치에서 문화정책으로 입장을 선회한 후 일본 조합교회 목사들이 대거 조선 땅에 들어와 선교했다. 일본 정신과 기독교 정신을 일치시켜 한민족을 개조하자는 취지에서였다. 한국인 목사들도 이에 동조하는 자가 많았다. 몽양을 이런 입장으로 회유시키고자 했으나 끝까지 이들과 타협하지 않았다.

일제 말기 그리고 해방 후 정국에서 몽양은 기독교 입지를 많이 내세우지 않는 정치가로서 활동했다. 하지만 통일 논의 과정에서 그가 설(說)한 '좌우합작론'은 기독교 시각에서 살필 여지가 많다. 독립을 대의이자 하늘뜻이라 여겼듯이 통일 역시 그러할 것이다.

고국을 떠나 중국을 건너간 몽양은 그곳에서 젊은이들 모아 '신한청년당'을 조직하여 독립운동을 시작했다. 그 첫 쾌거로 윌슨의 민족자결주의 실행을 논하는 파리(강화)회의에 조선 대표로 김규식 -후일 우익으로 돌아선다-을 파견했다. 오히려 역으로 김규식을 나라 대표로 파견하기 위해 파견 주체로서 신한청년당을 결성했다고 봐도 좋겠다.

몽양은 국내 3.1운동 전후로 상해에 머물면서 동경에 사람을 파견하여 이광수 등이 주도한 2.8선언에 동참시켰고 그 경험을 경성에 전달하여 3.1선언의 힘을 불어 넣었다. 상해와 동경 그리고 경성의 연결고리를 만든 장본인이 바로 몽양 여운형이었던 것이다. 이후 3.1선언을 중국의 5.4운동과 이어지게 한 사람도 몽양이었다.

3.1선언 이후 세 곳에서 임시정부가 발족되었다. 경성과 시베리아 이주민을 주축으로 한 소련의 블라디보스톡 그리고 상해가 바로 그곳이다. 이 세 곳을 상해 임시정부로 통합시킬

수 있었던 것 역시 몽양의 힘이었다. 특히 소련 연해주 지역의 임시정부는 사회주의적 요소를 갖고 있었고 무력을 선호하는 입장이었다. 민족주의자들이 중심이었던 상해 임정이 당연히 이들과의 협치를 거부했다. 하지만 몽양은 이동휘를 중심한 이들 세력을 수용했다. 이후 노선 다툼으로 흩어졌으나 하나의 정부를 이뤘다는 사실은 대단히 중요하다. 임정을 대한민국의 시작이라 할 경우, 그 속에 사회주의 요소가 있었다는 사실도 기억해야 옳다.

정작 몽양은 대한민국이란 국호를 원치 않았다. 나라를 빼앗긴 조선 말기의 이름이었던 탓이다. 계급 타파적인 언어를 선호했으나 의견을 합하기 위해 자기 뜻을 접었다. 이는 몽양이 소련에서 일어난 프롤레타리아 혁명에 깊이 관심한 결과였다. 소련과 중국의 혁명이 완성될 때 조선 독립도 그 선상에서 가능하다고 본 것이다. 일제 후기로 갈수록 몽양은 조선 독립을 위해 소련 혁명과 중국 혁명에 주목했다.

하지만 몽양은 조선의 경우 계급보다 민족모순 극복이 우선인 것을 한시도 잊지 않았다. 공산당과 협력한 것도 민족모순을 해결키 위함이었다. 더욱이 몽양은 당시 조선을 계급투쟁의 여건이 갖춰지지 않았다고 보았다. 영어를 구사할 줄 알았던 몽양은 당시 시대적 상황을 꿰뚫고 있었던 바 세계 정세를 누구보다 잘 파악할 수 있었다.

중국 지도자 손문과도 수 차례 만났고 트로츠키, 레닌과도 대화했으며 -레닌의 공산당 선언을 최초로 번역, 소개했다- 모택동과도 의견을 나눴다. 중국 공산당의 특별회원이 된 적도 있었다. 민족주의자들과 달리 조선의 독립이 주변 국가들과의 연대에서 가능하다는 사실을 알았던 탓이다. 그렇기에 몽양은 거듭 외교적 접근을 시도했다. 이 점에서 민족주의 시각을 지닌 임정 지도자들과의 관계가 소원한 적도 있었다. 당시 안창호의 지지가 없었다면 몽양의 입지가 많이 좁혀졌을 것이다. 하지만 나중에는 안창호의 독립 노선과도 결별했다. 당시 이승만 중심의 미국 의존파, 소련과 손잡고 무력 독립을 원했던 이동휘의 친소파, 중국혁명과 연대하자는 여운형파, 일중 간 교섭을 기다리며 우선 실력을 배양하자는 안창호파 등이 공존한 상황이었다.

안창호의 신뢰 하에 몽양은 일본 정부의 초대에 응해 일본 땅을 밟았다. 몽양을 가장 큰 위험인물로 여긴 정부가 그를 회유키 위함이었다. 그렇기에 상해 임정 요원들은 그의 방일을 결사반대했다. 몽양 역시 고민했으나 일본 정부 각료들과 독립을 담판짓고자 방일을 결정했다. 안창호 혼자 그를 믿고 지지해 주었다. 일본 수상을 비롯해 -일본 천황까지 만났다는 기록도 있으나 정확치 않다- 여러 각료들과 만나 멋지게 독립의 정당성을 선포했다. 이 일로 일본 정부가 의회에서 불신임을 당하는 결과를 초래했다. 조선 총독부와의 갈등도 커졌다. 이 일을 주선한 조합교회 목사들이 자기 공적을 위해 몰래 추진했던 탓이다.

조합교회 목사들은 자기 정당화를 위해 몽양이 회유되었다는 이야기를 거듭 퍼트렸다. 이로써 당시 독립운동가들 사이에서 몽양에 대한 평가가 엇갈렸다. 몽양 스스로도 방일을 주선한 당사자들의 입장을 고려해 이후 오롯이 목회자의 길을 걷겠다고 생각을 바꾼 흔적도 있다. 하지만 몽양이 독립을 접고 일제 치하에서 조선인의 자치로 마음을 돌렸다는 것은 사실이 아니다. 독립 의지를 한 번도 접고 꺾은 적이 없었던 까닭이다. 일본 치하에서 결코 자치를 원한 적이 없었다.

여하튼 몽양의 일본 방문을 두고 임시정부에서 찬반 논쟁이 심해지자 몽양은 임정과 거리를 두고 상해 민단의 대표자로 활동했다. 상해 거주 이주 동포들을 위해 계몽과 교육활동을 전개한 것이다. 의거로 죽음에 이른 의사(義士)들을 추모하는 모임도 빈번하게 주도했었다. 이주민 자녀들의 교육도 그가 감당했다. 물론 임정의 하부조직으로 편입되었으나 실상 민단 조직 없이 임정은 유지되기 어려웠다.

상해 민단 대표가 전체 10명 바뀌었는데 그중 5번을 몽양이 맡았다. 이는 당대 교포사회에서의 몽양의 위치를 가늠케 한다. 몽양은 1920년대 초반 필리핀을 경우하여 홍콩을 방문한 미국 국회의원 사절단과의 면담을 위해 백방의 노력을 다했다. 물론 나중에는 미국을 향한 마음을 접었으나 당시로서 미국의 역할에 주목하여 미국을 통해 독립 기반을 다질 생각이었다.

하지만 결국 워싱턴회의 -미국을 중심한 서방국가들에게 일본 견제를 부탁할 것인가?- 와 극동(지역) 민족대회 -약소국들의 저항 모임에 참여할 것인가?-를 두고 후자의 길을 선택했다. 이후 이승만이 독자적으로 미국에게 조선 통치를 부탁한 것을 알고선 미국에 대한 일체 미련을 접었고 그를 의지한 이승만과도 시종일관 갈등했다. 일제 말기(1944) 조선에 머문 몽양은 일본 패망을 예감하고 뜻있는 사람들과 비밀리에 '건국준비위원회'를 구성했다.

당시로서는 선견지명을 지닌 행동이었다. 일제 패망 후 총독부에서 조선 치리권을 양도할 만큼 몽양은 공신력이 컸던 존재였다. 미소 양국이 들어오지 않았더라면 몽양은 새 나라의 첫 대통령이 되었을 것이다. 이승만, 김일성의 이름은 아직 거론되지 않았던 시절이었다. 이렇게 몽양은 일제 패망을 예견했기에 해방과 더불어 건국준비위원장의 자격을 갖게 되었다.

해방군으로 들어온 미소 군대로 인해 남북의 입장 차가 생겨났다. 북쪽의 경우 김일성을 앞세운 공산당 단일 체제가 쉽게 확립되었으나 남쪽의 경우는 정당 수가 수십 개나 되었다. 민족주의자, 사회주의자, 공산당 등 좌우익의 정당들이 부지기수로 생겨난 것이다. 이 정황에서 몽양은 '인민당'을 조직했다.

이 책의 필자에게 이 정당 이름 속에 몽양에게 영향을 준 단군신화, 유교, 기독교 그리고 사회주의 뜻이 함축되었다고 생각한다. 몽양은 시종일관 어느 특정 이념 세력이 독주하기보다 모든 이념이 함께하는 통합적 국가를 꿈꿨다. 모두가 자기 색깔을 강조하는 현실에서 몽양은 처음부터 '좌우합작론'을 내세운 것이다. 이로써 모두에게 비판받았고 미소 모두가 그를 자기편으로 만들기 위한 공작의 대상이 되었다. 당시 미 행정관 하지 중장이 수차례 회유했고 북쪽의 김일성도 몽양을 남노당 박헌영보다 더 중히 여길 정도였다. 모스크바 3상회의 결과 이 땅 남쪽은 친·반탁 소용돌이에 휩싸였다. 민족주의 진영에서는 반탁이 대세였고 미군정을 등에 업은 송진우의 경우 친탁을 선호했다.

이때 몽양은 친탁의 입장에 섰기에 민족 진영으로부터 큰 미움을 샀다. 하지만 몽양의 친탁은 송진우의 친탁과 격이 달랐다. 국제 정치의 흐름을 읽은 탓이었다. 본래 이들 미·영·소 세 국가는 본래 몇 년간 정부 수립을 도운 후 이 땅에서 손을 떼고자 했었다.

친·반탁 논쟁으로 혼란스러워지자 이들 강대국은 이후 분할 통치로 마음을 바꾸었다. 일본이 회유한 자치를 거부하고 독립을 원했던 몽양이 친탁에 만족할 리 없었다. 하지만 대세를 보았기에 오해를 무릅쓰고 이런 입장을 취했기에 김구와의 갈등이 커질 수 밖에 없었다.

김구에게 몽양은 좌익의 대표자로 여겨졌다. 이후 몽양은 민주주의민족전선 5인 의장단 자격으로 김일성을 만나 미·소공동회의의 조속한 재개를 촉구했고 이들 입장을 조정코자 했다. 남북 간의 대화와 협력 나아가 일치를 구한 것이다. 하지만 이들 모임이 무기한 휴회에 돌입한 탓에 남쪽에서라도 먼저 좌우합작을 통해 하나될 것을 주창했다. 실제로 자신의 인민당과 신민당(민족주의) 그리고 남로당을 '사회노동당' 이름 하에 7원칙으로 합당시켰다. 하지만 안팎의 방해 공작으로 좌우합작은 성공할 수 없었다. 박헌영과의 도를 넘은 갈등이 역시 한몫했다. 그때마다 김일성은 몽양의 편을 들었고 합작론의 중요성을 지지해 주었다.

합작론이 깨진 후 몽양은 근로인민당을 재창당했으나 이미 힘을 잃은 상태였다. 몽양은 끝까지 '좌우합작론'의 신념을 지키다가 7월 19일 정오 혜화동 로터리에서 62세 나이로 총탄에 맞아 횡사했다. 이전에도 십여 차례에 걸쳐 테러를 당해 몸을 다쳤으나 이번에는 일어서질 못했다.

우익도 좌익도 그의 죽음에서 자유로울 수 없을 것이다. 그는 민족사의 질고를 자기 몸에 지고 간 사람이었다. 새로운 조국에서 좌우가 하나되어야 한다는 그의 신념이 그간 주목받지 못했다. 3.1선언 100주년의 해에 그의 가치가 재조명되어야 옳다. 강조했듯이 오해를 무릅쓰고 모두를 아우르려 했던 그의 일관된 신념은 일제 치하로부터 시작되었다. 독립에서 통일에 이르기까지 몽양의 지속된 생각이었던 것이다. 무엇이 이를 가능토록 했을까?

이에 대한 답을 우리는 그의 기독교성에서 찾고자 한다. 이것은 그간 논의되지 않았던 새로운 과제일 것이다. 더구나 실천적 유교 나아가 동학의 바탕에서 수용된 기독교의 정신이 그를 민족주의자(김구)와 거리를 두게 했으며 미국식 기독교(이승만)를 이질적으로 여겼음을 크게 주목할 일이다. 오히려 기독교와 민(民)을 사랑하는 사회주의와의 만남을 이 땅의 방식으로 가능케 했다고 말해도 좋겠다. 동학은 물론 신채호, 박은식과의 비판적 관계 속에서도 홍익인간을 말한 단군신화를 소중하게 여긴 것도 중요하게 평가받았으면 한다.

지금껏 몽양 속 기독교 정신이 일제로부터 해방 정국에 이르는 그의 족적에서 제대로 조명된 적이 없었다. 남북 분단 이상으로 남남 간 이념 갈등이 심각한 상황에서 한 정치학자는 후자의 해결 없이 전자를 성취하기가 힘겹다는 사실을 강조했고 그 역할을 기독교의 몫이라 말했다. 이런 정황에서 독립운동시부터 통일을 위한 여정에 이르기까지의 몽양 족적에서 기독교성이 어찌 드러났는지를 살피는 것이 의미가 있다. 그토록 오랜 세월 기독교 목회자의 자의식을 갖고 살았는데 그의 정치활동이 영향을 주지 않았다는 것이 오히려 이상하다.

수유리 산속 어느 한 편에 초라하게 묻혔으나 그가 남긴 오늘의 의미가 결코 작지 않을 것이다. 몽양이 제일 싫어했던 이승만 정권과 그를 지지해 온 반공적 수구 기독교가 그를 내쳤으나 3.1선언 100주년을 맞는 오늘의 촛불 정국과 기독교는 그의 정신으로 남북을 새롭게 이어야 할 것이다. 남북, 남남이 분단 체제로 두 동강 난 현실에서 독립과 통일을 추동했던 몽양의 기독교성을 다시 찾을 일이다. 그렇다면 그의 기독교성은 무엇을 말하고 있는가?

무엇보다 몽양은 실천력이 뛰어난 사상가였다. 믿음의 현실화를 위해 언제든 최선의 노력을 다했다. 당시 선교사들의 기본 정서에 반해 신앙과 정치를 하나로 여긴 것이다. 이는 '민(民)'을 사랑하되 지행합일(知行合一)의 정신, 곧 동학과 양명학에 근거하여 기독교를 수용한 결과라 말할 수 있겠다.

민족을 사랑하되 민족주의를 벗고 오히려 세상의 약자들, 인민을 새롭게 발견한 것 역시 기독교의 영향이라 말할 수 있다. 예수 삶을 이해한 결과일 것이다. 진보적 민족주의란 말도 그를 일컫는 말 중 하나이다. 몽양에게 있어 세상과의 소통은 선교사들이 전해준 타계적, 개인 구원적 신앙관을 단숨에 무력화시켰다. 그는 교회 안에 갇히지 않았고 세상을 보았으며 뭇 이념들 세계에서 노닐었다. 시대의 징표를 읽었던 까닭이다.

　몽양에게 기독교는 세계주의와 같았다. 세상의 열려진 시각에서 교회를 보는 혜안을 지녔다 할 것이다. 몽양은 사회주의 노선을 수용했으나 무장 폭력주의와는 거리를 두었다. 일제 강점 하에서도 일본과의 평화를 원했지 그를 적으로 여기지 않았다. 이 점에서 몽양은 평화주의자였고 이것은 그가 지닌 기독교 신앙의 열매라 생각한다. 안중근과는 다른 맥락에서 동양평화를 위해 마지막까지 노력했다. 이 점에서 3.1선언서 정신의 충실한 계승자였다.

　몽양에게는 모두를 아우르려는 한 몸 사상이 있었다. 교회가 그리스도 몸이듯이 민족은 그에게 한 몸으로 여겨졌다. 그래서 모두 –모든 이념이–가 함께하는 삶의 공간으로 이 땅을 만들고자 했다. 불굴의 정신으로 주장한 '좌우합작론'은 인간이 쌓은 장벽을 허물고자 하는 기독교적 이념 구현의 다른 말이었다. 어느 한 편에 서는 것이 편하고 득이 되었을 것인데 그런 선택을 하지 않았다. 앞서 말했듯 이런 그를 진보적 민족주의자라 불렀으나 나는 여기서 기독교 선지자의 신념을 확인하고 싶다.

'좌우합작론'은 3.1평화정신을 가장 옳게 계승한 것이다. 이 경우 '좌우합작론'은 일제 치하에서 군사력(무장)보다는 외교적 역량으로 독립을 이루려 했던 정신과 맥을 같이한다. 몽양에게 민족의 독립이나 통일은 하느님의 지상명령으로 여겨졌다. 민족에 대한 사랑, 시대정신의 산물이기도 했으나 몽양은 이를 하느님 명령이라 믿었다.

이런 차원에서 정치가이자 성직자였던 몽양의 기독교성은 분단체제를 확대 재생산해온 이 땅의 기독교에게 할 말이 많다. 한반도에 드리운 평화의 새 기운을 우리 것으로 만들기 위해 3.1선언 100주년을 통일의 원년으로 삼아야 옳다. 이를 위해 몽양의 정신이 필요하다. 북에서도 몽양은 아직도 추앙되고 있다. 몽양의 자녀들을 김일성이 돌봤고 이들이 김일성 곁에서 큰 역할을 감당했다. 하나될 조국을 위해 가교가 필요하다면 그 사람은 의당 몽양이 되어야 할 것이다.

세계를 읽었고 민족을 사랑했으며 모든 이념을 하나로 엮고자 했던 몽양, 그 때문에 그는 세상 빛을 보지 못하고 거리에서 객사했다. 형틀에 매달린 십자가상의 예수처럼 그렇게 죽어 우이동 산자락에 초라하게 묻혀 있다. 백범 김구를 능가하는 몽양의 정신이 이 땅에 소통될 때 대한민국은 새 나라가 될 수 있다. 단군신화까지 수용하며 사회주의까지 품고자 했기에 목하 북한과 대화를 위한 적절한 이념으로 봉사할 수 있을 것이다.

그를 죽음으로 몰아갔던 좌우합작론은 남남갈등이 심한 이 땅의 현실에서 되살려 실현시킬 주제이다. 좌우합작론이 남북의 하나됨을 위한 초석일 수 있겠다. 분단체제 하에서 형성된 남쪽에서의 좌우 대립은 해방정국 당시 이상으로 강력하게 화석화되었다. 통일의 가장 큰 장애물이 되고만 것이다. 이를 풀어 해체시키는 일이 향후 기독교의 과제라 할 것이다. 그러나 어떻게? 이 과제가 이제 한 달 앞으로 다가온 3.1독립선언서 반포 100주년 되는 2019년에 한반도 평화 체제를 위한 우리들 몫이 되었다.

죽어야 사는 기독교
- 종교재판 30년을 맞으며

감신대 학장으로 재직(1988-1992)했던 선생님은 그 임기 중에 교수들이 모인 자리에서 "학교가 크게 요동칠 것 같다"는 우려를 누차 발설하셨다. 신학대학의 권위가 종교 권력과 돈의 힘에 굴복될 것 같은 두려움을 느낀 것이다. 당시는 부흥목사들의 위세가 대단하던 때였다. 대학 예산보다 10배 이상 커진 대형 교회들이 여럿 되었고 그곳 목회자들 몇몇이 대학 이사로 파견되었다. 교회 성장을 절대 가치로 여긴 탓에 이들은 신학, 더욱이 토착화 전통을 잇고자 했던 변선환의 신학을 백해무익한 것, 성장의 방해물로 여겼다. 평소 자신들의 신학적 열등감을 교세의 힘으로 벗고자 한 측면도 없지 않았다. 대학의 미래를 위해 10만평의 토지를 매입할 만큼 행정가로서의 역할도 컸으나 이들은 오로지 '종교다원주의' 올무만으로 선생님의 목줄을 옥죄었다. 사퇴를 요구하며 감신대 학장직을 흔들어댔던 것이다. 거칠게 말하자면 신학대학을 자신들 수중에 넣을 생각이었다. 물론 여기에 해묵은 감리교 지역정치도 작동했다. 당시 이북 출신 기독교인들 세력은 점차 줄었고 부흥사들이 양산한 남쪽 교인들 숫자는 급격히 늘어났던 것이다.

평안도에서 태어난 선생님은 교수직을 수행했던 이북 출신 마지막 학자였다. 좀 더 여유롭게 자연스레 세력 교체를 이룰 수 있었으나 부흥목사들은 자신들 힘의 과시, 정당성 확보 등을 이유로 성급했고 신학 문제를 이단 시비로 확대시켰다. 교세를 키운 부흥목사들이 교단 권력자가 되었고, 신학교 이사로 학문에 간섭하면서 마침내 종교재판이 열렸고, 토론 없이 만장일치로 선생님을 출교시켰다. 이렇듯 교권의 학문 침탈을 예감한 선생님은 이런 교단 분위기를 교수회에 전달했고 대응을 호소했으나 이사회와 연줄이 닿은 교수들 몇몇이 오히려 안에서 선생님을 흔들기 시작했다. 교권의 힘, 종교 권력에 편승하고 싶었던 것이다.

물론 선생님도 살 길이 없지 않았다. 많은 목회자들과 제자들이 선생님을 옹호했고 존 캅을 비롯한 서구 유명 신학자들이 그를 지지하는 서신을 보냈었다. 일간신문에 두어 차례 실린 여해 강원용 목사의 글도 어렴풋이 기억난다. 종교 문제가 이처럼 사회 여론을 주도한 경우도 드물었을 것이다. 내가 알기로 그를 아끼던 교단 정치가들 중 어느 누구는 선생님께 타협을 제시했다. 종교다원주의에 대한 신뢰를 공개적으로 철회하면 출교는 면해줄 것이라 했다. 교수(학장) 은퇴를 보장하겠다는 것이다. 하지만 선생님은 그것을 살 길이 아니라 '죽는 길'로 여겼다. 신학 담론을 정치적 타협의 대상으로 만들 수 없었던 것이다. 신학이 교단의 잣대로 평가되는 것을 걱정했고 신학자들 스스로 자기를 검열하는 현실을 깊이 우려했던 까닭이다.

염려한 대로 선생님 사후 우리들 신학 풍토가 그리되었으니 슬픈 일이다. 당시 선생님은 자신을 덴마크교회에 의해 내팽개쳐진 키에르케고어와 동일시했다. 자신이 사랑하던 감리교회로부터 버려졌지만 후일 순교자의 희생을 가슴 아파할 날이 올 것을 믿으며 버려진 것이다. 자기 동족으로부터 내쳐졌던 십자가상의 예수 역시 그의 심중에 떠올랐을 듯싶다. 자신 속의 분(?)을 삭이기 위해 얼마나 고통 속에 있었을까를 상상해 봤다.

이런 와중에도 선생님은 학위를 마치고 돌아온 제자들의 앞길을 걱정했다. 당시 선생님은 가장 많은 제자들을 키운 학자이자 선생으로 추앙되었다. 그럴수록 제자들이 한국 신학계를 위한 '노다지'가 될 것이니 '노터치(No Touch)'할 것을 부탁했다. 하지만 선생님의 제자로 사는 길 또한 쉽지 않았다. 선생님이 우리들의 삶에 '명예'이자 동시에 '멍에'가 된 것이다. 하지만 우리 다수는 기꺼이 멍에를 졌고 선생님의 명예를 지키고자 이 자리를 만들어 여기에 섰다.

당시 교권을 지닌 부흥목사들은 교리수호대책위를 꾸려 선생님 출교를 차근차근 준비했다. 맥락이 단절된 가짜뉴스를 만들었고 말뜻을 왜곡시켜 평신도들을 선동하고 여론을 만들었다. 어느 보수신학자의 이론을 금과옥조 삼아 토끼몰이하듯 선생님을 종교재판의 길로 내몰았다. 당시 선생님의 생각은 하늘에서 떨어졌거나 스스로 만든 것이 아니었다. 동서양 신학자들 사유를 공감하며 전해준 것이었다. 서구적 사유에 경도된 기독교, 민중을 외면한 부르주아 종교 대신 아시아적 종교해방신학을 주창하였다. 이는 탄생 100주년을 맞은 심원 안병무의 민중신학에 대한 토착화신학의 대응 차원이기도 했다. 그의 스승 유동식, 윤성범의 토착화를 넘어선 이런 '전회(轉回)'를 선생님은 자신에게 세례 베푼 신석구 목사의 유산이라 여겼다.

3.1선언 서명을 요청받은 신석구는 당대 선교사들의 지시 - 정치적 일에 관여하지 말 것, 타종교인들과 협력하지 말 것-

를 생각하며 망설였지만 결국 스스로 반칙했다. 민족 '독립'을 위해 '선'을 과감히 넘은 것이다. 33인 중 끝까지 변절하지 않았던 신석구 목사를 선생님은 자랑스럽게 생각했다. 종교재판 최후 변론 역시 신석구를 언급하며 시작한 것으로 기억한다. 감리교는 부흥목사들이 좌지우지할 교단이 결코 아니었다. 종교재판 이후 그들이 접수한 감리교회, 감리교신학대학교는 과연 성공했는가? 종교재판 바로 그 사건 이후부터 감리교가 쇠락했다는 것이 역사학자들의 평가이자 세인들의 감각이다. 대학도 교단도 교회도 예전 명성을 잃었고 인물도 키우지 못해 맛을 잃어 짓밟힌 소금이 되었다. 시대 탓도 있겠지만 결국 사람의 문제이고 정신이 실종된 결과였다. 돈이 복음을 굴복시켰고 자본에 교회를 팔았으며 교리(교단법)로 자신들 타락을 무마했으니 말이다.

우리 감리교 신학 역사는 교회 권력 및 자본의 힘에 굴복당할 만큼 가볍지 않다. 출중한 사상이 감리교로부터 비롯된 것을 교단은 알고 있는지 모르겠다. 선교 초기 서구 기독교를 다같이 수용했음에도 감리교 선배들은 달랐다. 서세동점 시기 복음을 받아들였으나 우리들 민족 주체성을 버리지 않았고 기독교 사회주의를 수용·발전시키며 달리 수용했고, 교파적 기독교를 넘어 자생적 환원운동을 일으킨 선각자들 모두

감리교 출신들이었다. 이들은 각기 동서 하늘을 연결지어 사유했고 민족을 넘어 가난(계급)을 생각했으며 교파 대신 기독교의 근원을 질문했다. 이를 주체성(토착성), 민중성, 전위성(근원성)으로 달리 일컫는 바, 당시 이런 사유 체제를 감리교 밖에서 찾기 어려웠다. 이렇듯 민족, 이념, 그리고 교리에 대해서 개방적이며 창조적으로 사유했기에 선교의 주제가 개화, 독립이었을 당시 여타 교단에 비해 앞설 수 있었다.

이후 '사상'이 아니라 '제도'로서의 교회가 중심이 되면서 친일 유혹에 굴복했고, 권력에 기생한 반공 기독교가 되었으며, 급기야 부흥사들은 자본주의적 기독교를 만들고 말았다. 교회는 성장했으나 사람을 키우지 못했고, 건물은 커졌으나 영혼을 축소시킨 결과였다. 교회 성장이 틀린 것도 불필요한 것도 아닐 것이다. 단지 그를 위해 신학을 거부하고 신학자를 내친 것이 문제였다. 초기 역사를 회억할 때 해석 손정도의 기독교사회주의, 해천 윤성범의 성의 신학, 일아 변선환의 종교(해방)신학, 원초 박순경의 통일신학, 조화순의 산업선교는 거부할 것이 아니라 더욱 부각해야 할 자산이다. 자본에 영혼을 빼앗긴 성장주의, 교리주의, 교권주의를 교정, 치유할 수 있는 힘이 거기서 비롯하는 까닭이다. 본디 목회와 신학은 쉽게 일치되기 어렵다. 목회적으로 정당해도 신학적으로 틀릴 수 있고 신학적으로 옳아도 목회적으로 수용하기 어려운 것이 당연하다. 하여 긴 시간 서로 존중하며 수렴되는 과정을 기다리는 것이 순리이거늘 30년 전 우리 역사는 이들 차이를 종교재판으로 없애려 했다. 이는 종교적 폭력인 바, 사상적 퇴보를 낳았고 교회를 타락시켰으며 신앙을 교리로 축소시켰다. 신학교에 신학은 없고 목회 기술만 가르치는 현실도 여기서 비롯했다.

30년 전 망우리 금란교회에서 개최된 종교재판 현장 모습이 지금도 생생하다. 수백 명의 학생들이 선생님을 지키려 금란교회로 향했으나 교회 출입문마다 건장한 사람들 수십 명이 지켜 서서 학생들을 막아섰다. 밀고 밀리는 과정에서 학생들 상당수가 맞아서 다쳤고 그럴수록 재판 반대 구호를 교회 쪽을 향해 내뱉었다. 교회 안에서는 이미 교인들 수천 명이 방청객으로 앉아 '출교'를 소리치며 분위기를 만들고 있었으며 강단에는 상당 수의 종교 재판관들이 검은 옷을 입고 자리했다. 선생님을 심문하는 그들은 대개 후배였거나 심지어 선생님께 배운 제자도 있었다.

그날 최후 변론 자리에도 선생님은 한가득 책을 싸 들고 가셨다. 본인이 썼던 글과 말의 내용이 이런저런 책 몇 페이지에 있다고 밝히며 세상의 소리, 학문의 가르침을 외면하지 말 것을 재판관들에게 단호히 일갈했다. 자신을 죽이라 외친 동족들에 대한 예수의 연민을 선생님에게서도 느낄 수 있었다. 상당한 시간 동안 선생님은 종교재판 법정에서 홀로 고독하게 자신을 변증했다. 그때마다 방청석에선 교인들의 조롱과 야유가 터져 나왔다. 결국 그 자리에서 선생님은 출교 처분을 받으셨다. 이후부터 선생님을 교회 강단에 세우는 목회자는 처벌을 받았다. 진급 중에 있는 이의 진급을 취소했고 종교다원론자라는 낙인을 찍어 목회의 길도 막았다. 이런 잔인한 현실을 목도한 선생님의 삶이 얼마나 외로우셨을까? 이를 지켜보는 가족들의 심정 또한 형언할 수 없을 만큼 참담했을 것이다.

이런 고통 속에서도 선생님은 글을 쓰셨다. 원불교 대종사인 소태산 탄생 100주년 기념 논문을 오래전에 부탁받으셨던 것 같다. 더운 여름 한강변을 산책하다 돌아오셔서 글을 쓰다 갑작스레 세상을 떠나셨다. 가중된 고통이 선생님 삶을 일찍 마감하도록 한 것이리라. 나는 선생님의 유고를 들고 원광대학교에서 글을 대독했다. 원불교 측에서 행사 전 선생님을 기리는 묵념의 시간을 준비해 두었다. 행사 후 만나는 사람들마다 선생님이야말로 참 그리스도인이자 목사였음을 증언해 주었다. 예수의 죽음을 보고 그가 하느님의 아들이었음을 고백한 최초의 사람이 이방인 백부장이었듯이 말이다.

지금도 선생님의 죽음은 교회 밖에서, 아니 감리교 밖에서는 이렇듯 아프지만 귀하게 기억되고 있다. 하지만 30년, 한 세대가 지났음에도 어떤 성찰과 반성 없는 신학교를 비롯한 감리교단의 현실이 안타까울 뿐이다. 한국적 영성가 이용도 목사를 내쳤던 감리교였기에 사실 큰 기대를 접은 상태이다. 물론 그를 다시 수용했지만 당시 태도가 불경스러웠다. 죄책 고백도 없이 사건 설명과 함께 고작 박수 쳐서 사건을 종료했던 것에 대해 분노가 생길 정도였다. 살인자(?) 안중근을 내쳤다가 다시 받아들인 가톨릭의 태도와 견줄 때 하늘과 땅 차이를 느낀다.

당시 교리수호대책위를 이끌었던 고 김홍도 목사로부터 선생님 사후 20여년이 지난 어느 날 한 통의 전화를 받은 적이 있다. 수업 중이어서 경황이 없었으나 그분은 "나 김홍도야"라는 말로 통화를 시작했다. 전화 이유는 다음과 같았다. 대략 3개월 전쯤 정희수 UMC 감독 주관으로 재미 동문들과 함께 미국 드루(Drew)대학에서 〈변선환 심포지엄〉이 크게 열렸다. 저명한 미 대학교수들이 참여했고 한국에서도 제자 교수들 여럿이 함께했다. 이 사건을 〈한겨레〉 조현 기자가 "변선환 다시 부활하다"라는 제목으로 종교란 전면에 기사화했다. 바로 이 기사를 접한 후 전화를 했던 것 같다. "나 아직 안 죽었어. 까불지들 마"로 말이 이어졌다. 엉겁결에 "저희도 아직 안 죽었습니다"로 응답했고 수업 중이라 전화를 끊었다.

이제 김홍도 목사도 고인이 되었고 교리수호대책위도 역사 속에서 사라졌다. 선생님의 첫 제자들 다수도 현직에서 물러났지만 역사는 바로잡혀야 한다. 이것이 "저희도 아직 안 죽었다"고 답한 이유다. 이번 행사를 준비하며 선생님이 소속했던 서울연회가 종교재판 20년에 즈음하여 보고서를 묶어 낸 것을 알았다. 살펴봤으나 앞서 말했듯 한 사람 보수신학자의 반박에 잇댄 평가를 결론 삼았다. 하여 우리는 새로운 〈백서〉를 만들기로 했다. 내년 이맘때쯤이면 출중한 감리교 역사신학자들의 도움을 받아 출판이 되어 있을 것이다. 왜 종교재판이 벌어졌는지, 당시 법정에 섰던 심문관들이 어떤 사람들이었는지, 여론몰이로 진행된 재판 과정이 얼마나 불공정했는지, 왜 그들이 신학(사상)에 사형선고를 내렸는지, 종교재판의 후유증이 얼마나 컸는지 제대로 짚어 기록으로 남길 것이다. 아울러 그의 탄생 100주년이 되는 해를 기려 선생님의 〈평전〉도 몇몇 제자들의 수고로 세상에 선보일 예정이다. 그의 삶과 사상을 제대로 풀어내면 과거 자신들의 행위를 부끄럽게 여길 사람들이 적지 않을 것이다.

선생님 때문에 학교를 떠나지 않고 목회자로 은퇴할 수 있었다고 고백한 제자들의 고백, 그의 신학을 사실 적합하게 느끼며 힘겹지만 씨름하며 살았던 교단 안팎의 목회자들의 증언도 수록될 것이다. 선생님의 제자들이 펼쳐낸 다차원적인 삶의 여정들 즉 학자는 물론 교회 감독, 위대한 설교자, 영성가, 문학가, 연극인, 평화기획자, 환경실천가, 도시빈민 활동가, 대안학교 선생으로 살았던 흔적들도 모아질 것이다.

30주년을 맞는 이 시점에도 감리교단에 종교재판의 망령이 떠다닌다. 선생님 손주뻘 되는 40대 현직 목사가 이런 올무에 걸려 고통 중이다. 기독교만의 그들 세상(중세)에서 일어났던 일로 끝나야 마땅할 과거사임에도 말이다. 자진하여 교회를 떠난 사람들 수가 부지기수인 정황에서 종교재판, 출교란 말은 사회의 웃음거리가 될 것이다. 정작 자신들 시시비비를 세상 법정에서 가리는 현실에서 종교재판의 권위가 얼마나 있겠는가? 예수를 희생양 삼았던 유대 성직자들처럼 그렇게 기독교 역시 그런 구조로 자신을 유지, 존속시켜 왔다. 뭇 유대인을 죽였고, 유색인종을 희생시켰으며, 이웃 종교인들을 부정했으며, 급기야 성소수자들을 환자로 취급하고 있다. 자기 부정의 길을 가야 할 기독교가 타자 부정을 통해 자기 정체성을 유지한 결과였다.

우리 역사 속의 사건들, 4.3을 비롯하여 여순사건, 보도연

맹 희생자들 모두 동일 선상에서 일어난 비극이었다. 반공 이념으로 북을 적대하던 기독교가 이슬람과 반목했고 이제는 우리 시대의 뭇 낯선 이들에게 정신적 폭력을 가했다. 정작 자신은 자본의 노예로 전락한 종교 권력의 허상에 갇혀 있으면서 말이다. 선생님은 이런 기독교가 되는 것을 누구보다 앞서 걱정했다. 그럴수록 전통과 세상을 향한 열린 시각을 갖고 대화를 시작했던 것이다. 자신을 '변 실존' 즉 거듭 변하는 것을 자신의 실존이라 여기면서 말이다.

향후 다른 30년을 달리 살지 못한다면 우리 민족은 기독교를 추방하고 말 것이다. 종교재판 30년을 맞아 한국교회, 감리교단이 온몸으로 깨쳐 알아야 할 진리가 있다. 그것은 기독교란 본래 '죽어야 사는 종교'라는 사실이다. 그런 종교여야만 우리 민족이 너그럽게 받아 줄 것이다.

끝으로 한 역사적 사실을 소환하여 종교재판 30년 이후를 걱정해 보겠다. 1901년 러시아정교회는 성직(교권) 제도와 사유재산 철폐를 주장하는 톨스토이를 종교재판하여 출교시켰다. 하지만 많은 민중들은 톨스토이를 지지했고 그의 정신을 따랐다. 그럴수록 러시아정교회는 그의 흔적을 지우고자 기를 썼다. 민중들 의식도 점차 희미해져 갔다. 톨스토이를 역사에서 지운 것 같아 그들은 환호했다. 하지만 이후 러시아가치러야 할 대가는 너무 컸다. 그의 신념과 주장이 공산주의 혁명을 통해 이루어진 것이다. 더 큰 시민적 저항을 마주하기 전에 한국교회가 유념할 역사적 교훈이리라.

새로운 학문공동체를 세워야

 선생님 사후 4반세기가 지났습니다. 참으로 긴 시간입니다. 선생님 탄생 100주년이 3~4년 앞으로 다가왔습니다. 그동안 젊었던 우리들도 60대 후반, 억수로 장맛비가 몰아쳤던 선생님의 소천 시의 나이에 이르렀습니다. 평생 가르치던 학교도 떠났고 자기 삶을 반추, 성찰할 시기가 된 것입니다. 지금 제 귓가엔 '메멘토 모리'를 제목 삼아 설교하시던 선생님 목소리가 쟁쟁하게 들립니다. 우리도 어느덧 선생님의 그 순간을 살고 있는 듯싶습니다.

 최근 한 식사 자리에서 원로 여성신학자로부터 선생님에 대한 이야기를 들은 적이 있습니다. 한국기독교학회 회장직을 수행하실 때 여성신학회를 본회에 가입코자 했으나 선생님께서 반대하여 당해 뜻을 이루지 못했답니다. 한 여성신학회 월례회에서 이들 발표를 들은 선생님은 자신의 과오를 전하며 이후 여성들의 신학적 문제의식을 적극 지지하셨습니다. 이 소식을 전한 원로 여성신학자는 한발 늦었으나 선생님의 응원이 이후 자신들의 활동에 큰 힘이 되었다고 했습니다. 옳은 것을 옳다고 말하며 자신의 과오를 인정한 선생님께 머리를 숙이게 되었다고 고백했습니다. 이런 연유로 선생님은 "여성신학은 신학의 꽃이다"란 말을 남기셨지요. 지난 20주기에 그 글이 붓글씨로 쓰여졌고 액자 속에 담겨 횡성 현장아카데미에 소장되어 있습니다.

이런 말씀을 드리는 것은 선생님의 '신학사랑'을 말하기 위함입니다. 선생님은 늘상 신학적 사유에 개방적이었습니다. 동서고금, 남녀노소, 그 누구의 견해일지라도 들을 것이 있으면 귀를 기울였고 자신의 것으로 삼고자 애썼습니다. 과거 지식에 안주하지 않았고 늘상 배우고자 했던 호학의 선비였지요. "교회 밖에도 구원이 있다"는 초창기 선언, "성서의 하느님은 우리 민족의 신이기도 하다"는 명제, 그리스도를 인간 실존(책임성)의 상징으로 봤던 비케리그마화의 신학, 종교의 민중해방적 기능과 종교 자체의 해체를 통한 종교해방의 선포, 급기야 여성신학을 신학의 꽃이라 여긴 것은 모두 선생님의 '신학사랑'의 표현들이었습니다. 하지만 정작 이 일로 선생님은 외로웠고 제도로부터 내몰렸으며 교계로부터 출교를 당했습니다.

학교를 떠나며 제자들 앞에서 선생님은 자신을 키에르케고어와 견주며 순교자의 길을 간다고 말씀하셨습니다. 타협할 여지도 많았고 다른 살 길도 있었으나 선생님은 신학을 위해 순교의 길을 택했습니다. 이것이 선생님의 신앙이었고 하느님 사랑의 표현이었습니다. 자신의 순교로 선생님은 제자들의 살 길을 열어 주고자 했습니다. 제자들의 살 길, 그것은 맘껏 신학적 사유를 펼치는 일이었을 것입니다. 선생께서 따르고자 했던 키에르케고어가 한 말을 인용해 보겠습니다.

"폭군이 죽으면 그의 통치가 끝나지만 순교자가 죽으면 그의 통치가 시작된다."

아마 선생님은 자신의 죽음으로 신학이 조롱받지 않는 세상, 형형색색의 신학이 만개하는 교계, 해방의 신학과 함께 신학의 해방을 꿈꾸며 기대했을지도 모르겠습니다. 키에르케고어 사후 그의 실존철학이 한 세대를 풍미했듯이 말입니다.

지난 25년을 지나면서 우리는 우리의 스승이 출교를 당한 분이라는 사실을 알았으나 잊고 살았던 것 같습니다. 선생님의 출교를 우리 삶의 멍에라 여겼지, 명예로 만들며 살았던

가를 되짚어 생각해 봅니다. 예수의 죽음이 부활로 이어졌듯이 키에르케고어의 순교가 실존의 시대를 열었던 것처럼 우리 스승 변선환의 출교를 그렇게 만들어 갔던 것인지를 아프게 성찰합니다. 선생님은 신학을 위해 자신을 바쳤건만 우리는 생존을 이유로 각자도생의 길을 선택했습니다. 마치 십자가 처형 이후 제자들이 살 길을 찾아 흩어졌듯이 말입니다. 하지만 성서는 이런 우리들 마음이 뜨거워져 발길이 돌려질 수 있음을 환기시킵니다. 엠마오의 제자들이 그랬듯이 말이지요. 이런 마음으로 오늘 본문을 택했고 말씀을 생각해 보겠습니다.

마가복음서는 예수의 마지막 일주일의 삶의 여정을 요일, 시간대로 잘 서술한 책입니다. 전체 16장 가운데 절반 정도가 예루살렘으로 향하는 마지막 일주일의 기록으로 채워졌습니다. 오늘 본문은 우리가 종려주일로 추억하는 수요일에 발생한 일이었습니다. 지난 3년을 예수의 제자로 살았던 존재들이 있었습니다. 스승의 입에서 전해지는 수많은 말을 들었겠지요. 같이 먹고 마시며 희로애락을 함께한 사이였을 것입니다. 하지만 이들은 정작 예루살렘으로 향하는 예수 발길의 의미를 알지 못했습니다. 당시 누구에게나 예루살렘은 출세와 성공의 상징이었습니다. 예수가 사랑했던 몇몇 제자들 역시 마음이 한껏 들떴던 모양입니다. 이들은 예루살렘에 가면 누가 더 높을까를 두고 시비를 했습니다. 예수가 왕 될 것을 꿈꿨고 그 오른편, 왼편에 앉을 것을 희망하면서 말입니다. 요한의 어머니는 자기 아들의 성공을 위해 예수께 간청까지 했습니다. 3년을 같이 지냈으면서도 자신의 마지막 발길의 뜻을 잃어버린 제자들을 바라보는 예수의 심정은 참담했을 것입니다. 이런 비참함 속에서 나온 말씀이 오늘 읽은 본문입니다. "인자는 섬김을 받으러 오지 않고 섬기러 왔다. 누구든지 으뜸이 되고자 하는 이는 종이 되어야 마땅하다."

지금 저희는 선생님 사후 25년 되는 해에 다시 모였습니다. 예수 사후 40~50년 시점에 마가가 회중에게 오늘 말씀을 전했듯이 저희도 그 말씀을 갖고 일아 선생님의 삶을 생각하고 우리들 삶을 성찰하고 있습니다. 자신의 순교로 신학이란 학문이 찬란하게 꽃피기를 바랐던 선생님이었습니다. 자신은 역사 뒤편으로 사라지나 제자들은 살아남아 자신의 뜻을 펼쳐주기를 바랐습니다. 우리를 당신의 노다지(No-Touch)로 불러 주었습니다. 선생님은 우리를 노다지로 여겼으나 우리는 자신을 노다지로 만들지 못했습니다. 선생님만큼 학문을 사랑하지 못했고 이 일에 목숨 걸지 않았으며 척박한 교계 현실과 씨름하지 못했기 때문입니다. 서로 혼자였기에 힘과 뜻을 잃어 스승의 꿈을 이루지 못했습니다. 각자도생에 충실했을지는 모르나 순교자의 세상을 만들어내지 못했습니다.

신학교가 점차 천박해지고 있어서 많이 걱정스럽습니다. 선생님께서 어머니라 부르던 감신의 미래가 무척 빠르게 사라지는 듯싶습니다. 신학이 사라졌습니다. 아니 신학 속에 담겨야 할 열정이 식었습니다. 새로움에 대한 호기심, 상상력의 쇠퇴, 부패가 만연한 것 같습니다. 온통 저마다 높아지려고 하니 율사들 배만 불리는 송사가 감리교단에 차고 넘치고 있습니다.

이제 선생님 탄생 100주년을 눈앞에 두고 학문공동체를 제안하고 싶습니다. 흩어졌던 발길이 다시 중심으로 모이면 좋겠습니다. 그것이 다시 눈 뜨는 것이자 방향을 바꾼 제자들의 삶의 모습일 것입니다. 혼자는 외롭고 함께는 괴로운 것이지만 지금껏 홀로였기에 이제는 '함께'를 생각할 시점입니다.

학문공동체, 그것이 무엇일지 상상해 보십시다. 이제는 선생님의 가르침을 넘어 더 큰 세계로 나아가야 할 때입니다. 어머니 감신에는 다른 곳에 없었던 자랑할 만한 유산들이 많습니다. 우리가 배웠던 토착화 전통을 비롯하여 독립운동을 주도한 사회주의 흐름도 존재했으며 교파적 기독교를 넘어선 그리스도 환원운동도 감신에서 시작되었습니다. 풀무학교를 세운 초창기 멤버들도 감신과 유관하며 이후 평신도운동의 주창자가 되었습니다. 이런 우리들 역사를 다시 소환시킵시다. 홀로는 할 수 없는 일입니다. 그래서 학문공동체가 필요합니다. 이것이 "서로 사랑하라" "서로 종 되라"는 예수의 절규, 유언을 실천하는 길이라 믿습니다. 학문공동체를 통해 우리들 속의 얼이 깨어날 때 내몰린 스승이 다시 돌아오게 될 것입니다. 이를 일컬어 예수의 부활 사건이라 말할 수 있지 않겠습니까?

 십자가에 처형된 예수는 제자들에게 무거운 멍에였지만 결국 명예가 되었습니다. 그래서 그들도 기꺼이 예수의 길을 갔습니다. 길을 가다 길이 된 존재가 제자입니다. 마찬가지로 출교당한 우리들 스승도 멍에였지만 동시에 명예로 만들어 내야 옳습니다. 이 나이를 살아보니 중하고 귀한 것이 무엇인지 예전보다 더 잘 보입니다. 후학들의 삶을 더 챙겨주어 사상의 흐름이, 감신의 얼이 단절되지 않도록 하는 것이 선생님의 25주기를 추모하는 본질이라 확신합니다. 예수 사후 하느님나라 대신 교회가 생겼듯이 일아 선생님 사후 학문공동체가 새롭게 생겨나 지금의 아키브를 대신하는 역할이 있기를 소망합니다. 이것이 실패한 제자가 되지 않는 길이라 믿습니다.

실패한 제자들, 그 이후

봄이 무르익고 있으나 윤석열 대통령 대일 외교 실책을 두고 우리 사회가 다시 두 쪽으로 갈라져 싸우고 있다. 지난 3.1절, 순국 선혈을 추모하는 자리에서 우리는 대통령 입을 통해 평소 일본이 주창하던 식민지 근대화론을 듣게 될 줄은 생각도 못했다. 방일 중 윤 대통령이 강의했던 게이오대학은 이런 정신을 확대 재생산시키는 곳으로 유명하다. 한국 사회에 물의를 일으켰던 『제국의 위안부』란 책도 이 대학과 결코 무관치 않다. 더욱 놀랍고 기막힌 것은 대통령이 이런 기조에 맞게 자기 소신을 밝혔다는 사실이다.

이런 배경에서 정부는 자발적으로 대법원 판례를 깼고, 자위대의 한반도 파병에 길을 텄으며, 한일 양국 간 WTO 무역 분쟁을 취하했다. 미국의 의중이 작용된 결과였겠으나 이렇듯 굴종 외교는 국민들 자존심에 큰 상처가 되었다. 새 시대를 위한 대승적 결단이었다고 말하지만 원전 오염수에 중독된 해산물을 먹고 '독도는 우리 땅'이라 노래할 수 없는 우리 손주들의 현실이 정작 직면할 우리들 미래라 생각하니 걱정이 크다. 국가안보를 위한 한·미·일 공조 차원이라 말해도 설득되지 않는다. 그만큼 북·중·러의 결속 또한 강해져 전쟁 위기를 부추길 수 있는 탓이다. 결국 인류 평화와 민족 전체를 살펴야 할 이 땅의 정치인들, 그들의 과한 정치 욕심이 자신들 눈을 멀게 한 결과일 것이다. 술사 천공의 마법에서 벗어나면 눈을 뜰 수 있을 것인지 모를 일이다. 이 글의 제목은 이런 차원에서 떠오른 주제이다.

이번 글의 주제와 성서는 모두 마가복음에 기초했다. 복음서에 기초 지식이 있다면 마가복음이 예수 수난에 초점을 맞춘 기록이라는 것을 쉽게 알 수 있다. 복음서 중 가장 짧은 책(16장)인데 그중 예수 생애의 마지막 일주일, 소위 종려주간이라 불리는 한 주간에 걸친 예수 수난에 대한 이야기가 절반에 가깝다. 그만큼 '수난'이 마가복음서의 핵심이다. 그 의미를 강조하기 위해 일주일, 하루의 시간도 쪼개서 세밀하게 예수 수난(The Passion of Christ)을 서술했다. 물론 이때 'Passion'을 '수난'으로 번역할지 '열정'이란 단어를 택해야 할

지 논쟁의 여지는 있다. 전자일 경우 대속적 죽음의 의미가 부각될 것이며, 후자의 경우 예수의 하느님나라 운동, 그 능동성이 강조될 것이다. 최근 역사적 예수 연구자들은 후자의 해석을 취한다. 하지만 이 둘을 분리시킬 이유는 많지 않다.

이번 글의 논지가 아닌 탓에 빗겨 가겠지만 나는 양자를 함께 사유하는 편이다. 예수의 역사성을 곧장 신앙적 의미(케리그마)로 수용할 여지가 없는 까닭이다. 여하튼 마가복음서에서 수난은 예수의 실패한 제자들 이야기와 연결되면서 그 의미를 더욱 굳고 깊게 만든다.

소위 실패한 제자들의 이야기는 예수의 마지막 일주일 중 수요일에 있었던 사건으로 기록되었다. 예루살렘으로 오르는 도상에서 예수의 제자들 사이에서 '누가 높은가?'를 두고 갈등과 논쟁이 벌어졌다. 정작 예수는 십자가를 질 것을 작정하고 가장 앞서 예루살렘으로 향했고 장차 자신이 당할 일을 제자들에게 조금씩 알려주고자 했다. 하지만 제자들 누구도, 심지어 예수가 가장 사랑하던 요한조차도 이를 귀담아듣지 않았고 형제 야고보와 '누가 높은가'를 두고 다투기 시작한 것이다. 익히 알 듯 제자들은 이미 예수와 3년이란 세월을 함께 지낸 존재들이었다. 오늘 우리로 치면 수십 년 교회 생활을 한 것과 비교될 수 있겠다. 많은 말씀을 들었고 예수의 뭇 이적을 경험했으며 예수에 대한 신뢰도 제법 쌓은 우리들 말이다. 함께 밥을 나누며 울고 웃던 경험도 무수히 많았을 것이다.

긴 세월 함께 지냈으나 마지막 순간에 이르러 예수와 제자들 사이에 다른 생각이 오갔다. 마가가 주목했던 바, 그들 사이에 동상이몽, 동문서답이 노출된 것이다. 정작 예수가 죽어야 할 곳, 예루살렘을 자신들 출세 장소로 여긴 탓이었다. 가장 사랑받던 몇몇 제자들이 이스라엘 왕이 될 예수를 상상하며 그 좌우편에 앉아 그간의 고생을 보상받고자 했을 것이다.

마가는 이런 제자들을 '실패한 존재'로 규정했다. 마지막 일주일, 십자가 사건이 있기 바로 몇 날 전에 예수는 이렇듯 실패한 제자들을 지켜봐야만 했던 것이다. 조만간 닥칠 십자가 처형의 두려움보다 실패한 제자들 모습이 예수에게 더 절망과 고통을 안기는 일이었다.

예수 사후 50~60년 후에 자신의 복음서를 썼던 마가는 회중에게 이 점을 각인시켰다. 당시 그들처럼 자신들 또한 동문서답했던 실패한 제자들이 아닌가를 거듭 물었던 것이다. 그렇다면 실패한 제자들 이야기는 마가복음서를 읽는 오늘 우리들 이야기일 수밖에 없다. 예수와 우리들의 꿈이 같은지 다른지를 생각해 봐야 할 것이다. 예수의 제자가 되는 길은 단연코 신앙 년수는 물론 직책, 신분과 상관이 없고, 총칭하여 교회 충성도로 가늠할 수는 없다. 행여 예수 믿는 목적을 현세의 축복과 내세의 영생 및 천국을 보장하는 일로 선포하고 세상 축복을 위해 교회 구성원이 되라고 선교했다면 마가는 이를 '실패한 제자'로 규정할 것이다. 예수 수난을 강조했던 마가로서는 살아있는 감각을 갖고서 예수의 마음을 헤아려 예수의 '곁'을 지키는 것을 제자의 길로 여긴 까닭이다. 같은 기독교인이지만 세상을 읽는 눈, 정치적 판단이 갈리는 것도 이 점에서 고민할 사안이다. 신학자 이신의 '새 그리스도로지(New Christology)' 일부를 소개한다.

"… 그러니 그분은 '나를 믿어 달라'고 요청하시는 것보다 내 속을 좀 알아달라고 하십니다. 그것은 믿는다고 말할 때는 그에게 기대는 종의 버릇으로 대하기 쉽기 때문입니다. … 그래서 이제는 나를 모방하지 말고 네가 서 있는 자리에서 너희들 나름으로 사람답게 살아가라고 하십니다. 너희들 나름의 창의력을 가지고 삶을 보람차게 해보라는 것입니다. 남의 흉내를 내지 말고 너는 네 나름으로 너희 생을 창조해 가라고 하십니다.…"
- 『돌의 소리』 이신 지음, 동연, 2012.

이 시가 말하듯 우리는 예수의 마음속을 헤아리지 못했다.

예수의 이름을 빌려 자본주의 시대에 걸맞는 화려한 욕망을 꿈꿨을 뿐이다. 말로는 예수의 종이라 하면서 그분을 자신들 의지의 노예로 부린 것은 아닌지 모르겠다. 제자라 하면서 헛된 꿈을 꾸었던 종려주일의 제자들처럼 말이다. 하여 작금의 우리들 교회 자화상을 실패한 제자들의 모습으로 그려도 결코 과하지 않다. 우리를 비하할 목적에서가 아니다. 실패했음에도 다시 옳게 설 수 있는 길이 있다고 믿어서이다.

높은 곳을 탐하지 않고 '섬기러 왔다'는 것이 제자들 분쟁에 대한 예수의 답변이었다. 자신이 예루살렘으로 향하는 것도 이 삶을 가르칠 목적이란 것이 마가의 증언이다. 자신을 쫓던 제자들의 실패를 처절하게 지켜보며 하신 예수의 말씀이었다. 그런데 우리는 어떠한가? 여전히 누가 높은가를 두고 분쟁하고 있지 않은가. 이런저런 명분을 앞세워 자리(직위)를 돈으로 사기까지 하는 것이 요즘 풍토가 아니던가. 세상에 면을 세울 길 없으니 그럴수록 더욱 무례해지거나 권력에 비굴해졌다. 누구도 교회에서 선한 것을 기대하지 않으니 우리들 성직자의 현(생)존이 비참할 지경에 이르렀다.

이런 우리에게 마가는 다시 묻는다. '눈을 옳게 떴는가?' 하고 말이다. 마가가 실패한 제자들 이야기에 앞이 안 보이는 바디매오의 눈 뜨는 사건을 잇대어 편집한 이유가 여기에 있다. 눈을 뜨면 실패를 벗을 수 있는 힘이 생긴다는 것을 말할 목적에서였다. 여기에는 우리들 역시 앞이 안 보이는 자와 다름없다는 사실이 전제되었다. 기분 나쁠 수도 있겠다. 화려한 가운을 입은 분들을 비롯한 신앙인을 눈 먼 자라 했으니 말이다. 하지만 예수가 종종 유대인들을 향해 눈 먼 자라 불렀던 사실을 기억하라. 그들처럼 "언제 눈 먼 자가 된 적이 있었는가?"를 항변하기 전에 '실패한 제자'들 모습을 먼저 떠올리면 좋겠다. 옳은 판단을 위해 두 눈이 있고, 항시 눈 떠 옳게 세상을 봐야 했지만, 그 눈이 한 눈을 팔아 제 역할을 못한 적이 얼마나 많은지 성찰부터 할 일이다. 눈이 팔리면 소중한 일을 그르치게 된다. 무엇에 눈이 팔려 볼 것을 놓친 것일까? 말하지 않아도 충분히 가늠할 수 있을 것이다.

3년을 예수와 함께 지냈던 제자들도 눈을 팔아 봐야 할 것을 놓치고 말았다. 그들의 동문서답과 동상이몽을 기억할 일이다. 앞서 평화를 생각하고 민족 역사와 주권을 지켜야 할 정치인들이 한눈 팔아 나라를 부끄럽게 한 죄를 적시한 것도 이런 연유에서다. 팔린 눈, 감긴 눈이 문제였다. 하여 한국적 기독교 사상가 다석(多夕)은 "눈, 얼마나 보는 눈일까?"를 우리에게 묻고 있다. 우리는 정말 얼마나 옳게 보며 살았을까? 팔리고 감긴 눈 가지고 제대로 보았다고 우긴다면 그것만큼 대죄가 없을 듯싶다. 누구보다 정치인과 종교인들이 눈을 떠야, 한눈을 팔지 않아야 세상이 옳게 되는 까닭이다.

5월은 성령강림의 절기이다. 예수를 비롯하여 우리를 가르쳤던 여러 스승들 생각도 많이 나는 때이다. 한마디로 성령, 그것은 나보다 더 큰 힘이 내 속에 들어오는 사건이리라. 부분적으로 알던 것을 온전히 알 수 있는 기회라 할 수 있을 것이다. 소아를 대아로 만드는 일로 여겨도 좋겠다. 우리의 스승 예수, '제 뜻 버려 하늘 뜻' 구한 그분을 옳게 보고 믿되 그분처럼 되고자 애쓰는 성화의 때이기도 하다. 그렇다면 지금껏 굳은 때처럼 달라붙어 있는 '누가 높은가?'의 욕망을 온전히 벗겨내야 한다. 거룩의 이름으로 포장된 욕망은 너무도 추하고 더럽다. 예수의 이름으로 다른 세상을 선포할 힘을 길러야 할 때이다. 뜻이 생기면 생존은 절로 되는 법이다.

 "누가 높은가?"가 아니라 '눈을 떴는가?'를 먼저 묻고 답할 때가 되었다. 이것이 성령강림의 절기에 우리들의 궁극적 관심사가 되어야 한다. 눈을 떠야 뜻도 다시 보일 것이기 때문이다. 우리가 눈 떠 예수를 바로 볼 때 세상 권력도 우리를 두렵게 여길 것이고, 소망의 이유를 여기서 찾아야 할 것이다. 종전 70년의 해에 이 땅을 평화의 땅으로 만들 책임도 우리들 몫이다. 3.1정신을 이끌었던 기독교, 그때의 눈을 회복해야 하지 않겠는가.

내가 생각하는 토착화
- 한국적 신학에 대한 단상

며칠 전 스승의 날을 맞아 제자들과 함께한 저녁식사 자리에서 평소 생각을 나누었다. 모두 학위를 마친 학자들이었지만 옛적 내가 그랬듯이 신학교 틀에 갇혀 있거나 목회 현장에서 적응하느라 쩔쩔매는 상황이었다. 이하 내용을 나누고 돌아설 때 이구동성으로 신학함에 있어 '얼'이 모처럼 다시 깨어났다고 토로했으니 이후 삶에 조금이라도 영향을 미쳤으면 좋겠다. 삶이 어려운 탓이겠지만 신학하는 사람들, 신학자들 영혼의 크기가 작아지는 현실을 두렵게 생각해야 한다. 신학의 언어가 쓸모없어지는 것도 걱정스럽다. 그럼에도 우리는 무용지용, 쓸모없는 쓸모로서의 신학을 위해 정성을 다해야만 한다. 쓸모없는 것이 쓸모 있게 여겨지는 세상을 만들기 위함이다. 신이 인간이 된 성육신이 토착화신학의 근거라 할 때 이 신학 전통 속에 몸담은 우리의 삶 역시 부끄럽지 않아야 할 것이다.

나는 본래 영락교회 출신이다. 그 재단 소속 학교인 대광중고등학교를 다닌 것이다. 중학교 3학년을 끝내고 친구 따라 작은 감리교회로 이적했으며 그곳에서 만난 장기천 목사님의 영향으로 감신에 입학했고, 장기천 목사님과 친구지간인 일아(一雅) 변선환 선생을 사사했다. 자연스럽게 토착화신학 전통을 배웠고 기독교와 유학의 대화를 주제로 박사학위 논문을 마친 후 30년을 모교 감신대에서 가르쳤으며, 정년을 4년 반 앞두고 명예퇴직을 했다. 이제 정식 은퇴할 나이도 지났다. 새롭게 시작되는 은퇴 이후의 삶을 생각하며 언제까지가 될지 모를 나의 신학적 과제를 서술해 보겠다. 긴 글로 다시 쓰여질 것을 기대하며 스승의 날 찾은 제자들과 나눈 이야기 속내를 짧게나마 내비쳐 본다.

사실 명퇴를 작정하기 몇 년 전부터 나의 신학에 작은 변화가 시작되었다. 세월호 참사를 목도하고 '생명평화마당'을 통해 '작은교회' 운동을 주도하면서 자타가 이를 감지하기 시작한 것이다. 재직 중 나는 탁사 최병헌에게서 시작되었고 윤성범을 거쳐 변선환에게서 꽃피운 토착화신학 전통을 잇고자 애썼다. 토착화 2세대란 평을 들었으며 제자들을 3세대로 키우기 위해 때론 민중신학과 토론하고 민족 개념을 재구성하는 방식으로 나름 역할을 했다. 동학을 비롯하여 유불선 동양 종교와 문화를 연구했고, 기독교의 배타적 절대성을 극복하고자 일아 선생처럼 서구 종교다원주의 사조를 방편 삼았다. 기독교의 배타적 '오직(Only)' 사유를 극복하기 위해 포스트모더니즘과 더불어 출현한 다원주의 신학사조의 도움도 적지 않게 받았다. 하지만 토착화신학은 이에 만족하지 않았고 거기에 머물지 않았으며 근간에 있어 이들과 같을 수 없었다.

토착(뿌리내림)을 넘어 항시 토발(솟구침)을 꿈꾼 까닭이다. 그럼에도 토착화를 서구 다원주의 신학의 아류로 생각한다면 큰 오산이다. 서구신학은 어떤 것이든지 각주일 뿐 본문이 될 수 없다는 것이 토착화신학의 출발점인 까닭이다. 나는 다석(多夕) 유영모의 귀일신학(歸一神學)이 서구 종교다원주의 신학과 변별된다는 이야기를 수없이 했고 그 실상을 여러 곳에서 밝혔다. 다석 연구자들 간 견해 차가 생긴 것은 실존적 차원에서 비롯했을 것이다. 교회와 대학 그리고 사회, 어느 곳에 발 딛고 서있는가에 따라 담론의 무게 중심이 달라졌을 것이다.

어느 순간 나 역시도 기존 토착화 전통에 만족할 수 없었다. 과거 문화를 소중히 여기며 민족 주체성을 일깨워 주었으나 정작 정치적 보수성에 고개를 좌우로 저어야 했다. 선배 신학자들의 무색무취한 정치 성향, 이에 더해 태극기 부대에 편승하며 가짜뉴스를 진실처럼 매개하는 이들의 적극적(?) 역할마저 목도했던 까닭이다. 기존 토착화 스승들, 소위 문화신학자들이 종교해방신학자 변선환 이전으로 퇴행한 결과였다. 이로써 예전부터 언급된 것이지만 감리교 내 토착화, 문화신학 전통의 한계가 분명해졌다. 이는 자신들 속에 자유(문화)주의 전통뿐 아니라 진보성, 곧 사회주의 유산이 있었음을 잊은 자업자득이었다. 손정도를 비롯하여 김창준 그리고 전덕기를 중심한 독립 세력들을 망각한 결과였다. 이후 장기천 감독이 NCCK를 통해 그 뜻을 펼쳤고 박순경 교수가 주체사상을 연구했으나 주목받지 못했다.

내가 세월호를 비롯하여 4.27판문점선언에 생각을 보탠 것, 또 5.18광주혁명 40주년 행사를 눈물로 지켜보며 힘을 합쳤던 것은 과거 전통을 소환하기 위함이었다. 기독교가 본래 사회주의였기에 소중하다는 이들 목회자들의 주장을 폄하하고 조롱한다면 자본주의에 먹힌 기독교, 감리교의 미래는 없을 것이다. 감신 내 한 건물벽에 독립선언서에 서명했던 모교 출신 목회자 일곱 분 얼굴상이 걸려 있다. 자진 월북한 김창준의 얼굴상을 없애자는 의견이 한때 팽배한 적이 있었다. 그 타협안이겠으나 김창준의 얼굴이 다른 분의 그것보다 동판에 아주 희미하게 표현된 상태로 걸려 있다. 마지못해 주조되어 걸려 있는 듯이 말이다. 조만간 그의 얼굴이 다시 또렷해지기를 기대한다. 사회적 실천력을 잊고 정치성을 망각한 기독교는 토착화를 말할 자격이 없다. 문화적 토착화 역시 반쪽 기독교의 민낯일 뿐이다. 민족의 현실과 맞닥트린 기독교, 그것이 바로 토착화의 또 다른 이름이어야 옳다.

30년 재직하면서 아주 늦게 자각한 또 한 사조가 있다. 이는 시대를 앞선 목회자들의 기독교에 대한 헌신의 발로였다. 기독교 주류 역사에 편입되지 못했을 뿐 이들의 공헌은 다시 평가되어야 할 것이다. 감리교 내에 '기독교 환원운동'이 있었다는 사실이다. 동석기, 김윤석 목사 등 해외 유학을 마치고 돌아온 이들이 온갖 교파를 넘어 그리스도에게로의 환원을 주창했다. 이들 사상은 의당 누혈의 목회자 이용도와 잇대어 있을 것이다. 당시는 교파적 기독교가 대세인 상황이었다. 교파에 의지하여 선교를 해야 목회자도 살 길이 열리던 시대였다. 하지만 이들은 교파적 기독교가 민족 미래를 위해 도움이 될 수 없음을 일찍이 자각했다. 유학파, 감리교 목회자란 후광을 걷어차고 이들 목회자들은 그리스도에 희망을 둔 것이다.

　신학자 이신 역시 감리교 전도사로 시작했으나 이들 선배를 만나 환원운동에 몸담고 고독한 길을 갔다. 지금 그리스도 환원운동은 슬로건으로만 남아 있지만 당시 이들은 이 길에 생명을 바쳤고 가족마저 희생시켰다. 우리가 토착화를 말함에 있어 이런 그리스도, 이런 예수를 말하지 않는다면 공허한 이론과 사변에 불과할 것이다. 현실 교회가 아무리 타락하고 못난 짓을 해도 교회를 부정할 수 없는 이유가 여기에 있다. 그럴수록 그리스도 정신 -그것이 하느님나라 사상이든, 묵시적 인자사상이든 혹은 역사적 예수의 지혜이든지 간에-에 입각하여 자신을 재구성하는 일에 정성을 아끼지 않아야 할 것이다.

　이렇듯 세 사조가 공존하며 지난 100년 남짓한 한국신학계에 존재해 왔다. 하지만 신학자들은 저마다 어느 한 사조에 속하여 상대에 대한 존중보다는 비판을 앞세우며 자기 영역에 갇혀 세월을 보냈다. 한 노학자는 이들 세 사조를 자유주의, 진보주의, 복음주의라 개념화했지만 일리는 있되 전리는 아니었다. 우리에게 중요한 것은 '주의(ism)'가 아니라 그 속에 담긴 본뜻인 까닭이다. 지금껏 이 세 흐름과 옳게 만나지 못한 채 이들을 일개 '~주의'로 이해했으니 비극이다. ~주의로서의 세 사조는 모두 서로에 냉담했다. 하지만 현실 문제를 날것으로 관심하는 것만이 능사가 아닐 것이다. 현실과 조우하되 그를 신학 언어로 재구성하는 일 역시 똑같이 중요하다. 그렇기에 향후 토착화신학은 세 흐름의 본질을 꿰뚫어 하나로 녹여내는 치열한 논리와 열정을 지녀야 한다. 각자도생의 신학으로는 세상과 교회를 바꿀 수 없다. 신학보다 큰 담론을 말하는 학문이 없으나 누구도 신학 이야기에 주목하지 않는 현실에 가슴을 칠 일이다. 향후 교파의식 역시 내게는 무의미할 수밖에 없다. 이웃 종교들, 온갖 이념들이 기독교 근원과 마주하여 모두가 하나되는 교파 초월적 신학, 큰 기독교를 기대해야 할 것이다. 이를 나는 '이후(以後) 기독교', '이후(以後) 신학', '이후(以後) 교회'라 불렀고 다석학파의 기독교 이해에서 이런 가능성을 찾고자 했다. 수년 전 문화신학자들과 『한류로 신학하기: K-Christianity』란 큰 책을 펴낸 것도 이런 맥락에서였다.

이보다 앞서 나는 종교개혁 500주년을 맞으면서 루터가 말한 3개의 '오직' 교리를 달리 구성할 것을 제안했다. 중세를 극복하여 근대를 열어젖힌 동력이었으나 근대(자본주의)와 짝하면서 이 셋이 중세의 면죄부만큼 타락했으며 시대를 타락시켰다는 판단 때문이었다.

나는 근대성(자본주의)과의 투쟁을 위해 이 세 가지 '오직' 교리(믿음, 은총, 성서)를 고독, 저항, 상상으로 달리 풀었다. 믿음을 고독으로, 은총을 저항으로, 성서를 상상력의 보고로 달리 개념화한 것이다. 떼거리 군중 속에서 신독(愼獨)의 삶을 구했으며, 늦게 온 자에게도 같은 품삯을 지불하는 하늘 은총을 세상 저항의 동력이라 여겼고, 성서가 정의와 평화가 입 맞추는 상상력을 줄 수 있다고 본 것이다. 이웃 종교들과 공존하는 세상이 상상의 산물이라면 사회주의 이념의 수용을 은총이라 하겠고, 깊이로 침잠하는 환원 의식을 고독이라 명명해도 좋겠다고 여긴 것이다. 이런 생각을 담은 글을 종교개혁 500주년을 기념하여 베를린에서 열린 '교회의 날' 행사장에서 발표한 바 있다.

여성신학자 이은선은 아주 오래 전부터 동양(유교) 고전에서 배운 3개의 개념, '성(聖), 성(性), 성(誠)'으로 나름 치열한 토착화 작업을 수행해 왔다. 유교와 기독교의 대화를 통해 기독교의 재구성, 곧 여성신학적 차원에서 토착화 논쟁에 참여했다. 넓게는 기독교와 인문학 간의 대화의 장을 펼친 것이다. 신학적으로 위 세 개념은 저마다 신론, 기독론, 성령에 해당된다. 이를 인문학적 언어로 풀면 통합성, 타자성, 지속성이라 말할 수 있다. 이 세 개념은 모두 여성적 가치들로 역사

속 남성들에게 많이 낯설 수도 있겠다. 체화된 한국적 여성의식이 기독교의 핵심 교리를 종교 보편적으로 재구성한 것이다. 여기서 하느님은 모든 것과 관계하는 존재로서, 예수는 여성이 남성의 타자이듯 신의 타자성으로, 성령은 모성을 통해 경험하듯 삶의 변화를 추동하는 힘(지속성)으로 재언표된다. 하지만 이은선은 한 걸음 더 나아갔다. 이들 각각을 종교, 정치, 교육의 차원에서 설명했고 셋의 한 몸 짜기를 통해 토착화 과업을 이루고자 한 것이다. 이는 기독교적으로는 성과 속의 합일이며 종교적으로는 기독교와 유교의 일치(대화)일 것이며, 문명사적으로는 기독교 서구(미국)와 중국 문명(유교)을 함께 극복하는 길이라 하겠다. 이 작업 역시 베를린 '교회의 날' 행사에서 소개하였고 큰 호응을 얻었다. 이는 앞서 말한 환원운동과 저항운동, 공존능력 간의 통섭이라고도 말할 수 있다. 이 셋은 내가 제시한 개념인 고독, 저항, 상상과도 짝할 수 있는 개념으로 믿음, 은총, 성서의 인문학적 재해석이라 해도 좋겠다. 이로부터 코로나 이후 시대 기독교의 미래를 기대할 수 있을 것이다.

이상에서 토착화론에 대한 짧은 단상을 소개했다. 압축적인 글이라 질문이 적지 않을 것이며 의심이 생겨날 수도 있을 것이다. 수많은 내용을 덧붙인다 한들 질문이 사라질 리도 없고 의심 자체가 소멸되지도 않을 것이다. 누가 주장한다고 사람들이 따르지도 않을 것 같다. 그만큼 토착화 논의는 쉽지 않은 바 미정고(未定稿)로서 존재할 뿐이다. 나는 은퇴 후 이은선 교수와 함께 강원도 횡성에 '현장(顯藏)아카데미'를 열었다. 한겨레 '휴심정'에 가끔 소개되었듯이 중세 수도원 전통을 따라 학문과 영성 그리고 노동의 삶에 전념하기 위해서였다. 여기서 학문이라 함은 토착화 연구를 뜻할 것이다.

향후 우리는 신학적 동지로서 통합적인 토착화신학에 전념할 생각이다. 홀로 할 수 없기에 소장 학자들의 뜻 또한 모아지기를 소망한다. 이 작업을 위해 '한국신(信)연구소'의 출범을 준비하고 있다.

이 시점에 맞추어 몇 권의 책이 출판될 예정이다. 『사유하는 집사람의 논어읽기』와 『동북아 평화와 聖, 性, 誠의 여성신학』이 이은선의 이름으로 출판될 것이다. 나의 저서 『다석 유영모의 귀일신학』도 선보일 계획이다. 노동과 영성을 위한 연구와 실천도 별도로 계획 중에 있다. 실로 '다른 기독교'를 절실하게 생각할 때가 되었기 때문이다. 이 작업을 위해 기꺼이 우리들 남은 시간과 여력을 바칠 작정이다. 이를 위해 같은 생각을 품은 사람들이 많이 그립다. 신학마저 각자도생의 작업이 될 경우, 우리들 미래는 더욱 볼품없어질 것이기에 말이다. 조만간 우리가 계획한 연구소의 출범과 함께 몇 권의 책들이 전해질 수 있기를 소망한다. 5.18광주혁명 40주년을 기억하며 한겨레신문 1만호 출간을 축하하는 마음을 가득 담아 이 글을 썼다.

꿈틀거림은 살아있다는 증거입니다. 지렁이도 밟으면 꿈틀거리듯 살아있는 존재는 꿈틀거림으로 반응합니다. 육체만이 아니라 정신도 그러합니다. 외적인 자극에 육체뿐 아니라 정신도 꿈틀거리는 것이 살아있는 현상입니다. 이것이 없으면, 이를 감각 못하면 살아도 살아있는 삶이 아니겠지요. 여기서 하느님 영은 가장 강력한 외적 자극이라 확신합니다. 오늘의 교회가 교리로 무장하고, 자본주의 욕망을 신앙으로 포장하고, 하느님을 교회라는 건물 속에 가둬 둔다면, 불고 싶은 성령은 설령 기독교일지라도 그것을 허물어뜨릴 수도 있겠습니다.

3. 꿈틀거리게 하는 하느님 영

신앙이란 '관(觀)'을 얻는 것

〈기독교세계〉에 지면을 얻어 1년간 글을 쓰게 되었다. 성서를 다루되 현안과 연계시켜 신학적 주제를 풀어내는 장이라 들었다. 은퇴 후 오랜만에 본지를 접하게 되니 기쁘고 감사하다. 주지하듯 2023년 맞기가 여간 두렵지 않다. 우크라이나 전쟁은 끝을 모르고 대만 해협에서 벌어지는 미·중 간의 각축 역시 인류를 근심케 하며 그에 따른 한반도의 전쟁 위기 또한 어느 때보다 심각한 까닭이다. 고물가와 고금리, 저수출로 인해 경제적으로도 가장 힘든 시기가 될 것이라니 새해맞이가 힘겨울 수밖에 없다. 경험 부족한 윤석열 정부의 국정 운영도 큰 걱정거리이다. 지난 해 10.29사건에서 경험한 국가 부재의 현실, 퇴행적 분열 정국도 교회가 마주할 상황일 터, 교계 또한 바른 처신을 요구받을 것이다. 어느 경우든 교회는 자신의 생존 걱정 이상으로 인류 및 세상을 위한 역할에 마음을 써야 옳다. 존재하는 이유가 자족을 넘어 세상에 빛 되기 위함이기 때문이다. 맛을 잃고 버려져 밟히는 교회가 되지 않기를 소망할 뿐이다.

코로나 이후 다른 세상을 기대했지만 우리는 더 혹독한 시간을 마주하고 있다. 국내외적 위기와 혼동을 견뎌내려면 세상을 보는 바른 시각, 기독교적으로 세상을 보는 확고한 관점이 필요할 것이다. 첫 글 제목을 '신앙이란 관(觀)을 얻는 것'으로 정한 것도 이런 연유에서다. 예수를 '대답'이라 믿고 따를 경우 우리들의 문제(현실)가 무엇인지도 옳게 알아야 한다. 예수가 '대답'이라는 교리에 갇혀있기보다 우리들 문제 상황 속에서 그가 참으로 '답'인 것을 찾아 증명해야 할 일이다. 이것이 '생각하는 신앙'이자 웨슬리가 강조했던 '경험적 진리'이겠다. 그럴수록 알기 위해 믿는 것을 강조했던 이전과 달리 믿기 위해서라도 정확히 아는 일 역시 중요해졌다. 알지 못하면 궁극적 '답'도 찾을 수 없다. 하지만 앎을 왜곡시키는 거짓 정보들이 신앙으로 포장된 채 확산되는 작금의 현실을 직시해야 한다. 이는 거짓 현실을 낳고 우리들 '관(觀)'을 부패하게 하며 결국 '해답' 자체를 왜곡, 부정하는 악행인 탓이다. '거짓 증거 말라'는 십계명 차원 이상의 반 신앙적 행위라 할 것이다.

그에 비례하여 우리들 종교언어가 진정성을 상실한 상투어로 전락해 버린 현실도 걱정스럽다. 영화 〈수리남〉에서 보듯 은총, 구원, 축복 등의 말을 도적놈(마약 밀매상)이 사용해도 전혀 낯설지 않게 된 까닭이다. 코로나바이러스보다 더 빠르게 확산되는 가짜 뉴스의 숙주, 매개자들 다수가 교회 구성원들이란 사실이 참으로 놀랍다. 코로나 팬데믹보다 더욱 무서운 것이 인포데믹(Infodemic)이란 사실을 각성해야 할 시점이다. 인포데믹, 거짓뉴스 확산은 우리의 '해답'을 방해하기에 어떤 정치, 경제적 위기보다 무섭고 두려운 전염병이다. 그래서 참된 신앙이 필요하고 눈 뜨는 일이 더없이 중요하다. 그것 없는 인습적 교리는 미래를 빼앗는 독이 될 수도 있다.

볼 '견(見)'과 볼 '관(觀)' 모두 본다는 말이지만 그 뜻이 사뭇 다르다. 앞의 것이 밝은 대낮에 누구나 볼 수 있는 상태라면, 나중 것은 어둠 속에서 누구도 볼 수 없을 때 홀로 본다는 뜻을 지녔다. 하여 후자는 보편적이기보다 특수, 고유한 특성과 더 잘 어울린다. 믿음을 말하는 히브리서 본문은 바로 후자를 닮았다. 이스라엘 민족의 경우 '신명기 사관'이 이에 해당될 것이다. 하느님 말씀에 청종하면 몇 대에 걸쳐 복을 받으나 거역하면 더 큰 화가 대를 이어 미친다는 그들만의 사유

체계이다. 이것은 신약성서 및 종교개혁 이후의 기독교의 '오직 믿음(sola fide)'과 견주어도 좋을 독특한 사관이겠다.

신명기, 역대기, 열왕기서는 모두 이런 사관을 갖고 자신들 역사를 기록한 책이다. 하지만 현실 역사에서 신명기 사관이 작동되지 않은 경우도 있었기에 보완책 즉 새로운 신학, 새로운 '관'을 고민했다. "의로운 자도 고통받고, 어려움을 당할 수 있다"는 욥기가 태동한 배경이다. 욥기가 없었다면 예수의 십자가, 그의 죽음 또한 제대로 이해될 수 없었을 것이다. 철학자 지젝은 신약성서의 예수 고난(십자가)을 욥과 연결시켜 자기 방식으로 엮어낸 바 있다.

이렇듯 과거의 '관'은 새롭게 보충, 확대되어 재구성되어야 한다. 욥기의 신학 탓에 신명기 사관이 부정되는 일은 없을 것이다. 이 둘은 더불어서 더욱 사실적으로 적합하게 세상을 접하고 세상을 구원할 수 있는 방편이 된다. 가톨릭의 '자연신학(존재유비)'을 비판적으로 극복한 개신교의 '신앙유비'도 동일한 잣대로 평가될 것이다. 봉건적인 유기체 세계관(자연신학)을 딛고 근대적 주체(개체)성에 기초했던 개신교의 신앙유비론도 이제는 그 자체로 세상 모든 것을 설명할 수 없다. 세상을 계시신앙의 유무 차원에서 나눠 바라보는 것은 욥의 세 친구들처럼 신명기 사관으로 욥의 고통을 평가, 정죄하는 일과 다르지 않다. 가톨릭 신학 역시 부정되어야 할 과거가 아니라 이 시대를 위해 재창조, 재구성될 여지가 크다. 이들 신학이 서로를 자극하며 공명할 때 비로소 자신의 전통을 뛰어넘는 새로운 눈이 열릴 수 있을 것이다. 이렇듯 변화 및 개혁의 대화는 긴 시간을 두고 서서히 진행되는 법이다.

여성신학자 샐리 맥페이그(Sallie McFague)는 예수의 최초 언어가 '비유'였던 것을 상기시키며 신학의 언어를 '교리'가 아닌 '은유(Metaphor)'로 이해할 것을 역설했다. 매시대마다 그 시대를 구원할 '관(It is)'이 있다는 것이다. 하지만 시대가 변하면 새로운 '관'이 요청될 수밖에 없다. 이 경우 과거의 '관'은 사라질 어떤 것이 아니라 작금의 '관'을 위한 시금석이자 보완책이 될 것이다. 하여 'it is, but it is not …, it is …'의 과정이 지속되는 것을 살아있는 하느님의 역사라 일컬었다. 이 점에서 켈트 영성 연구자인 존 필립 뉴엘은 자신의 책 명을 이름하여 『거듭나는 하느님(Rebirthing of God)』이라 했다.

지금껏 신앙은 '관'을 갖는 일이고 그것은 매시대마다 시공간 속에서 다르게 표현될 수 있음을 말했다. 우리가 살고 있는 세상(현실)을 제대로 살펴 아는 것을 신앙의 핵심 과제라 생각한 것이다. 세상을 거짓되게 설명하는 것만큼 불의, 악행은 없다. 고백했고 믿으며 따랐던 우리들의 대답을 왜곡시키기 때문이다. 지금껏 교회에서 이런 일들이 다반사로 일어났다. 거짓 현실을 퍼 나르는 일에 앞장섰다는 의심도 받고 있다. 세계, 나라 그리고 교회마저 위기에 처한 시점에서 원자핵보다 단단하게 굳어진 우리들 신앙적 편견을 깨트리는 일이 화급한 과제가 되었다.

이어질 글에서 성서의 본래적 가르침이 무엇인지, 기독교 신앙은 인류에게 어떤 세계관을 갖고 살라고 했는지를 다룰 것이다. 지속적으로 변화하는 세상 속에서 기독교의 구원을 어찌 선포해야 옳을지를 고민하겠다. 매 글마다 성서 속 한 본문을 정해 설명하면서 날것의 현실에 눈뜰 수 있도록 애쓸 것이다. 오로지 세상을 바라보는 옳은 눈(관)을 갖도록 할 목적에서다. 혼돈한 현실일수록 성서의 본뜻으로 돌아가 사유할 때 답을 얻을 수 있다.

구원 확신을 요구하고 그를 선포하는 교회지만 세상을 위한 기독교적 역할(구원)은 아직도 요원하다. 기독교적 정신이 세상에 실현되지 못한 까닭이다. 교회를 위해 세상이 있지 않고 세상을 위해 교회가 있음을 인식하자. 안식일을 위해 여타의 날이 있지 않고 일상의 여섯 날을 위해 안식일이 있다고 말해야 옳다. 이것이 안식일이 사람을 위한 것이지 사람이 안식일을 위한 것이 아니라는 예수의 말뜻이리라.

기억조차 희미해진 영화 〈지붕 위의 바이올린〉을 소개하며 글의 논지를 더욱 분명히 하고 싶다. 이 영화는 혁명 전 러시아에 살던 유대인 가족들 이야기를 다뤘다. 당시 그들에게 중매쟁이는 랍비 이상으로 하느님의 사람처럼 여겨졌다. 가족의 형편을 살펴 인연을 맺어주는 일을 하늘의 일로 생각했던 것이다. 첫딸의 상대로 부유한 푸줏간 주인이 소개되었지만 정작 딸은 옷 만드는 가난한 청년을 사랑했다. 이를 알게 된 아버지는 전통! 전통!을 외치며 딸을 설득했지만 딸의 마음을 돌릴 수 없었다. 결국 아버지는 이렇게 말하며 자신의 생각을 수정한다. "그래, 전통에도 다른 면이 있을 것이야." 그 순간 지붕 위에서 광대 악사가 바이올린을 연주했다. 하느님의 환호였던 것이다.

이후 둘째딸은 러시아혁명에 참여하는 유대인 청년과, 많이 사랑했던 막내는 금기시되었던 이교도 러시아 청년과 결혼하겠다고 말했다. 중매쟁이의 역할을 거부한 채 말이다. 많이 고민했으나 아버지의 최종 말은 다음과 같았다. "그래, 전통도 한때는 혁명적이었을 것이야." 전통, 전통을 외치며 딸의 결정을 막고자 했으나 아버지는 이렇듯 달리 생각해야 했다. 그 순간에도 지붕 위에서는 바이올린이 연주되었다. 종교는 전통을 깨는 것을 죄라 여겼으나 영화는 바이올린 소리를 통해 이를 하느님 사랑이라 화답한 것이다.

어쩌면 이 시대의 목회자는 전통과 현실 사이에서 고통스러워하는 뭇 사람을 위해 영화 속 아버지처럼 살아야 할 존재여야 할 것이다.

세상이 혼돈할 때는
처음을 기억하자

　세상이 급변하고 있다. 종교의 설 자리가 없을 만큼 과학이 세상을 지배하고 있으니 말이다. 코로나바이러스가 창궐했을 때도 종교가 할 일은 없었다. 과학적 방역에 협조하거나 주일성수를 위해 신앙적 고집을 부리는 일이 고작이었다. 향후 과학은 인간 수명을 120살까지 늘릴 것이고 우주여행을 실현시킬 것이며 가상현실이 종교를 대신하는 세상을 만들 수도 있다. 그럴수록 세상은 더욱 불평등해질 것이며 생태적 종말에 처할 개연성도 크고 많아질 것이다.

　2050년경의 지구가 거주 불가능한 공간이 될 것이란 우려가 결코 빈말이 아니다. 하여 지금은 묵시적 종말에 맞설 때란 주장을 유념하면 좋겠다. 이렇듯 우리들 미래의 전망이 양가적이다. 낙관과 비관이 교차하는 혼돈 상황이다. 창조신앙은 이런 현실에 어떤 답을 줄 수 있을까? 창세기 이야기는 과학 언어로 설명될 수 없는 시각을 담고 있다. 세상을 보는 다른 눈을 인류에게 선물한 것이다. 창조신앙을 과학 언어로 해명하여 창조과학(지적 설계)으로 변질시키지 않을 때 가능한 일이다.

하느님의 첫 번째 창조는 실패했다. 보시기에 '좋았던' 세상이었으나 하느님은 자신의 창조를 많이 후회한 까닭이다. 세상을 괜히 만들었다는 하느님의 '탄식'을 성서에서 찾을 수 있다. 첫 번째 창조가 성공적일 수 없었던 이유가 무엇이었을까? 하느님 탓이 아니라 우리들 인간의 잘못 때문이었다. 하느님은 선악과를 통해서 창조 세계 속에 '절대 한계'를 설정했다. 인간에게 모든 것을 허락했지만 선악과 열매만큼은 먹지 말라고 했던 것이다. 선악과는 '태초에 한계가 있었다'는 말뜻으로 바꿔 이해해도 좋겠다. 모두가 두루 형평성 있게 살려면 서로가 서로에게 -하느님과 인간, 인간과 인간, 인간과 자연에게- 제한이 있어야 한다. 한계 없는 자유와 번영, 축복은 결코 존재할 수 없다. 지금껏 성장을 축복이라 가르쳤던 교회도 많이 잘못되었다. 곧잘 사용되는 성서 구절, "믿는 자에게 능치 못할 것이 없다"는 말씀 역시 재고되어야 한다.

할 수 없는 일, 해서는 아니 될 일이 필히 있어야만 하는 것이다. 지구를 버리고 낯선 행성을 경쟁적으로 탐하고 유전자를 변형시켜 영생(사이보그)을 꿈꾸는 것은 기술과 돈으로는 할 수 있으나 삼가야 한다. 지구를 포기하거나 기계 인간으로 살 수는 없는 노릇이다. "내가 형제를 지키는 자로 살아야 합니까?"라는 가인의 항변을 소환해 본다. 동생이 있어야 자신도 있는 것이기에 그는 마땅히 지키는 자가 되었어야 했다. 관계가 깨지면 모두가 죽을 뿐이다. 홀로 살았다고 안심했지만 가인의 후예들 역시 결국 멸망하지 않았던가? 피조 세계 속에서 예외자, 특권자로 살았던 인간, 좁히면 목하 서구 백인들의 잘못을 크게 성찰할 일이다.

코로나바이러스로 인한 8백만 명의 죽음도 하느님의 선악과, 곧 바이러스가 서식해야 할 자연 공유지를 탐했던 결과라 말할 수 있다. 타자는 설령 미물일지라도 나에게 있어 범접할 수 없는 초월이자 한계로 존재한다. 하느님은 인격을 지닌 인간에게는 인간의 방식으로 관계하나 지렁이와 새들에게는 각기 그들 방식으로 소통하기 때문이다. 자연이든 이웃이든 타자를 자기화시켜 한계를 깨트리면 창조 세계는 파괴될 수밖에 없다. 창조신앙은 세상의 근원을 논하는 과학이 아니라 창조 세계를 망가트린 인간에게 경종을 울리는 지혜의 원천이자 보고라 말해도 좋겠다.

노아의 홍수는 창조 실패의 실상이다. 세상에 대한 당신의 환호를 철회, 포기했다는 구체적 표시였던 것이다. 그렇지만 하느님은 세상을 전적으로 포기하지 않았다. 한계를 인정했던 한 사람을 택해 새로운 세상을 준비하신 것이다. 성서에서 노아는 가인의 후예가 아닌 아담과 하와의 또 다른 자녀인 '셋'의 후손으로 기록되었다. 동생을 죽인 가인의 세상을 끝낼 새로운 존재였던 것이다. 그를 통해서 첫 창조보다 더 큰 생육과 번성, 편만을 땅위에 펼치고자 했다. 이것은 하늘뜻이 땅에서 이뤄지길 바랐던 예수기도(주기도문)와 뜻에서 차이가 없다. 하느님은 더 좋은 세상을 위해서 첫 인간에게 말했듯이 노아에게도 한계를 구체적으로 적시했다. "사람들 눈에서 억울한 눈물을 흘리지 않도록 할 것"과 "동물들을 피(생명) 채로 먹지 말라"는 명령이었다. 이 두 한계(조건)를 잘 지켜야 창조 세계가 지속적으로 복될 것임을 약속한 것이다.

첫 번째 한계는 인간사에 있어 정의(형평성)의 감각을 잃지 말라는 것이겠고, 나중 것은 최근 동물권이란 말이 회자되듯 인간과 자연, 인간과 동물 간의 생태(유기)적 관계성을 깨지 말라는 뜻을 지녔다. 그러나 이 두 조건은 일상에서 동전의 양면처럼 서로 얽혀져서 작동한다. 다른 것을 방치하고 어느 한 조건만을 잘 지킬 수는 없는 노릇이다. 이웃의 눈에서 억울한 눈물을 흘리게 하는 사람이 자연에 친절할 수 없고 동물 가죽, 모피로 자기 몸을 감싸는 사람이 이웃의 고통에 공감할 이치가 전혀 없다. 부언컨대 결국 이 두 조건은 선악과 사건의 재현을 강력하게 방지할 목적에서 주어진 것이었다. 절대 한계를 깨트렸기에 인간은 하늘을 피해 숨은 존재가 되었고, 인간끼리 반목하여 살인했으며, 자연이 인간을 수용하지 않고 토해냈던 것을 너무도 잘 알기 때문이다. 이들은 모두 작금의 인류가 마주하는 바 종교를 대신하는 가상현실, 사회적 약자의 도태를 부추기는 불평등한 구조, 유전자 조작, 바이러스의 반격, 기후 붕괴의 실상을 상상케 하는 신화적 표현들이다. 바로 이런 세상이 도래하지 않기를 바라서 소위 노아와의 약속 혹은 계약이 이루어졌다.

우리는 지금 홍수 이후 노아와의 새 계약 속에서 살아야 할 존재들이다. 기독교인이라면 필히 최소한 두 가지 '한계'를 품고 인생을 살아가야 마땅하다. 이것이 창조신앙을 갖고 살아가는 기독교인들의 삶의 준칙이자 세계관이다. 성서 66권이 우리에게 경전으로 권위를 갖는 것도 이런 연유에서다. 이런 시각을 갖고 사는 것이 하늘뜻과 함께하는 삶인 것을 성서가 증거한다. 기독교인들이 세상에서 등 돌림을 당하고 교회가 주는 물에 목말라하지 않는 것은 이 두 한계를 지키지 않아서일 것이다. 자신들 세계관을 스스로 부정하는 기독교인들을 누가 믿을 것인가? 그런 기독교를 전한들 어느 누가 수용할 것인가?

불행하게도 성서 속의 뭇 사람은 노아계약을 지키지 않았다. 그래서 세상이 다시 고통스럽게 되었다. 구약시대 이스라엘 사람들이 겪었던 총체적 비탄도 바로 여기에서 비롯했다. 성서학자들이 로마서 8장 이하의 내용, '피조물의 탄식' 이야기를 창세기 9장 노아계약과 연관시켜 이해하고 주석하는 이유도 여기에 있다. 로마서는 사람뿐 아니라 온갖 자연 존재들, 창조 세계 전체가 온통 신음하는 현실을 파악했다. 물론 바울의 경우 오늘 우리가 경험하는 기후 붕괴 같은 것을 염두에 두지 않았을 것이다. 그 시대가 오늘 같지 않았을 터이니 말이다. 그럼에도 그는 절대 한계가 지켜지지 못한 결과를 너무도 잘 간파했다. 제국 로마에 살면서 정의를 비웃고 뭇 생명체를 하찮게 여기는 강자의 횡포를 여실히 경험했던 것이다.

억울한 눈물과 하찮게 취급된 생명체의 피가 강이 되어 흐르는 현실을 예민하게 살핀 이가 바로 바울이었다. 그는 이런 비통한 세상을 삶과 죽음이 교차하는 산통 중의 임산부의 실존으로 비유했다. 아기 출산 시 정작 죽을 수도 있는 사람이 임산부 아니던가. 생명을 잉태한 어머니의 죽음이 얼마나 큰 비극이겠는가. 이렇듯 세상이 삶과 죽음의 기로에 있다는 인식을 바울은 힘써 전했다. 불평등과 기후 붕괴 시대에 사는 우리가 느끼고 배워야 할 것이 바로 이런 인식이다. 여기서 성령의 역할이 중요하다. 탄식과 비탄이 너무도 큰 탓에 소리조차 내지 못하는 피조물을 대신하여 성령께서 대신 탄식하기 때문이다. 그렇다면 뭇 탄식 소리를 듣고 위기를 인식하는 것을 이 시대의 성령 체험이라 봐도 좋지 않겠는가?

이렇듯 그들의 고통 및 위기에 대한 인식은 오롯한 성령의 몫이다. 반면 소리 듣기를 거부하고 위기에 대한 인식을 부정하는 것은 성령을 모독, 훼방하는 일이 되겠다. 탄식 소리를 듣고 고통하는 존재들과 하나된 존재를 일컬어 바울은 '그리스도 안의 존재'라 말했다.

그리스도 안의 존재가 되는 길은 고통을 수반한다. 아기 예수를 품에 안은 장로 시므온의 말을 기억하면 좋을 것이다. 그는 예수를 보며 죽어도 여한이 없음을 고백했다. 그에게서 구원을 보았기 때문이다. 예수를 '비방받는 자의 표징'이라 했다. 뭇 사람을 걸려 넘어지게도 하고 세우기도 할 것이라 예언한 것이다. 그는 한계를 잊고 욕망덩어리로 사는 사람들을 필히 허물어트릴 것이다. 반면 팔복의 말씀처럼 의에 굶주리며 평화를 위해 일하는 사람들을 우뚝 세울 것이다.

이 과정에서 우리 역시 비방받을 수밖에 없고 받아야 옳다. 세상 사람들처럼 그렇게 절대 한계를 내치고 힘껏 욕망을 키운 채로 살고 있기 때문이다. 예수를 믿고 공동체를 일궜다는 우리들 역시 그런 예수를 싫어했고 내치지 않았던가? 기독교 세계관의 핵심인 예수를 내치고도 기독교인이 될 수 있을지를 심각하게 물어야 한다. 우리 다음 세대를 존속시키려면 말이다. 기독교적 세계관을 버리고도 기독교인이 될 수 있다는 착각과 오류를 바로잡을 시점에 이르렀다.

이제는 정말
'다른' 교회를 상상할 때

   시간이 흘러가면 모든 것은 변하기 마련이다. 돌덩이 같은 것도 모양이 달라지는데 하물며 생명을 지닌 것은 더할 나위 없다. 과학은 물론 역사와 종교 등 뜻을 머금은 것 역시 달라질 것이다. 어느 경우든 좋게 달라지는 것을 '변화'라 하겠고 나쁘게 되는 것을 '변질'이라 할 것이다. 그렇다면 기독교, 범위를 좁혀 500년 역사를 지닌 개신교(회)는 어떻게 달라졌는가? '변화'인가 '변질'인가? 성장을 '변화'라 애써 변호할 수 있을 것이다. 하지만 종래와 같은 성장도 어렵겠지만 그것을 '변질'로 여기는 사람들 숫자가 훨씬 더 많아 걱정이다.

   교회가 주는 물에 사람들이 도대체 목말라하지 않고 있다. 한강물과 강원도 산골의 개천을 상상해 보자. 앞의 물은 화려하나 오염되었고, 개천의 물은 불편하나 깨끗하다. 처음 것이

제도 종교의 한계를 적시한다면 나중 것은 영성에로의 갈망을 부추긴다. 온통 악취 나는 세상에서 종교조차 생수를 공급하지 못한다면 단연코 우리의 미래는 없다.

500년 역사를 지닌 개신교(회)를 '변질'로 자리매김해도 과하지 않다. 변질된 교회는 생수는커녕 악취를 풍기기에 생명을 낳을 수도 이어갈 수도 없다. 오로지 자신들 생존만을 위해 허덕거리다가 앞선 종교들처럼 서서히 사회의 소수자로 전락할 뿐이다. 기성세대 종교인들 탓에 우리들 후세가 복음의 맛을 감각할 수 없을 것인 바 그 죄과가 크다. 이 지점에서 웨슬리를 좋아한다면 변질된 기독교(회)와의 과감한 단절을 꾀할 일이다. 자신이 창시한 감리교회가 돈 맛, 색 맛, 힘 맛에 빠져 '뜻 맛(복음)'을 상실할 경우 역사에서 사라져 버려도 좋다고 말하지 않았던가. 우리는 종교개혁자들이 주창한 세 '오직(Only)' 교리가 시대와 역사를 바꿨음을 믿는 사람들이다. 그러나 작금의 교회는 이것들을 중세의 면죄부 이상으로 변질, 타락시켰다. 믿음을 교회 공간 내에서만 소비했으며 자본주의적 욕망을 은총으로 여겼고 본뜻을 오도하여 성서를 사사화시켰던 까닭이다. 이를 나는 영적 자폐, 영적 치매, 영적 방종이라 일컬었다. 자기 속에 갇혔고 자신들 근원(출처)을 잊었으며 '거룩(聖)'의 영역을 타락시켰으니 말이다.

교회마다 "초대교회로 돌아가자"는 표어를 내걸고 있으나 누구도 그때로 돌아가길 원치 않는다. 지금 누리는 수만 가지 것을 포기해야 가능하기 때문이다. 그럼에도 두렵게 여길 진리가 있다. 이 땅의 기독교, "변하지 않으면 죽는다"는 엄연한 사실이다. 우리들 과거사가 이를 반증하지 않는가? 한때 번성했던 불교와 유교의 경우를 반면교사로 삼을 때이다. 이들 역사의 절반에도 이르지 못한 150년 된 기독교가 이처럼 호감도가 낮아진 것은 민족 정서(기초이념)가 조만간 기독교를 내칠 수도 있음을 암시한다. 우리 입장에서는 지난 세월이 기독교 선교 역사이겠으나 민족의 입장에선 주체적 수용사였기 때문이다. 이전 종교들처럼 우리 운명이 그리될 것을 지도자들은 뼈를 깎는 심정으로 성찰할 일이다. 뭇 성직자는 "아직도 교회 나가느냐?"는 말이 결코 농담일 수 없는 평신도의 현실을 아프게 반성해야 옳다.

이 시점에서 우리가 생각할 화두는 '급진적(radical)'이란 말이다. 이 단어 속에는 근원, 뿌리란 뜻도 담겼다. '근원'을 생각할 때 우리는 비로소 변질된 기독교를 치유할 수 있는 '급진적' 지혜를 얻을 수 있다. 정치적 타협, 감언이설, 임기응변 등으로는 처한 난관을 결코 돌파할 수 없다. 앞서 구약의 첫 이야기인 창세기를 통해 인류세에 '절대 한계'가 있음을 강조했다.

이번에는 신약성서 속 산상수훈의 말씀을 택해 '근원'과 '급진'의 뜻을 생각할 것이다. 예수의 원초적 '어록'이라 믿는 까닭이다. 앞선 것이 세상을 주제 삼은 글이라면 이번 글은 교회에 초점을 두었다. 성서는 '하늘 아버지의 뜻'을 누차 강조했다. 그런데 이것은 오늘 우리들의 인습적 종교 행위와는 동이 서에서 멀 듯 크게 달랐다. 예수는 오늘 우리들의 신앙적 통념에 대해 가차 없이 비판했다. 당대 성직자, 종교인들이 예수께 말한 바를 적어보자. "주의 이름으로 예언을 했고 그 이름으로 귀신을 쫓았으며 기적을 행했다"고 말했다.

우리들 언어로 조금 더 생각을 보태면, "주의 이름으로 교회를 세웠고 설교를 했으며 사람들을 위로했고 구제 활동을 했다"는 정도가 될 것이다. 이에 대한 예수의 답변이 참으로 놀라웠다. "나는 너희를 도무지 모른다"는 것이다. 오히려 '불법을 행하는 자'라 말했으며 심지어 '나와는 상관 없다'고까지 말씀했다. 이는 우리 종교인들의 종교 활동 일체의 부정을 뜻한다. 그렇기에 이러한 행위를 예수 믿는 것의 전부로 알고 살았던 우리들에게는 큰 충격이다. 이런 교회 공동체를 모래성에 견주었고 반석 위에 새집을 지으라고까지 명했다. 한마디로 "내게 주여, 주여, 하지 말고 그분 뜻대로 살라는 것"이었다. 오늘날 회자되는 '제도'가 아니라 영성, 삶, 운동으로서의 복음을 앞서 예수가 전한 것이다. 물론 성서 내에 제도로서의 교회상이 기록되어 있다. 하지만 2천 년 역사가 그를 '변질'시켰기에 길을 잃을 때마다 우리들 귀처(歸處)는 거듭 산상수훈의 말씀이어야 한다.

그렇다면 "하늘뜻을 따른다"는 것은 무엇일까? 성서 속의 큰 줄기를 잡아야 이 말뜻이 독해, 해명된다. 주지하듯 우리의 하느님은 첫 창조 시보다 더 좋은 세상을 약속하신 분이었다. 그런 세상을 위해 하느님의 그 마음을 쫓아 '팔복'이 복음서 첫머리에 수록된 것이다. 성서가 말하는 주의 뜻은 산상수훈 안에서는 팔복을 떠나서 달리 설명할 길이 없다. 팔복을 따르는 자가 세상을 이롭게 하며 하늘나라에 갈 수 있다는 것이다. 그래서 그 말 그대로 이 시대를 사는 성직자, 기독교인들에게 되묻는다. "작금의 현실에 직면하여 당신들 마음이 항시 가난했는가? 세상 고통에 큰 슬픔을 지녀 보았는가? 의에 굶주린 삶을 살았는가? 의를 위한 핍박을 일상의 양식으로 삼았는가? 모든 사람들 입에 쌀이 골고루 들어가는 평화, 그것을 위해 애쓴 적이 있는가? 언제든지 온유한 마음을 지녔는가?" 등.

성서 속 팔복이 하느님 뜻인 바, 우리에게 묻고 있는 질문들이다. 이렇듯 마태는 산상수훈의 장에서 기독교, 아니 복음을 교회 울타리를 넘어선 우리들 일상적 삶의 장으로 내몰고 있다. 교회 공동체가 중요한 것도 이런 삶을 훈련시키는 장소이기 때문이다. "흩어진다"는 뜻의 '에클레시아'가 교회의 본래 이름인 것을 기억해야 한다.

우리들 지난 역사는 오늘 이 시점과는 달랐다. 처음 기독교는 우리 민족의 '개화'를 이끌었고 '독립'을 선교의 주제로 삼았다. 이후 '민주화'가 기독교 및 교회의 존재 이유가 되었던 적도 있었다. 옛적 독재와 맞서 그 힘을 꺾었던 힘이 복음에서 나온 것을 잘 기억하고 있다. 처음 감리교는 여타 교단과 달리 우리 문화를 배타하지 않았다. "동양의 하늘과 서양의 하늘이 다르지 않다"(최병헌)고 여겼고, "특별 계시를 인정한다고 해서 일반 계시를 무시할 이유가 없다"(정경옥)고 보았으며, 기독교 복음과 동양의 정신을 접목(유동식, 윤성범)하려 했고, 민중신학에 대한 응전으로 종교해방신학(변선환)을 주창하며 달라진 시대와의 정직한 조우를 시도했다.

1930년대 만들어진 〈교리적 선언〉과 〈사회신조〉는 세상을 변혁시킬 능력이 감리교단에 있음을 선포한 흔적이었다. 갈등하던 민족주의와 사회주의 양대 세력을 복음의 힘으로 묶어냈던 역사(전덕기, 손정도)도 우리들 유산이었다. 서구에서 유입된 교파적 기독교를 벗고 그리스도에게로 돌아가고

자 했던 자생적 환원운동가들 역시 감리교 목회자(이용도, 이신)들이었다. 민족의 통일과 계급 철폐를 위해 헌신했던 사상가(박순경, 조화순)도 바로 같은 토양에서 성장했다.

이렇듯 저마다 강조점은 달랐지만 시대를 앞선 이런 사상적 흐름들을 당시 감리교 밖에서는 쉽게 찾을 수 없었다. 그렇기에 신학적 자유주의 전통을 지닌 감리교회는 가장 멋진 한국적 교회를 이 땅에 세울 수 있었고 세워야만 했다. 교회 밖 사람들이 이들 삶을 바라봤고 이들에게서 희망을 찾고자 했기 때문이다. 그러나 '뜻(복음)'이 '맛(자본)'에 굴복된 아픈 역사 또한 우리가 풀어야 할 큰 숙제가 되고 말았다. 기독교가 로마를 기독교화한 것이 아니었듯, 자본주의를 잉태한 개신교가 자본주의에 먹혀버린 탓이다. 자본주의적 욕망과 종교적 축복이 중첩되면서 교회는 우리들 과거를 잊었고(죽였고) 미래를 빼앗아 버렸다. 미래 없는 기독교가 되어 다음 세대를 불행하게 만들고 있는 것이다. 혹자는 항변할 것이다. 우리가 교회 성장을 이뤄내지 않았느냐고, 이보다 더 큰 업적이 어디 있냐고, 그러나 성서의 말씀대로라면 예수는 "나는 너희를 모른다"고 대답할 것이다.

요즘 많이 읽히는 책이 있다. 정진호의 『여명, 혁명 그리고 운명』이란 책으로 상하권으로 쓰인 큰 책이다. 초창기 감리교인이었던 손정도와 이동휘의 삶을 민족사 속에서 상세히 그려냈다. 이 책에서 저자는 한국교회 변질의 근원적 이유를 다음과 같이 밝혀 놓았다. 1907년이란 해를 소환시켜 보자. 우리 머릿속에 '평양대부흥회'만 입력되어 있을 것이다. 하지만 같은 해 전덕기의 상동파를 중심으로 발족된 '신민회'도 함께 기억해야 한다. 앞의 것은 서양 선교사가 주도했던 회개 운동이었고, 나중 것은 감리교 선각자들이 시작한 민족 각성 운동이었다. 전자가 개인 위주의 영적 활동이었다면 후자는 기독교 정신으로 나라 전체를 달리 만들려는 시도였다. 앞의 것은 교회를 우선했지만 나중 것은 백성 전체를 아울렀다. 불행히도 한국교회가 전자만을 기억하고 후자를 잊었기에, 나아가 이 두 흐름을 분열시킨 결과 오늘의 변질된 기독교를 잉태했다.

최근 NCCK를 탈퇴하겠다는 일부 흐름도 이런 신앙적 편식의 결과일 것이다. 영적 운동이 아무리 훌륭해도 사사화되면 쉽게 타락 -자본주의에 굴복- 할 수 있는 법이다. 이에 영성에 대한 새로운 정의가 필요하다. 참된 영성이란 "개체에서 전체를 보고 전체에서 개체를 보는 것"이어야만 한다. 이 점에서 하늘 뜻 담긴 팔복의 회복(일상화)이 절대 필요한 바, 상동파의 기독교 정신을 새롭게 수혈해야 한다. 있는 전통도 회복하여 활용할 수 없는 기독교라면 그 미래 역시 기대할 수 없다.

절뚝거리는 야곱

 벌써 4월, 봄이 무르익고 있다. 부활의 절기이기도 하니 가장 좋은 때이다. 다석 유영모는 〈봄〉이라는 한글 시에서 "봄은 내가 눈 떠 보아야 하기에 봄이다"라고 말했다. 그러고 보니 봄과 부활은 아주 잘 어울리는 개념의 쌍이다. 황량한 겨울 대지에서 생명의 움틈을 믿고 보듯이 우리도 눈 떠 새로운 세상을 상상할 수 있기에 말이다. 하지만 우리 사는 곳곳이 온통 잿빛 공간이 된 탓에 이들 언어가 무색해졌다.

 8백만 명을 희생시킨 코로나바이러스 이후 다른 미래를 기대했지만 우크라이나 전쟁과 튀르키예 지진이 인류에게 더 큰 절망을 안겼다. 지구적 차원의 기후 붕괴에서 비롯한 대재난(홍수)이 파키스탄 국토의 3분의 1을 초토화시킨 것도 바로 지난 여름의 일이다. 대만 해협을 중심한 미·중 간의 갈등

또한 한반도의 전쟁 위기를 초래, 가중시킬 것인 바, 이 땅의 미래 역시 걱정스럽기는 매일반이다. 이런 세상에 "예수 다시 사셨다"는 부활 생명의 고백이 어찌 전해져야 할까? 눈 떠 무엇을 보아야 할지 생각해야겠다.

이렇듯 세상 걱정 속에서 창세기의 서사인 에서와 야곱 형제의 이야기를 소환시켜 세상을 바꿀 희망의 실마리를 찾고자 한다. 부활은 교리적 확신 이전에 죽음 현실에서 생명 가치를 잉태하는 사건이다. 위 이야기에서 중요한 것은 야곱이란 한 개인이 민족을 대표하는 전체의 이름 '이스라엘'로 바뀌지는 과정이다. 가인과 아벨 이야기와 닮았으나 결론이 달랐다. 앞의 것이 형제살인으로 귀결된 반면 나중 것은 서로를 품었던 까닭이다.

야곱과 에서는 종종 교회 내에서 정신과 물질을 대표하는 상징적 인물로 묘사되었다. 팥죽 한 그릇에 장자권을 포기한 점에서는 물질주의자였고 보이지 않는 무형의 축복을 구한 야곱은 아브라함, 이삭을 잇는 믿음의 조상으로 칭송되었다. 일리가 있으나 이 서사를 달리 생각해 볼 이유도 충분하다. 야곱, 그는 어미 뱃속에서부터 형과 갈등한 존재였다. 형의 발을 붙잡고 세상 빛 먼저 보려고 기를 썼고, 자라서도 남의 약점을 이용하여 자기 이익을 취하는데 익숙했다. 사냥 다녀

온 형의 노고를 생각해서 팥죽 한 사발 끓여줄 수 있어야 했다. 하지만 그는 대가와 이득을 먼저 생각했다. 에서의 급한 성격을 이용, 팥죽 한 그릇과 장자권을 교환한 것이다. 급기야 눈 어두운 아버지를 속여야 했고 어머니 모성을 자극해야 했다. 거짓과 속임수는 한 번으로 완성될 수 없다. 자신의 몸을 털 많은 에서처럼 변장했고 목소리도 거짓으로 꾸몄으며 애절한 눈빛으로 어머니를 설득한 것이다. 이로써 그는 동생으로 태어난 운명 대신 형의 삶을 얻었다. 한마디로 2등의 운명을 1등으로 바꾼 능력자가 된 것이다. 오늘처럼 경쟁이 미덕인 자본주의 사회가 칭송할 만한 모범적 존재의 범례라 말할 수 있다. 이로써 "믿는 자에게 능치 못할 일이 없다"는 말씀에 잇대어 야곱의 영악, 면밀함은 교회 및 세계의 성공 신화를 추동한 기본 에토스로서 작동했다.

외삼촌 라반의 집에서도 뺏고 빼앗기는 싸움은 지속되었다. 급기야 라반의 딸들은 물론 가축, 노비들까지 야곱이 소유했다. 라반과 야곱의 재산 불리기 싸움에서 후자가 승리한 것이다. 장자의 축복권을 확보했기에 당연지사라 여기겠으나 소유권 쟁탈 과정에서 온갖 속임수가 등장했다는 것이 성서의 증언이다. 결국 야곱은 수단과 방법을 다 써서 경쟁의 승자가 되었다. 그러나 지금껏 교회는 이런 야곱을 신앙의 이름으로 미화했고 추앙했으며 그의 축복을 자기화했다. 그가 일군 성공을 최고 가치로 여겼기에 과정상의 수단, 방법을 결코 문제 삼지 않았다. 여기에는 '장자권'에 해당되는 '축복 공동체'로서의 교회상도 한몫했다.

교회에서 예배하고 기도하면 평당 37만원 땅이 370만원 된다는 어느 대형 교회 목사의 설교를 기억한다. 성장 욕망이 신앙을 대치하면서 교회는 자신들 불법을 무마하기 시작했다. 최근 선거 자금 확보를 위해 교회를 건축한다는 소리도 접했다. 무슨 말인지 설명 붙이지 않아도 이해가 될 것이다. 교회법을 믿지 못해 세상법에 송사하여 율사들 배 불리는 일을 하면서도 결과를 '은혜'라는 말로 포장하고 있으니 도대체 교회란 무엇인가?

성서에는 상술한 야곱만 있는 것이 아니다. 우리가 잊었던 다시 기억해야 할 야곱의 모습도 존재한다. 자신의 운명을 1등으로 바꾼 야곱, 그 힘으로 모든 것을 얻고 가졌지만 그 역시 자신의 처음을 기억하지 않을 수 없었다. 형의 약점을 이용했던 곳, 아버지를 속였던 곳, 어미 마음을 아프게 했던 지점을 다시 생각했다. 성공했지만 실패했다는 생각에 이르자 그는 견딜 수 없었다. 자신이 취한 재산을 가족에게 되돌리면서 배반에 대한 용서를 받고 싶었다. 얍복강변에서의 야곱의 고뇌가 바로 이 상황에 대한 적실한 표현이다. 모든 재산을 강 건너보낸 후 야곱의 고독은 더욱 깊어졌다. 참회의 표시로 자신이 취했던 재물을 보냈음에도 형과 아버지를 볼 자신이 없었기 때문이다. 성서는 이 과정을 하느님 천사와의 씨름이라 일컬었다.

심리학적으로 참나와 거짓 자신 간의 싸움이라 봐도 좋겠다. 사람은 누구나 거짓으로 인생을 버틴 경험을 갖고 산다. 성공한 사람일수록 그런 경험이 짙고 많을 수 있다. 그러나 그런 성공이 자랑이 아니라 고통으로 여겨지는 순간 역시 도래한다. 개인은 물론, 가족, 나아가 교회, 국가도 예외가 아닐 것이다. 이 경험이 있어야 애벌레가 나비가 되듯 땅위를 기며 살았던 인간이 위로 솟는 존재가 될 수 있다. 나이 든 사람이 어른이 되는 경우라 할 것이다. 건물로서의 교회 역시 비로소 하느님 영을 모신 성전이 될 수 있다.

우리 사는 세상은 이런 '크리티칼 포인트'에 직면해 있다. 이전 삶의 양식과 헤어질 결심을 할 시점에 이른 것이다. 이것이 바로 은총인 바 이를 거역, 훼방하는 것은 인류의 미래를 빼앗고 세상을 사실적 종말로 치닫게 하는 중죄일 수밖에 없다. 이런 결정적 순간과 어떻게 만나야 할지를 묻는 것이 신앙의 핵심이다. 내가 달라져야 예수를 믿고 선포할 자격도 생길 수 있기 때문이다.

야곱은 하느님 천사, 곧 자신과의 싸움에서 이겼다. 지금껏 살아왔던 자신의 삶을 내려놓은 것이다. "절뚝이며 걸었다"는 것이 바로 그 징표이다. 절뚝였기에 예전처럼 빠르게 달릴 수 없었고 1등의 길을 목표에서 지울 수 있었다. 얍복강변에서의 씨름은 졌지만 이긴 싸움이 된 것이다. 절뚝거렸기에 그는 놓쳐버린 것을 다시 볼 수 있었다. 1등이 목표였고 모든 것을 얻고자 했을 때 보이지 않았던 세상이 다시 열리게 된 것이다. 우리 주변에 늘 있지만 마치 없는 것처럼 여기며 살았던 것이 우리들 일상이 아니었던가? 그간 피해 숨었던 하느님을 다시 만났고, 아버지를 찾게 되었고, 형 에서와 멋지게 해후했다. 없는 것처럼 여기고 살았으나 이들은 결코 부재하지 않았다. 우리들 눈만 열면 가까이서 만날 수 있는 존재들이었다.

절뚝이며 걸었기에 다시 만난 세상, 이것이 부활의 실상이다. 하여 성서는 야곱에게 새 이름을 선물했다. '이스라엘'이란 이름이다. 자신만 알았던 꾀보 야곱이 민족을 대표하는 이름을 얻은 것이다. "하느님을 이겼다"라는 이 말은 결국 자신을 이겼다는 말과 다르지 않다. 하여 이스라엘이 된 야곱은 민족 전체를 얍복강변 앞에 세울 책임을 걸머졌다. 형제를 탐하는 자가 아니라 오롯이 그를 지키기 위함이다.

바젤 유학 시 경험한 일이다. 교회 여성들이 주관하여 만든 잡지 〈Schritt ins Offene〉, 열려진 공간으로 한 걸음 더 나아가려는 신앙인들의 지면에서 아래 글을 읽은 적이 있다.

"내가 너희 뒤를 쫓아갈 것이니 결코 앞서려 아니할 것이다. 그러하니 이제 우리 더불어 같이 가자."

이것은 경쟁에 지친 사람들의 절규에 가까운 소리였다. 잘 살고 있다고 여겼지만 이웃들 역시 고통스러워하고 있었던 것이다. 오늘 우리가 그런 상황에 처해 있다. 절뚝이는 야곱의 메타포가 우리들 모두에게 신앙적 답이 될 듯싶다. 삶의 눈높이를 달리할 수 있도록 돕는 까닭이다.

기독교 중세는 신앙을 갖고 공간적 천국 가는 것을 소망했다. 그것이 믿음의 알파와 오메가였기 때문이다. 근대에 이르러 이성이 신앙을 대신했고 진보를 추동했다. 진보 신앙이 기독교의 골자가 된 탓이다. 작금에 이르러 신앙은 공감의 힘으로 다시 풀어지고 있다. 사람은 누구나 예외 없이 깨지기 쉬운 연약한 존재들인 것을 새삼 발견한 것이다. 그렇기에 자기 약함을 근거로 타자의 아픔을 살펴 공감하는 일이 믿음의 척도가 되었다. 이 경우 공감(력)은 믿음과 이성, 모두를 품는다. 연약함을 알기에 미래를 낙관하지 않고 동시에 상대를 품는 인간의 능력을 포기하지 않기 때문이다. 하지만 세상을 향한(대한) 교회 공동체의 공감력은 한없이 빈약하다. 타자를 부정함으로써 자기 정체성을 내세웠던 탓에 오히려 늘 공격적, 배타적, 고립적 존재가 되었으니 말이다. 이는 결국 세상과의 소통 부재를 낳고 교회 소멸을 앞당기고 있다. 사회적 약자들, 이웃 신앙인들, 성정체성을 달리하는 성소수자들까지 편견 없이 품는 것이 우리들의 살 길이자 미래이다.

이스라엘을 신앙적 조상으로 모실 만큼 이스라엘화된 이 땅의 교회와 이를 치리하는 성직자들은 자신들을 얍복강변으로 내몰아야 한다. 부활의 절기인 4월, 하느님과의 싸움에서 이기기 위함이다. 아니 그것은 자기와의 싸움에서 승리하는 일일 터인데 그 모습은 절뚝이며 걷는 패배자(?)의 삶을 취할 것이다. 대신 거추장스럽고 성공에 방해거리였다고 내팽개쳐진 존재들, 지금껏 보지 못한, 볼 수 없던 뭇 존재를 다시 볼 수 있는 눈을 얻을 수 있다.

세상은 지금 눈 뜬 기독교인을 간절히 바라고 있다. 온갖 피조물들이 탄식과 신음 속에서도 기다리는 것은 새 이름을 얻은 야곱이다. 이전 야곱은 잊어야 마땅하다. 로마서는 야곱의 새 이름 '이스라엘'을 '그리스도 안의 존재'라 일컫는다. 하여 그리스도 부활은 야곱처럼 살았던 우리를 이렇듯 새롭게 부르는 사건이어야 할 것이다.

부활, 그것이 도대체 무엇인가?

　최초(AD 50-60년경) 복음서로 알려진 마가복음은 본래 16장 8절로 종료되었다. 그러던 것이 2세기 말경에 이르러 9-20절까지 확장, 보충된 것으로 알려졌다. 그래서 성서학자들은 오늘 9-20절 본문을 '꼬마' 마가복음이라 불렀다. 예수 사후 혼동을 겪으며 무서워 벌벌 떠는 제자들 모습으로 마감되는 마가서가 점차 경쟁력을 잃었기에 보완된 것이라 한다. 기독교가 제국의 국교가 되기 전까지 초기 교회는 개별 복음서를 갖고 예배를 드리는 다양한 공동체였다. 신구약성서가 경전으로 통일된 상태가 아니었기에 저마다 복음서를 갖고 예배공동체를 일구었던 바, 심지어 도마 및 마리아 공동체도 존재했다. 당시로서는 누가 맞고 틀리다는 생각 없이 다양성이 인정된 시기였던 까닭이다.

늦게 형성된 경전들 속에 점차 부활을 비롯하여 동정녀 탄생(마태), 승천, 재림(누가복음), 하느님과 예수의 동격사상(요한) 등 다소 신비적으로 고백된 신조들이 덧붙여졌고 그로써 최초 복음서인 마가와 변별력이 생겼다. 이때 생겨난 고백 신조를 '케리그마(Kerygma)'라 부르는데 역사적 사실은 아니라는 뜻이 담겼다. 시간이 흘러 역사적 예수에 대한 기억이 희미해질수록 '케리그마'는 더욱 확실한 믿음의 근거로 각인되었다. 이런 상황에서 부활 사건을 담지 못한 마가공동체는 점차 종교적 욕망을 지닌 사람들의 신뢰를 받지 못했기에 경쟁(?)에서 우위를 점할 수 없었다. 앞서 말한 대로 이런 배경에서 마가공동체에서는 2세기 끝자락에 이르러 부활 내용을 담은 구절(9-20절)을 첨가했다. 역으로 생각하면 예수 사후 상당 기간 동안 부활 사건 없이도 예수공동체가 가능했음을 반증하는 근거가 될 수도 있다.

본래 마가서는 예수 수난을 강조하는 복음서였고 그 뜻을 기리는 공동체였으나 시간이 흐를수록 그것만을 자신들 존재 이유로 삼을 수는 없었을 것이다. 마가서와 동시대에 존재했던 Q(Quelle)복음서 또한 산상수훈만으로 자신들 공동체를 존속시켰음을 잘 알고 있다. "옛사람은 그렇게 말했으나 나는 이렇게 말한다"는 예수의 강한 어법에 확신을 느껴 다른 어떤 신조나 케리그마 없이도 예수를 따를 수 있었다.

이런 Q공동체 역시 역사 속에서 사라진 것을 보면 종교는 신비 없이는 존립이 불가능한 것 같다.

크리스찬아카데미에서 프로그램 위원장으로 일한 적이 있었다. 당시 나는 개신교, 가톨릭 교회에서 학자나 목사로 사셨던 분들 각 예닐곱 분씩을 초청하여 '내가 믿는 부활'이란 주제로 강연을 부탁했고 상호 토론에 붙인 적이 있다. 당시 이분들 -유동식, 이계준, 김경재, 유경재(개신교), 정양모, 심상태, 서공석, 김승혜, 이제민(천주교) 등-은 이미 현직에서 물러난 상태였기에 부활에 대해 교리적으로 서술하는 대신 정말 자신이 믿고 확신하는 부활을 가감 없이 말해 줄 것을 요청했다. 결과적으로 나름 큰 역할을 감당하며 살아왔던 학자들이었지만 어느 한 분도 의견이 같지 않았다. 저마다 10인 10색의 부활을 말했다. 어느 가톨릭 학자는 요한일서 "네 이웃을 사랑하면 죽음에서 이미 생명에 이르렀다"는 말씀을 강조하며 이것 외에 다른 부활은 없다고 했다. 한 개신교 신학자는 자신이 죽으면 앞서 떠난 부인의 생전 모습 그대로 다시 만날 것을 믿고 있었다. 누구보다 정직하게 신학 활동을 했던 천주교 학자는 부활을 우주가 새롭게 변할 미래를 앞서 예시한 것이라 풀었다. 이렇듯 모두가 다른 부활을 말했는데 이것이 바로 부활신앙의 실상이라 하겠다. 획일화된 하나의 교리적 부활은 단연코 없었다.

보통 우리는 부활을 세상의 소망이라고 믿는다. 죽음을 이겼으니 부활만큼 힘센 것은 없다고들 말한다. 이를 세상을 사랑하는 하느님의 힘 때문이라 말하기도 한다. 그러나 부활을 믿는 기독교는 제국의 종교가 되었고 무소불위한 권력을 갖고서 사랑보다는 증오의 힘을 펼쳤다. 부활신앙을 서구, 기독교, 교회, 나아가 목사와 동격으로 만들고 자신들 악행마저 변증하고 합리화하는 도구로 변질시켰다. 상대방을 폄하하는 종교적 근거이자 토대가 되었다고 말해도 좋겠다. 부활신앙을 강조할수록 기독교는 세상을 점령했고 침략했으며 이웃 종교에 무례했고 더욱 악해졌으니 어불성설이다.

전광훈과 같은 인물이 어찌 기독교에서 나올 수 있었을까? 차별을 먹고 증오를 심으며 갈등을 조장하면서 부활을 외치는 그가 참으로 악하지 않은가. 광화문 광장을 지나면서 그의 입에서 부활하신 예수님 이야기를 누차 들은 바 있다. 누가 내게 부활이 뭔지를 묻는다면 억울하게 죽은 사람들을 위한 것이라 말하겠다. 생물학적 죽음을 해결하는 것이 성서가 말하는 부활일 수 없다. 그런 부활은 『호모 데우스』의 저자 유발 하라리가 말하듯 은행 잔고가 해결할 수 있을 것이다. 유전자를 조작하여 긴 삶을 보장하는 뭇 영생교가 과학의 이름으로 등장할 수 있기 때문이다. 돈이 사람의 생명 연수를 늘릴 수 있을 것이다.

　동서고금을 막론하고 억울한 죽음을 맞은 사람들이 상상할 수 없을 만큼 많다. 억울한 죽음에 대한 신적 보상이 부활이면 좋겠다고 생각해 왔다. 예수 당시 바리새파 사람들도 믿었던 부활 역시 이스라엘의 독립을 위해 애쓰다 살해당한 자기 조상들의 해혼과 무관치 않다. 보상 차원에서 주어진 것이 부활이었던 것이다. 우리에게도 제주 4.3의 희생자를 비롯하여 가까이는 세월호, 이태원에서의 죽음 등이 있지 않은가? 이런 부활은 억울한 자를 만든 사회에 저항을 요구한다. 또다시 그런 희생자가 나올 수 없는 구조를 만들라는 것이다. 하지만 바리새인도 어느덧 당대 사회의 기득권자가 되었다. 같은 부활을 믿었고 말했지만 바리새인들이 예수를 죽인 이유라 할 것이다.

　요즘 '개벽'이란 동학의 언어가 종교인들 사이에서 보편적으로 사용되고 있다. 동학 천도교인들은 '동학하다'라는 말로 자신들 신앙을 표현하며 '다시' 개벽을 이루고자 애쓰고 있다. 전혀 다른 세상이 열려야 하는데 자신들의 삶을 바쳐 그리하겠다는 것이다. 부활 또한 전혀 다른 세상, 죽음이 없는 세상을 말하는 기표인 점에서 크게 다르지 않다. 죽음이 지배하는 세상을 끝내겠다는 다짐이다. 이 점에서 그들의 '다시 개벽'은 우리의 부활신앙과 맥이 닿아 있다. 이미 접한 분도 있겠으나 동학교도들에게 배운 언총(言塚, 말무덤)에 대한 이야기를 다음처럼 소개해 보겠다.

전혀 다른 세상을 열기 위해 그들이 애써 노력한 흔적을 알 수 있는 이야기이다. 마을(국가)에 어려운 일이 있을 때마다 사람들은 언총, 곧 말무덤가에 모이곤 했다. 서로 다투고 비난하고 헐뜯고 욕하고 걱정하며 파괴적인 말들이 난무하는 상황에서 살았지만 공동체가 걱정되면 다시 모인 것이다. 이들은 자신들이 쏟아놓은 모든 험하고 사나운 말들을 한데 모아 말무덤에 파묻는 의식을 거행했다. 다시는 그런 말들이 밖으로 뛰쳐나오지 못하도록 할 목적에서였다. 그러고 나면 신기하게도 다툼질과 언쟁, 갈등이 수그러졌고 평화가 도래하는 것을 경험하곤 했다. 일종의 '말 장례식'을 치른 것이리라. 결국 자기의식을 크게 죽이는 의식(Ritual)이었다.

여기서 배울 것이 있고 느낀 바가 많다. 향후 더 나은 세상을 위해 기독교가 할 일은 부활을 외치기 전에 먼저 입을 다물면 좋겠다는 것이다. 그동안 자신들이 뱉어놓은 온갖 허언, 과장된 폭언, 차별 언어 등을 무덤에 파묻고 조용히 있어야 할 사람들이 기독교인들이기 때문이다. 말장례식은 자신들을 먼저 돌아보겠다는 일종의 다짐, 평소 의식의 죽음이었다. 그럼에도 코로나로 기를 펴지 못한 기독교, 그 세력을 과시하겠다고 소리치며 부활 대행진을 계획하여 거리를 활보하고자 했으니 가관이다. 부활신앙을 마치 종교 상업용으로 오용, 변질시킨 듯 보인다. 이럴 때일수록 부활의 케리그마 없이도 기독교공동체가 가능했던 순간을 돌이키면 좋겠다.

마음이 가난한 자가 복이 있고, 의를 위하여 박해를 받은 자가 복이 있으며, 온유한 자가 땅을 얻는다는 말씀만으로 우리는 '동학하다'처럼 '예수 믿기'를 넘어 '예수 살기'를 할 수 있지 않을까. 그동안 부활을 외치면서 행했던 거짓과 이웃, 타자에게 퍼부었던 언어적 폭력을 땅속 무덤에 묻는 것을 우리들 부활절 행사로 삼았으면 좋겠다. 전혀 새로움도 없는 기독교, 타자를 부정하는 기독교가 외치는 부활은 굉음이며 시끄러운 소리, 웃음거리가 될 뿐이다. 우리 가정에서도 부정적 기운을 주고받던 언어를 땅속에 묻고 새 기운을 받는 부활절이 되어야 할 것이다. 부활도 개벽처럼 그렇게 이런 소소한 일상에서부터 시작되는 것이다.

우리가 익히 알듯 부활절은 봄의 축제와 연결되어 기독교화되었다. 부활신앙이 이방 종교의 봄의 축제와 습합(褶合)된 결과였다. 봄이 부활의 실상을 가장 잘 표현하는 까닭이기도 할 것이다. 다석 유영모 선생이 썼던 '봄'이란 한글시 한편을 풀어 소개하겠다.

아기집서 눈 떠나니 땅 위에서 귀 떴구나.
말슴 아는 맘이 되니 늘 살길로 하늘 솟자.
옳음즉하니 여름 맺혀 뵙과

- 『다석일지』 1955. 3. 3

풀이하면 뜻은 다음과 같다. 씨알(아기집)에서 싹터 눈이 열리듯, 이 땅에서 말씀 듣고 우리들 귀가 열리면 우리는 말씀을 아는 마음이 된다. 싹이 자라듯 이 마음이 날로 커져 진리를 사랑하는 영원한 삶에 이르도록 하자. 땅에 머물러 살지만 하늘길(뜻)로 솟은 삶을 살아보자. 대자연이 싹터 자라는 것이 옳듯이 나 역시 눈을 떠서 봐야만 한다. 봄은 내가 눈 떠서 보라고 봄인 것이다. 얼었던 대지, 아무것도 없는 듯 보였던 그 땅에서 생명 움트는 것을 보라고 '봄'이다. 싹이 자라 꽃을 피우고 열매 -여름은 열매를 맺으라는 뜻이다- 맺듯이 우리도 눈 떠 봐야 철이 드는 법이다. 언제까지 자기 속에 갇혀 자기 보는 것만 절대라 우기며 살 것인가? 이 봄에 싹 나듯이 우리도 눈 떠 철들 준비를 해야 옳다.

봄을 상징하는 주역의 괘는 돌아온다는 복괘(復卦)이다. 첫 효가 양효(陽爻)이고 나머지 위쪽 5개 효 모두 음효(陰爻)이다. 음의 기운이 극성했으나 이제 다시 양의 기운이 자연과 세상에 도래하기 시작했다는 상을 지녔고 뜻이 담겼다. 첫 효의 양이 나머지 음의 세력을 몰아내려면 아주 큰 힘이 필요할 것이다. 부활절은 우리에게 양의 세력의 출현을 의미한다. 천지가 만물을 새롭게 낳기 위해 생심(生心)을 선물한 것이다. 하지만 이런 힘에 우리들 마음이 보태져야 양의 힘이 우주와 사회에 가득 찰 수 있는 법이다. 첩첩이 쌓인 음기를 몰아내기에는 아직 힘이 벅차다. 예수의 부활만으로 세상은 쉽게 바뀌지 않을 것이다. 하지만 첫 효에 우레(양)가 들어 있기에 결국은 이길 것이란 것이 복괘가 함의하는 바다. 이 일을 위해 힘을 합칠 동료들을 부르는 괘가 바로 '복괘'인 것이다. 이 점에서 봄의 싹틈, 곧 부활은 완성이 아니라 시작이며 우리들 고난을 부르는 소리로 이해하는 것이 옳다. 첫 효 속에 숨겨진 양(그리스도)의 힘을 보고 그 힘에 자신의 삶을 바치는 것, 바로 그것이 '내가 믿는 부활'이다.

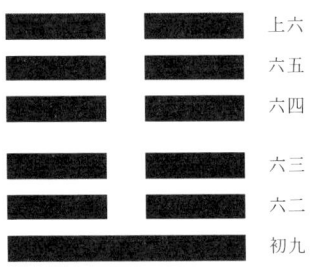

봄을 상징하는 주역의 괘. 복괘(復卦).

'새삼' 함께 사는 길

몇 달 전 페이스북에서 본 글을 기억하며 적어본다. "하루 세 끼는 사치이고, 두 끼면 과식이며, 다수의 청년들이 한 끼 식사로 하루를 산다." 정확한 문장은 아니겠으나 뜻은 틀림없다. 지방에서 올라와 월세방 얻어 공부하는 학생들에게 주로 해당되는 말이겠다. 삼각김밥과 컵라면으로 하루를 때우며 미래를 준비하는 이들에게 정말 미래가 있을지 모르겠다. 건강을 잃으면 모든 것을 잃는 까닭이다. 더구나 연 3백 명 이상의 이삼십대들이 삶을 절망하며 고독사한다니 놀랍고, 슬픈 일이다. 그럴수록 같은 공간에서 다른 삶을 살고 있는 뭇 사람들에 대한 경각심이 필요하다.

한 감리교 목회자 부부가 오래 전부터 '도시락&톡'이란 비영리 단체를 만들어 신학교를 비롯한 몇몇 대학에 '엄마밥'을 제공해 왔다. 삶의 희망을 전하면서 말이다. 여러 교회의 지원을 받기도 했으나 때로는 자비로 충당했다. 손수 지은 밥 한 끼를 나누는 이 자리를 학생들이 최근 들어 더욱 소중하게 생각한다니 고맙고 다행스럽다.

최근에는 기성 목회자들이 사회 곳곳의 약자들을 위해 일하는 후배들 활동비를 모금하고 지원하는 일도 시작되었다. 눈물 있는 곳곳을 찾아 거리에서 예배하는 '촛불교회'가 생겼고, 삶의 터전을 빼앗긴 뭇 소상공인들의 '곁'이 되고자 '옥바라지선교회'가 탄생했다. 주로 젊은 목회자들과 교회 청년들로 구성된 이들의 활동을 신앙 선배들이 후견하며 지켜내야 할 것이다. 이들 존재와 활동은 한국교회가 아직은 건강하다는 반증일 것인 바, 교회의 소중한 미래 자산이 될 것이다. 가난한 청년 임대인들의 목숨을 앗아가는 자본의 탐심, 탐욕에 맞서며 빈민·주거 문제를 위해 애쓰는 활동가들도 우리들 후배인 것을 기억해야 한다. 만약 우리가 오늘 시편의 말씀처럼 "세상 속 모든 것이 하느님의 것"이라면 우리는 동시대 같은 공간에서 벌어지는 가난과 착취의 현실에 눈감을 수 없다. 누군가 하느님 것을 독점하고 나누지 못했기에 누군가는 집을 잃고 한 끼의 식사도 못하며 목숨을 끊고 있는 것이 아니겠는가?

이런 비탄과 탄식이 어디 사람에서뿐일까? 코로나바이러스를 비롯하여 세계 곳곳의 홍수, 가뭄, 산불 역시 피조물의 신음이겠다. 이 모두가 인류세를 잘못 경영하고 치리했던 인간 탐심의 결과물이다. 잘 사는 북반구 -여기에는 한국도 포함된다-의 생활 쓰레기가 수출이란 미명하에 아시아, 아프리카로 버려지고 있다. 자연에 방치된 쓰레기를 굶주린 소나 코끼리들이 먹는 과정에서 비닐이 몸속에 유입되고 있다. 황소 사체에서 90킬로그램에 달하는 엉킨 폐비닐을 꺼내는 모습을 영상으로 본 적이 있다. 죽음에 이르기까지 폐비닐로 고통을 겪었을 동물을 생각할 때 자연을 파괴하며 살고 있는 우리가 너무도 죄스럽다.

서구의 온갖 전자 폐기물이 모이는 아프리카의 어느 곳은 소량의 광물을 캐내고자 이들 쓰레기를 불사르는 과정에서 자연은 물론 수많은 아이들을 중금속에 오염시켰고, 산모의 건강을 해쳐 기형아 탄생을 부추겼다. 강대국들이 버린 폐기물이 가난한 나라의 자연과 사람들을 피폐하게 만들고 있는 것이다. 이렇듯 세상은 우리가 눈 떠 보지 않았고 귀 열고 듣지 않아서일 뿐 국내외를 막론하고 온통 비탄과 탄식의 소리로 가득 차 있다. 자본주의가 추동하는 욕망은 지금껏 이런 소리를 지속적으로 거부, 거절했다. 아예 눈, 귀를 닫고 자기 소리만 내며 살고자 한 탓이다.

성서는 하느님의 영이 이들을 대신하여 탄식한다고 말씀한다(롬 8:23). 성서의 본뜻대로라면 우리 주변, 아니 세계 속의 약자들, 자연의 신음을 듣는 것을 성령 체험이라 말해야 마땅하다. 약자를 희생양 삼아 풍요를 누리던 나라들마저 기후 붕괴로 죽겠다고 야단법석인 작금의 지구적 상황은 이전과 다른 방식으로 성령 체험을 요구하고 있는 것이다.

　다시 묻는다. 우리는 정말 지구상의 모든 것이 하느님께 속했다는 시편의 말씀을 믿고자 하는지, 믿을 수 있는지를 말이다. 만일 '예!'라 답한다면 우리를 욕망덩어리로 만드는 자본주의 체제와 그에 편승한 우리들 신앙 양태를 달리 생각해야 옳다. 자본주의적 욕망과 신적 축복을 등가로 생각했고 가르쳤던 종교개혁 이후의 개신교에 대한 통렬한 반성이 필요하다. 로마의 기독교화를 꿈꿨던 가톨릭교회였으나 정작 로마화되었듯이, 자본주의를 잉태한 개신교였지만 결국 자본주의를 신으로 만들었기 때문이다. 이는 비단 기독교만의 문제는 아닐 것이다. 세상에 종교가 있다면 그것은 자본주의뿐일 것이라는 자조 섞인 말이 회자되는 실정이다. 하지만 하느님이 지으신 창조 세계, 소위 인류세에 접어든 지구를 사실적 종말로 치닫게 하는 원인이 자본주의에 있다는 것이 인류의 공통된 의견이다. 이를 논할 지면이 아닌 탓에 약술하겠지만 창조신앙을 신봉하는 기독교가 직면한 최대의 난제가 아닐 수 없다.

앞으로 기독교를 비롯한 차축시대(BC 900-300년)의 종교들은 저마다 성장지상주의, 가속주의, 생산력 및 효율성 숭배주의에 빼앗긴 자신들 혼(ethos)을 되찾아야 한다. 모두 힘을 합쳐 약자의 삶을 구하고 자연을 지키는 것을 으뜸 과제이자 존재 이유로 삼아야 할 것이다. 그토록 강조한 우월성, 절대성 요구는 이 과제를 어떻게 신속히 감당하느냐에 달려 있다. 각자의 교리와 신조는 탐욕의 세상을 공생·공존을 위한 바른 행위(正行)를 통해서 증명해야만 한다. 세상 모든 것이 하느님 것이라 믿고 고백한다면 우리는 좀 더 단순하게 살 필요가 있다.

지금껏 갈등했던 자유와 평등 이념의 한계 역시 분명했다. 단순성(Simplicity), 최소한의 물질로 사는 것을 잊었고, 스스로 부정했던 탓이다. 모두에게 넉넉했고 생명의 근거인 자연을 물적 토대로만 여긴 것도 화근이었다. 하여 인간과 인간, 인간과 자연의 공생을 위해 공빈, 조금씩 가난해지는 삶이 화급히 필요한 시점에 이르렀다. 사람뿐 아니라 자연도 회복적 탄력성을 아주 애타게 기다리고 있다.

이를 위해 시편 24편 말씀에 잇대어 창세기의 선악과 이야기를 재구성할 필요가 있다. 지금껏 선악과는 인간의 선천적 타락을 정당화하는 원죄 교리의 토대로 사용되었다. 근자에 이르러 원죄보다 원복(Original Blessing)을 강조하는 경향이 생겼지만 선악과 사건을 해석함에 있어 여전히 역부족이다. 인류세가 맞은 전대미문의 위기 상황 극복을 위해서는 성서 이해가 좀 더 급진적이 될 필요가 있다. 여기서 '급진적'이란. 근본적이며 철저하다는 뜻을 지니고 있다.

성서는 선악과를 하느님의 것이라 강변했다. 선악과는 "모든 것이 하느님의 것"이라는 시편 말씀의 상징적 표현이라 봐도 좋겠다. 사실 하느님의 것이란 모두의 것, 공적이란 의미를 담고 있다. 선악과를 취했다는 것은 공적인 것을 사적인 것으로 만들었음을 뜻한다. 모두의 것(公)을 개인의 것으로 바꿔 버린 것이다. 그렇기에 구원은 사적으로 탐한 것을 다시 공적으로, 하느님의 것으로 되돌리는 일과 무관치 않다. 공적인 것이 많은 세상이 하느님나라에 가까운 법이다. 이런 해석이 구약의 희년사상, 예수의 하느님나라 운동과 맥락이 다르지 않다. 예수는 자신의 기도를 통해 하늘의 공평과 풍요로움이 이 땅에서 이뤄질 것을 빌고 바라라고 가르쳤다. 앞서도 언급했지만 우리 사는 세상은 10% 아니 1%의 사람들을 위해 기획되어졌고 계속 이어지고 있다. 자본주의 체제는 이런 현실을 당연시하고, 이에 편승한 교회는 그 소수에 속하는 것을 축복이자 은총이라 가르쳐 왔다. 믿음을 그런 욕망을 성취시키는 수단으로 여긴 것이다. 그럴수록 세상에 대해 우환 의식을 선포하는 교회를 찾기가 더욱 어려워졌다.

욕 먹을 각오하며 하는 말이지만, 대형교회 성직자일수록 신앙을 논하고 영성을 말하나 시민사회 운동가들과 견줄 때 더욱 세속적이고 물질적인 존재로 변질되어 있다. 이들에게 하느님이 창조하신 세상을 맡길 수 없을 만큼 말이다. 세상을 걱정하는 사람으로 인정받지 못하니 기가 막힌다.

선악과, 하느님의 것은 학문적 용어로 '공유지'를 뜻한다. 과거 해방·민중신학자의 경우 이것을 노동 소외에 기초한 생산물로 한정했으나, 최근 세계적 차원의 불평등과 기후 붕괴에 직면한 작금의 현실에서는 그 개념이 확대되었다. 무엇보다 토지, 물, 공기, 태양 등과 같은 자연은 물론 인류가 오랜 역사 속에서 함께 만든 지적 자산들은 누구도 독점할 수 없는 공유재이다. 그럴수록 기술력을 갖고 이를 사적으로 취해 인류세를 망가트린 세계 체제를 바꿀 필요가 있다.

누가 아프리카나 남미의 강과 산속에 묻힌 자원을 맘대로 채굴하고 인도네시아와 아마존 살림을 마구 채벌할 독점적 권리를 주었는가? 서구인들 기호에 맞는 질 좋은 커피 생산을 위해 쌀농사를 포기하고 싸구려 도시 노동자로 전락한 제3세계 사람들, 쓰레기 처리장으로 소비되는 남반구 사람들의 미래를 누가 보상할 것인가? 오랜 세월 인류가 함께 축적한 지식과 정보를 갖고 홀로 떼돈 버는 네이버와 구글, 카카오톡 등에 어떤 강력한 조치가 필요할 것이다. 이득을 그들만 갖게 할 수는 없는 노릇 아니겠는가.

평생 비정규직 노동자로 내몰리며 주 60시간씩 노동해도 가정을 꾸릴 수 없는 이 땅의 젊은이들의 비애를 어찌 위로하고 해결할 것인가. 하루 한 끼 식사로 삶을 영위하는 젊은 청년들이 우리 옆에 있다는 사실을 애써 외면하며 언제까지 살 수 있을까. 생리상 이윤 추구를 목적하는 자본주의 체제로는 그 어떤 해결도 불가능하다는 것이 다수 학자들의 평가다. 기술력만 갖고 지속 가능한 발전을 이루겠다는 말은 거짓이다. 하느님의 것이자 모두의 것을 제것처럼 취해 다수를 희생시켜 소수를 배불린 인류세의 공멸을 결코 멈출 수 없을 것이다.

오늘 우리가 '기본소득'을 주장하고 '성장'을 멈추고 '돌봄'을 우선하자는 것도 파멸의 시간을 늦추기 위함이다. 공존하려면 '공유' 개념에 터해 먼저 나눠야 할 것이며 공생하려면 모두가 단순하게 살 준비, 공빈(共貧)을 결심해야 옳다. 이 점에서 예수의 하느님나라 운동은 인류 미래를 위한 은총이자 축복이다. 다른 체제를 상상하고 실험하는 인류의 큰 자산이라 생각해야 마땅하다. 결코 사라져서는 아니될 석과불식(碩果不食)으로써 기독교의 미래가 여기에 달려 있다.

그리스도 안의 존재

 특정 교단, 좁히면 어떤 교회에 속한 사람을 교인이라 부르며 그를 크리스천이라 명명한다. 기독교인의 정체성을 교회 구성원 됨의 여부로 판단한 결과이다. '교회 밖에는 구원이 없다'는 오래된 명제가 이를 뒷받침한다. 교회를 '그리스도의 몸'이라 했기에 더 이상의 반론이 불가능할 것이다. 오래전 한 가톨릭 사제는 이런 교회를 일컬어 '순결한 창녀'라 명명한 죄로 가르치던 대학에서 내쫓김을 당했다. 창녀란 말이 교황청에 거슬린 것이다. 다시 묻는다. 교회는 과연 거룩한가? 하나의 보편적인 사도의 교회라 말할 수 있겠는가? 그 안에서 하느님이 기뻐하시는 일이 실종되어도 교회라 말할 수 있겠는가. 화해보다는 적대, 공감보다는 혐오, 나아가 진실보다는 거짓을 신앙의 이름으로 확대·재생산하는 교회를 그리스도의 몸이라 일컫는다면 누가 이를 믿을까?

빈부 차가 점점 심하게 벌어지고 편법 세습이 자행되는 교회, 반공이 신앙으로 포장되는 현실에서 교회를 거룩하다 말하기가 어색하다. 실로 이 땅에 전해진 교회, 그리스도의 몸이 지난 세월 동안 많이 더럽혀졌다. 자신의 몸을 산 제물로 바치는 사람들, 성서가 말하는 '그리스도 안의 존재'들이 목회자, 평신도 할 것 없이 실종된 탓이다. 그럴수록 먼저 "교회 복음화 없이는 세상의 복음화가 없다"는 가톨릭 교종의 말을 기억해야 옳다. 복음을 독점했다고 떠벌리는 교회 내에서 실상 복음의 힘이 작동되지 못한 현실을 아프게 성찰해야 할 것이다.

'그리스도 안의 존재(Sein in Christo)'란 말은 로마서에서 가장 빈번하게 사용되었다. 역사적 예수를 만난 적이 없으나 바울은 자신의 경험에 근거하여 신앙의 핵심을 여기에 근거하여 명확히 적시했다. 로마서에 관한 최근 논쟁, 즉 바울이 말하는 믿음이 예수에 '대한' 믿음인지 혹은 예수'의' 하느님 신앙을 말하는 것인지에 대해 토론할 생각은 없다. 앞의 것을 강조할 경우 '칭의'가 우선될 것이고, 나중 것을 앞세울 때 '화해'에 방점이 찍힐 것이니, 이 둘은 결국 하나로 수렴될 수밖에 없을 것이다. 그럴수록 우리 자신을 하느님께서 기뻐하는 제물로 바치라는 말씀에 더 마음이 쓰인다. 그것이 바로 '그리스도 안의 존재'로 사는 것일 터인데 구체적으로 그 실체가 무엇일까? 이는 그리스도의 몸을 더럽혔고 복음 능력을 잃은 우리들이 필히 알아야 할 사안이다.

바울은 제국 로마에서 활동한 존재였다. 로마법이 지배하던 제국에서 '기독교인'으로 산다는 것이 쉽지 않았을 것이다. 제국은 영토를 넓혀가면서 노예제를 적극 인정했고 가부장제하에서 여성을 동등한 인간으로 대우하지 않았다. 누구든 노예를 맘껏 부렸고 성적으로도 자유롭게 살 수 있었다. 이런 체제 속에서 예수를 만나 새로운 삶을 시작한 사람들은 제국의 법과 갈등했다. 누구든 하느님의 자녀라 여겼고 남녀차별을 금했기에 그간 편히 살았고 실컷 즐겼던 이전 삶과 충돌하지 않을 수 없었다. 제국 안에서 그리스도를 수용한 사람들은 자발적으로 노예를 해방시켰고 부부관계를 달리 생각했다. 모든 것이 허용된 제국 안에서 자신의 편리와 즐거움을 스스로 거부한 것이다.

'그리스도 안의 존재'란 바로 이런 삶을 일컬었다. 이것이 하느님이 기뻐하시는 제물 되는 삶이었다. 제국 속에서 신앙을 갖고 사는 일이 쉽지 않았기에 바울은 거듭 반복하여 그리스도 안의 존재의 삶을 강조했다. 당시 로마는 오늘 우리 시대가 직면한 '자본'의 제국과 뜻에서 같다. '시장(Market)이 하느님이 된 세상(H. 콕스)' 말이다. 기후 붕괴를 야기할 만큼 성장과 효율성을 강조해 온 자본주의 체제하에서 기독인으로 사는 길 역시 쉽지 않다. 이런 대세에 거역할 의지조차 없이 죽은 물고기처럼 세파에 떠밀리는 교회가 주변에 많다. 자본주의적 욕망을 신앙의 이름으로 포장하고 미화시킨 경우도 허다하다. 그나마 가톨릭 신부가 교회에 '순결'이란 이름을 남겨준 것이 다행스럽다. 그럴수록 지난 세기의 러시아 사상사 베르다예프의 말을 기억하면 좋겠다.

"인간은 물질이 없으면 한시도 살 수 없는 존재들이다. 하지만 최소한의 물질로 살려고 할 때 그 물질은 물질이 아니라 정신이 된다. 이것이 인간은 빵이 아니라 하느님 말씀으로 산다는 성서적 의미이다."

소위 자본세를 살고 있는 우리들, '그리스도 안의 존재'는 욕망이 아니라 단순성(Simplicity)을 최고의 가치로 삼고 살아 가야 한다. 이쁜 아니라 바울은 칭의론을 넘어선 화해의 사도였다. 그리스도 안의 존재란, 종교(신앙)적 차원에서 이 일을 시도하는 일꾼들을 일컫는다. 복음서 내의 산상수훈 중 팔복의 정신과도 일치할 것이다. 기독교적 시각에서 볼 때 당시 세상은 크게 보아 유대인과 이방인, 그리스도인과 유대인,

유대교적 기독교인과 이방적 기독교인으로 나뉘어져 있었다. 가장 큰 구별은 율법의 유무(선민의식)에 따른 유대적 세계 인식이었고, 중간 것이 기독교와 유대교 간의 구별이었으며, 가장 하위의 범주는 각기 유대적·이방적 배경을 지닌 기독교인들 내부의 차이였다. 이들은 상호 적대했고 혐오했으며 거짓 증거로 상대방을 무너트리고자 했다. 오늘의 교회 역시 당시의 이러한 모습을 재현하고 있다. 복음을 반공 이념 및 소위 차별금지법과 동일시한 결과라 생각한다.

암암리에 숙지된 유대인들의 선민의식과 계시 절대성을 주장하는 개신교적 에토스도 한몫했을 것이다. 여하튼 율법 유무에 따라 선악을 가르는 유대인들의 세계 인식은 대단히 이원적이었다. 하지만 바울은 유대인이었으나 동시에 희랍 및 로마문화에 익숙한 실력 있는 학자이기도 했다. 그들이 믿는 '알 수 없는 신'을 거론하며 세상의 신이 한분 하느님인 것을 변론하였다. 자신이 하느님에게서 끊어지는 고통을 당할지라도 유대민족을 구원하겠다는 강력한 뜻도 피력했다. 각기 다른 배경을 갖고 기독교인들이 된 사람들에게도 바울은 관용의 태도를 취했다. 유대인의 경우 자신들 문화인 율법을 갖고 기독교인이 될 수 있지만 이방인에게는 율법 대신 믿음만을 요구했던 것이다. 이 경우 믿음은 다른 것 일체를 부정(배타)하는 통상적인 오늘의 '오직 믿음'과는 변별되어야 옳다.

바울은 유대인의 종교성을 결코 부정하지 않았다. 선교를 하되 강요하지 않았고, 끝까지 사유했으며, 사랑과 관용으로 품고자 했을 뿐이다. 이렇듯 바울에게서 '그리스도 안의 존재'란 갈라지고 분열된 세상을 하나로 만드는 삶을 살라는 명령이었다. 쉽지 않지만 포기하지 말고 하나의 세상을 일구라고 했다. 이것이 폭력을 사용한 제국 로마와 달리 세상을 구하는 기독교적 방식이었다. 물론 기독교가 로마의 국교가 된 이후 제국종교로 변질되었지만 말이다.

여기서 바울의 화신이란 자각을 갖고 살았던 김흥호 선생을 떠올려 본다. 동시대 사유에 익숙했던 바울처럼 유불선 종교에 능통한 선생 역시 한국문화와 기독교를 아우르고자 했기 때문이다. 한 개인이든 종교든지 간에 스스로 큰 그릇이 되면 모든 것을 그 속에 담을 수 있는 법이다. 이를 '군자불기(君子不器; 군자는 결코 그릇이 아니다)의 영성'이라 해도 좋겠다. 그리스도 안의 존재를 이렇듯 유교식으로 바꿔 말해도 그 뜻에 있어 어긋남이 없다.

이외에도 언급할 것이 많다. 비록 자급적 생산 공동체는 되지 못했지만 함께 먹고 서로를 구제하며 다양성을 지녔던 교회가 처음 교회였다. 이 땅의 교회 70% 정도가 미자립 교회로 남아있다는 것은 교회가 공교회성을 잃은 증거이다. 하나의 보편적, 사도적 공교회란 말이 '참'이 되기에는 지금의 교회의 모습이 자본주의 실상을 꼭 빼닮았다. 도시와 농촌의 지역 차는 물론, 부자교회와 가난한 교회 간의 격차가 너무도 커졌다. 그럴수록 "목사의 크기가 교회의 크기에 달려 있다"는 거짓된 신화가 생겨나고 있다.

자본주의 현실에서 작은교회 목사들은 무능력자로 폄하되곤 한다. 예산 규모에 따라 획일적으로 첫째로부터 꼴찌에 이르는 교회 서열이 생겨났다. 하지만 유대적 교회공동체와 이방적인 교회공동체가 공존했듯이 교회는 시작부터 다양성을 전제로 했다. 서로의 특색을 살리는 일을 중시했던 까닭이다. 유대인들 개종 숫자가 줄어든 탓에 경제적 위기를 맞은 유대적 교회공동체를 바울이 크게 도왔다는 기록을 성서에서 접할 수 있다. 정치적 이유도 있었으나 개별적 정체성을 지킬 수 있도록 돕는 배려 차원에서였다. 이후 로마 국교 이전까지 다양한 텍스트에 따른 다양한 공동체가 공존했던 것은 지면상 생략한다.

초대교회로 돌아가자는 말은 자주 하고 있으나 정작 앞의 내용들이 초대교회의 본질인 것을 생각하는 이들이 적다. 그때로 돌아가려면 많은 것을 포기해야 가능할 것이다. 당시 교회가 제국 로마 상황에서 그들과 변별된 꿈을 꾸며 다른 세상을 위해 존재했던 것처럼 당시 열정을 회복하는 것이 급선무다. 세상이 어찌 되든 오직 자신들의 교회만 유지·존속하면 된다는, 그것을 전부로 아는 기독교가 되어 버린 현실이 안타깝다. 세상은 자본주의 체제의 한계를 적시하며 새 체제를 상상하고 있으나 정작 교회의 생각은 근시안적이다. 우리들 꿈과 비전, 상상력이 초라하니 공감하는 이가 적고 무시된다. 생각(사유) 없는 신앙인을 키운 결과일 것이다. 세상이 어찌 되든 천국 가면 그만인 종교로 머물고자 한다면, 교회 그 자체를 목적이라 여기며 하느님처럼 섬기라 한다면, 기독교의 미래는 없다.

교회란 세상 속에 부재한 하느님나라를 위한 방편일 뿐이다. 교회는 진공상태에 있지 않고 구체적 상황 속에 처해 있다. 세상에 영향을 주지도 받지도 않는 교회는 성서가 말하는 교회일 수 없다. 주지하듯 기후 붕괴와 불공평한 세상 한가운데 교회가 현존하고 있다. 교회는 처음 신앙인들이 제국 로마와 변별되었듯이 타락한 자본주의를 치유할 책임이 있다. 나는 이 과제를 '복음의 정치학'이라 일컬어 왔다. 자본주의 체제 속에 살지만 그와 달리 살도록 가르치고 저항하는 것이 복음의 존재 이유일 것이다.

혐오(차별) 대신 사랑, 배타 대신 포용, 풍요 대신 단순, 획일성 대신 다양성, 성장 대신 성숙, 신조(교리) 대신 공감, 독점보다 공유, 분리에서 연결, 지배 대신 호혜 등을 통해서 말이다. 지난 세월 동안 교회는 전자를 선호하여 가르쳤으나 정작 성서는 후자를 가르쳐 지키라 명하고 있으니 교회 내 복음이 실종된 것이 명백해 보인다. 이런 삶을 사는 것이 성서가 말하는 하느님께서 기뻐하시는 제물 되는 길이라 믿고 싶다. 세상은 개벽의 길을 가고 있는데 교회는 지금 무엇을 상상하고 있는지 궁금하다.

비방받는 자의 표징, 예수

1100호를 뒤로하고 새로운 10년을 향해 첫 발걸음을 떼는 첫 글이라 책상 앞에 앉은 마음이 가볍지 않다. 향후 10년 기후 위기가 현실이 되고 인공지능이 삶의 판세를 바꿀 것이며 계층 간 격차를 넘어 인간 종차까지 예상되는 미래인 까닭이다. 〈기독교세계〉가 이를 예견하여 견인차 역할을 해 주길 기대한다. 그러려면 기독교에 대한 호감도가 일제 강점기 이후 종교이기를 포기한 유교보다 못한 작금의 현실부터 정직하게 수용해야 할 것이다. 계절의 변화에 따라 사람 옷차림이 달라지듯 기독교의 대응 자세 역시 시대에 맞춰 변화되어야 마땅했다. 하지만 화려한 옷 입기 좋아하는 사람들 -정작 예수는 선생이라 불리는 것을 두려워하라 했지만- 자칭 지도자 되기를 탐했던 이들은 자신들의 교회감옥(?)에 갇혀 세상을 배우지 못했다.

하느님이 교회를 통해 세상에 말하지만, 역으로 세상을 통해 교회에 자신의 뜻을 전하는 분(Missio Dei)인 것을 잊은 것이다. 지켜야 할 것이 많았기에 시대 징조에 눈을 감았던 탓이다. 그러나 정작 지켜야 할 것을 지켰는지를 물어야 옳다. 버려도 좋을 것은 움켜쥐고 필히 지켜야 할 것을 놓치는 오류를 반복한 것이 우리 역사가 아니었던가? 경건의 형식 말고 그 능력이 중요하다는 말을 거듭 소환하고 싶다. 변화하는 세상에서 필시 우리가 지켜야 할 것이 있다. 그럴수록 우리가 돌아갈 처음에 대한 물음이 중요하다. 근본이 정립되면 대응도 철저해질 수 있으니 말이다.

이런 질문과 함께 아기 예수를 품은 현자 시므온의 모습을 떠올려 본다. 성서에 시므온이란 늙은 현자 이야기가 있는지 의외로 모르는 사람이 많다. 누가복음에만 있는 것으로 예수 운명에 대한 이해가 통상적으로 낯설기 때문이다. 흔히 만인을 구원할 자로만 이해되기에 핍박받는 표징으로서의 예수가 익숙할 리 없다. 시므온은 유대법에 따라 아기 예수 정결 예식을 집행한 장본인이었다. 아기 예수를 품었던 그는 죽어도 여한이 없다고 말했다. 아기 예수를 통해 하느님의 구원을 봤던 까닭이었다. 그런데 구원에 대한 이해가 오늘날의 인습적인 우리들 생각과 다르다. 관련 본문을 나름 부연하여 소개하겠다. "… 이 아기는 이스라엘 사람들 가운데 많은 사람들을 넘어지게도 하고 일어서게도 하려고 세움을 받았으며 그로써 비방받는 자의 표징이 되게 하셨습니다. … 그가 칼이 되어 당신들 마음을 찌를 것인 바, 많은 이들의 마음속 생각들이 폭로될 것입니다." 이것이 시므온이 보았던 하느님의 구원이자 예수의 살아갈 운명이었다. 장차 그가 걸머질 십자가를 이처럼 정확하게 서술한 본문을 찾기가 쉽지 않다.

지금껏 50~60년을 신앙생활했으나 이 본문으로 설교하는 목회자를 만나지 못했다. 과문한 탓도 있겠으나 이 말씀에 많은 이들이 주목하지 않았기 때문이겠다. 인습화된 예수 이해와 많이 달랐기에 풀어낼 자신이 없었거나 부담을 느꼈을 것이라 추론한다. 새로운 10년을 살아야 할 기독교인들, 100호를 다시 시작하는 〈기독교세계〉의 앞날이 이 본문을 어떻게 읽고 만나느냐에 달렸다고 한다면 지나친 단순화일까. 그럴 수 있겠으나 우리가 지키고 돌아가야 할 처음이 시므온의 고백 속에 담긴 것은 틀림없다.

왜 성서 기자들은 이런 기사를 초기 문서에 편집해 넣었을까? 지금의 예수상과는 거리가 한없이 먼 시므온의 예언을 말이다. 비슷한 시기에 쓰인 마태복음(마 2:13-17)을 함께 읽으면 그 이유를 알 수 있다. 지금도 그렇겠지만 당시 누구나가 예수 탄생을 기다린 것은 아니었다. 밤새 양들을 지키며 구주 탄생을 기다렸던 목자들, 하늘 징조를 살피며 진리를 연구했던 박사들이 있었던 반면 정작 그의 탄생 소식을 듣고 그를 죽이고자 안달했던 세력도 있었다. 당시 로마의 후원을 받던 유대의 왕 헤롯이 대표적 인물이다. 그는 박사들로부터 예수 탄생 소식을 전해 듣고 베들레헴 인근 지역 갓난아이들을 포함한 두 살 미만의 아이들 수천 명을 살해했다. 자신의 왕권이 위태롭고 백성들 마음이 떠날 것을 두려워한 탓이다. 성서는 이렇듯 엄청난 유아 살해 사건을 선지자 예레미야의 예언이었다고 적었다. "라마에서 소리가 들려왔다. 울부짖으며 크게 슬퍼하는 소리다"(마 2:18).

힘없고 진리를 구하는 자들에게 예수는 위로자였고 구원자가 되었으나 기득권자들, 약자들을 등쳐먹고 그 위에 군림하는 이들에게는 그의 탄생 자체가 두려움의 대상이었다. 이런 예수였기에 예나 지금이나 세상에는 그의 존재를 불편하게 여기는 이들이 많다. 시므온의 예언 앞에 기록된 '마리아 찬가'(눅 1:46-55)에 그 이유가 분명히 적혀 있다. "… 그는 교만한 자들을 흩으셨고 권세 있는 자를 내리쳤으며 비천한 자를 높이셨고, 주리는 자를 좋은 것으로 배불리셨으며 부자는 빈 손으로 보내셨다 …" 거듭 말하지만 이것이 초기 성서가 전달하고자 한 예수상이었다. 이런 예수는 성서에만 있을 뿐 현실에서 실종되었다. 대형 교회일수록 이들 본문은 기피 대상이었다. 이 본문을 갖고 설교를 할 만큼 염치없지 않아서일 것이다. 교회의 유지·존속·확장을 위해 가난한 자들, 절규하는 이들 소리를 외면한 결과였다.

코비드19 상황에서도 교회는 오직 교회 걱정뿐이었다. 어느 교회는 자신들 전셋돈을 빼서 파산 직전의 교인 사업을 돕기도 했는데 말이다. 그럴수록 교회는 '오직 믿음'만으로 구원을 보장하는 바울서신이나, 하느님 율법 청종 유무에 따라 화복이 결정되는 일부 구약성서를 선호하기에 이르렀다. 종교개혁자들도 이를 일정 부분 뒷받침했다. 하지만 바울이 가르친 믿음은 '핍박받는 자의 표징'인 예수, 그의 하느님 신앙과 다르지 않다. 구약성서에도 역대기, 율법서만이 아니라 예언서, 지혜서가 있는 것도 기억해야 할 것이다. 루터의 '오직 믿음' 역시 천년 가톨릭의 상황에서 비롯한 것일 뿐, 로마서의 본뜻과는 거리가 있다는 것이 역사적 예수 연구가들의 중론이다.

이제 지구의 운명, 인류의 미래를 위해 실낱같이 얇게 남은 10년이란 시간을 앞두고 교회는 스스로를 복음화시켜야 한다. 자신을 가둔 두터운 껍질을 깨고 복음을 날것 그대로 선포하는 교회로 탈바꿈해야 옳다. 기득권자들 대신 노동자들을 위해, 가부장적 체제 순응 대신 여성들 편에서, 인간보다 탄식하는 자연 피조물의 시각에서, 차별받아온 장애인의 입장에서, 어른보다 어린아이들 미래를 먼저 생각하며 세상을 바라보는 것이 '핍박받는 표징'인 예수를 쫓는 길이자 그를 기억하는 방식이다.

AI시대, 기후 붕괴의 세상에서 우리는 더 큰 격차를 경험할 수밖에 없기에 인습적 예수와 다른 예수가 필요하다. 평평하지 못한 세상 속에서 약자들을 위하고 현재보다 미래를 먼저 생각할 때 시므온의 예수가 떠오르는 이유이다. 교회 규모가 작으면 작은 대로 크면 큰 대로 이 일을 하는 것이 예수를 따르는 것이자 교회의 존재 이유일 것이다. 교회를 거룩의 이름을 빌려 더 이상 자신들 욕망 실현의 수단으로 타락시키지 말아야 하겠다. 하느님 나라 사역을 교회 프로그램과 등치시켜 자족하는 것도 삼갈 일이다. 교회 존재 및 의식 구조를 총체적으로 바꾸는 것이 지금 상황에서 하느님의 일이자 교회의 복음화라 믿기 때문이다.

작금의 교회는 회개, 곧 방향 전환을 해야 할 시점에 이르렀다. 때마침 2023년은 선교사 무디의 한국선교 120주년을 기념하는 해이다. 이 일로 감리교회가 들떠 있고 매우 분주하다. 성령한국을 위해 그를 다시 기억하고 소환시켜 그의 사역을 회복, 재현시켜야 할 것이다. 그것이 중요한 만큼 시므온의 예언과 예지도 함께 현실로 불러내야 할 것이다. 어느 경우든 성직자들의 회개가 급선무이다. 회개 없는 행사로는 성령이 이 땅에 임할 이치도 재현될 까닭도 없을 것이다. 그런 점에서 주역의 '고괘(蠱卦)'를 주목하고자 한다. 점을 치려는 것이 아니라 회개의 뜻을 엄밀히 살필 목적에서다.

주역의 '고괘'는 자신을 둘러싸고 있는 현실, 자신들이 누려온 것을 전혀 다른 눈으로 바라보도록 돕는 역할을 한다. 한자어 '고'는 벌레가 가득 찬 그릇 속에 담긴 음식을 먹는 모습을 하고 있다. 지금껏 최고의 별미라 여기며 즐기던 것이 벌레 속에 담긴 것이었음을 새삼 깨닫게 된 상태를 일컫는다. 새로운 눈이 열리지 않으면 결코 볼 수 없고 보여지지 않는 실상이다. 지금까지 맛나게 먹고 즐기던 모든 것들이 정작 흉측한 벌레들과 섞여 있고 누군가의 희생과 슬픔을 딛고 얻게 되었다는 것이 고괘에 담긴 뜻이다. 그래서 고괘는 더 이상 맛난 것(욕망)을 추구하지 않고 현실을 전혀 다른 눈으로 보겠다는 회개, 곧 삶의 방향 전환을 뜻하는 회심과도 맥락이 같다. 새로운 소명에 눈을 뜨는 순간일 것이다. 당연시되던 잘못, 인습화된 폐단을 벗고 전혀 다른 세상에 살고자 결심하는 일이다. 과거와의 단절, 한번 크게 깨어져서 끝이 나는 경험을 요구받을 것이다. 단절이 없다면 결코 새로운 시작도 없다.

교회에 몸을 적시고 살면서 아닌 것을 알면서도 탁류에 함께 휩쓸리는 경험을 수없이 했다. 큰 교회를 탐했으며 돈에 영혼을 판 적도 없지 않았고, 설교를 돈으로 계산한 적도 있었다. 대형 교회 목사들을 비난하면서도 그들의 명성을 부러워한 적도 있었고, 부자 교인들 눈치를 보며 설교한 적도 없지 않았다. 이 점에서 고괘는 지금껏 살던 대로 살지 않겠다는 다짐이자 회개이다. 내 스스로 끊을 수 없는 대물린 -인습화된- 병폐이기에 하늘 힘이 함께해야만 가능할 수 있다. 우리가 성령의 도움을 요청하는 이유가 바로 여기에 있다. 비방받는 자의 표징으로서의 예수와 더불어 사는 것이 우리들 운명이자 소명이기 때문이다.

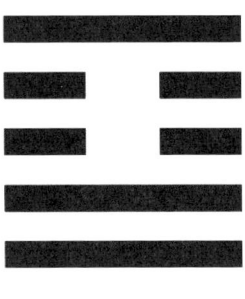

산풍(山風) 고괘(蠱卦)

세상에 신(神)의 오발탄은 없다

한 걸음씩 내딛는 일은 사소한 듯 보이나 그 힘을 이길 장수가 없다. 연약한 물방울이 결국 바위를 뚫듯이, 지속되면 말이다. 어떤 일도 멈춤 없이 계속될 때 그것은 하느님의 일이 될 수 있다. 〈기독교세계〉 1100호 출간 역시 사람의 계획만으로 이뤄진 것은 아닐 것이다. 연수로 100년 이상의 시간을 어찌 인간이 홀로 감당할 수 있었을까. 하느님 보시기에도 참 좋았을 것이다. 나의 글이 이 지면의 일부가 된 것이 고맙고 자랑스럽다.

물론 그간 한국전쟁으로 멈춘 적도 있었고 내외부적 이유로 폐간에 직면한 순간도 있었다. 세상과 교회로부터 찬사를 받은 적도, 반대로 비난에 처했던 경우도 없지 않았다. 그럴수록 지속성에 대한 감사와 감탄과 함께 〈기독교세계〉의 처음 취지와 뜻이 여전한지도 살펴야 옳다. 창간 정신을 잃으면 시대적 소임 역시 희미해질 것이니 말이다. 하느님도 당신이 만들고 그렇게 좋았던 피조물을 보며 괜히 만들었음을 탄식하지 않으셨던가.

기독교를 원죄(Original Sin)의 종교라 가르치며 강요하는 이들이 많다. 인간의 타락과 죄를 강조해야 구원(대속)의 종교인 기독교의 위상이 돋보여서 그런 것인가. 창세기 첫 장의 내용을 보면 죄에 대한 언급이 없고 하느님의 환호와 찬사로 가득 차 있다. 선악과 사건, 곧 인간 타락 이야기는 2장의 핵심 내용이다. 창세기 2장(J문서)이 전장(P문서)보다 수백 년 앞서 기록된 만큼 원죄 교리를 앞세워도 무방하겠다. 하지만 성서를 편집하는 과정에서 '하느님의 좋으심'을 강조하는 제사장(P) 문서를 앞세운 사실 또한 대단히 의미 깊다. 이를 비롯한 여러 이유에서 창세기가 원죄보다 원복(Original Blessing)을 강조한다는 설(說)이 점차 힘을 받고 있다. 당신이 지은 세상이 조화와 균형 속에서 유지·존속되는 현상에 대한 하느님의 환호 곧 원복(原福)을 우선할 경우, 원죄론에 입각한 구원관을 비롯한 뭇 교리, 교회 역할도 상당 부분 달라질 수밖에 밖에 없을 것이다.

나이가 든 분들은 소설 『오발탄(誤發彈)』의 작가 이범선을 기억할 것이다. 아주 오래전 그는 기독교 계열의 고등학교 국어 교사였다. 정직하고자 애쓰며 살았으나 아무 일도 이루지 못한 무능한 가장(家長)이 이 소설의 주인공이다. 한국전쟁 와중에서 홀어머니는 미쳤고, 아내는 출산 중 죽었으며, 남은 자식들은 영양실조에 걸린 상태였다. 신앙의 힘으로 정직하게 살았으나 자신에게 닥쳐온 현실을 감당할 수 없어 절망했다. 급기야 주인공은 이런 현실에 무능력한 자신을 '신(神)의 오발탄'이라 불렀다.

이 글을 썼던 작가 최범선은 학교를 떠나야만 했다. '오발탄'이란 말로 하느님의 전능성을 능멸했다는 이유에서였다. 신의 전능성과 앞서 말한 창조에 대한 하느님의 환호는 같지 않다. 개체의 연약함이 전체적 관계성 속에서 치유, 회복되도록 하느님은 세상을 지으셨기 때문이다. 그것을 하느님이 좋아하신 것이다. 하지만 지금도 교리(전능)를 앞세워 약자(차이)를 약자(차이)로 인정하지 않는 일들이 교회 안팎에서 여전하다. 세상은 달라졌는데 기독교가 변하지 않은 탓이다. 『기독교 변하지 않으면 죽는다』는 스퐁 감독의 책이 출판된 지도 20년이 지났다.

〈기독교세계〉 1100호를 축하하는 지면인 만큼 전해 들었던 이야기를 기억하여 서술하고자 한다. 오래전 소천하신 장기천 감독이 이 잡지 편집 책임자로 있던 시절의 이야기이다. 당시 주요 일간 신문들이 〈기독교세계〉의 내용을 받아 기사화하곤 했었다. 이승만, 박정희로 이어지는 서슬 퍼런 독재 시절 〈기독교세계〉는 한국 사회의 중요한 '입(口)'이었기 때문이다. 설마 그런 적이 있었겠는가 싶겠지만 진정 그런 시절이 있었다. 그뿐 아니었다. 당시 장기천 목사는 불교계에서 글쟁이로 살았던 법정 스님과도 깊이 교감했다. 각기 소속 기관지의 편집자로서 서로 글을 주고받았기에 급기야 법정 스님을 교회 강대상에 초청하는 일도 생겼다. 강대상에 올랐던 당시 스님의 말을 들었던 그대로를 적어 본다. "나 같은 중놈을 이곳에 세우다니 여러분들이 믿는 하느님은 얼마나 '쎈' 존재인가요?" 이렇듯 자신을 한껏 낮추며 정작 강대상 밑으로 말씀을 전했다고 한다. 오랜 역사를 상징하는 큰 숫자인 1100호를 기념하고자 한다면 이런 류(類)의 기억을 많이 소환해야 할 것이다. 세상을 감동하게 한 사건들 말이다. 과거만도 못한 오늘의 상태로 숫자와 연수를 자랑할 수만은 없지 않겠는가.

지난 역사 속에서 감리교단은 적공(積功)도 있었지만 치명적 잘못도 범했다. 한국 기독교사(史)를 부끄럽게 만든 종교재판이 바로 그것이다. 어떤 교단에도 없었던 누(累)를 범했다. 30년 전에는 종교다원주의, 포스트모더니즘, 페미니즘 등 시대 정신과 사상을 정죄했고, 작금에 진행 중인 종교재판은 동성애를 겨냥하고 있다. 자기부정 대신 타자 부정을 앞세운 일탈이 아닐 수 없다.

지난해 10월 종교개혁의 날에 프레스센터에서 종교재판 30년 역사를 냉철하게 회고하고 성찰하는 모임이 있었다. 당시 강연을 기초로 발표, 기고된 글을 모아 『그때도, 지금도 그가 옳다』(동연 2023)라는 책을 출판했다. 신학대학 교수들, 목회자들, 감독들을 비롯하여 동시대의 사상가들, 이웃 종교인(학자)들의 글 40여 편이 수록되었다. 저마다 글의 형식은 달랐으나 글에 담긴 뜻은 일치했다. 책 제목이 바로 그것을 적시하고 있다. 『종교재판 30년 백서』도 새롭게 세상과 교계에 선보일 것이다. 당시 종교권력이, 구체적으로 누가 어떤 목적과 이유로 종교재판이라는 난장(亂場)을 벌렸는지 명백하게 밝혀지길 기대할 것이다. 미진한 것이 있으면 지금이라도 공론의 장을 만들면 그뿐이다. 어느 쪽이 교회를 어렵게 했고 신학대학의 학문성을 해쳤는지도 토론할 주제이다. 1100호에 이른 〈기독교세계〉가 그때 이 사건을 어떻게 다뤘는지도 궁금하다. 기회가 있으면 당시의 〈기독교세계〉를 들춰 볼 계획이다.

종교재판의 망령이 그것으로 그치지 않고 지금도 계속되

니 걱정이다. 동성애 문제는 인습화된 기독교에 큰 도전일 수밖에 없다. 미국감리교회(UMC)에서조차 이 문제로 분열의 아픔을 겪고 있으니 소식 접하는 것만으로 가슴 아프다. 그러면서도 미국 감리교회의 위대성을 본다. 분리와 손해(?)를 감수하면서도 지킬 것은 지키는 그들의 열린 입장에 경의를 표하고 싶다. 한국교회 내부에서도 신학적 입장 차(差)가 크고 찬반의 논의가 있다. 지난한 토론과 논의 과정이 필요한 주제인데 교단은 이를 종교재판에 회부했다. 누가, 무엇으로 소신 있는 젊은 목회자를 기독교, 아니 예수의 이름으로 정죄할 수 있는가? 절차상 문제로 재판 자체가 순연(荀連)되고 거듭 미뤄지는 것을 보면 분노가 일어날 정도이다. 재판위원들 스스로도 본 재판을 '뜨거운 감자'로 여긴 방증이 아닐까 싶다. 본 주제는 물론, 어떤 사안으로도 종교재판을 재현하는 일은 이제 그쳐야 옳다.

기독교를 원복(原福)의 종교로 재구성한 신부 신학자 매튜 폭스(M. Fox)의 강의를 명동성당에서 들은 적 있다. 앞서 언급했으나 다시 한번 소환하겠다. 그는 기독교의 창조영성을 연구한 신학 전문가로 알려진 분이다. 강의가 끝난 후 자신을 천주교 신자, 게이라 소개하며 "내가 나를 어떻게 이해해야 할지 모르겠다"며 질문한 청년이 있었다. 거의 울먹이며 절규하듯 자신의 정체성을 질문한 것이다. 신부와 수녀로 구성된 청중은 술렁거렸으나 강사인 메튜 폭스는 그 청년의 질문을 기쁘게 받았다. "That's good Question!"이라 한 것이다. 게이 청년 물음에 답한 그의 말을 약술하면 다음과 같다.

우선 그는 동성애를 종교(기독교)보다 과학 차원에서 접근할 주제라 여겼다. 천동설과 지동설 초기 논쟁이 본디 성서에 근거해서 시작되었으나, 지금은 그런 시도 자체가 어불성설이듯 말이다. 성서 속 어느 구절을 앞세워 논쟁하며 답을 찾고 얻기가 쉽지 않다. 더구나 문자지상주의, 성서무오주의를 앞세우는 상황에서 말이다. 원복의 저자답게 그는 우주 속에 -사람과 짐승, 심지어 식물에 이르기까지- 동성애 성향의 존재들이 10% 남짓 있다고 전제했다. 우주 안에서의 이들 역할이 본연(자연)의 상태에서 대단히 중(重)하다고까지 역설했다. 잘못된 상태로 태어났다는 기존 종교적 편견을 단박에 허문 것이다. 동성애 성향을 저주스럽게 여기며 그 상태를 의술로 심리학적으로 고칠 수 있다는 기독교의 시각 -나름의 사랑(?) 표현-을 오히려 폭력이라 보았다.

차별적인 기독교인들 주장대로라면 동성애자들은 모두 '하느님의 오발탄'인 셈이다. 그럴수록 '날 때부터 소경된 사람'의 질문을 복기해 볼 필요도 있겠다. 누구의 죄 때문이 아니라 하느님의 영광 때문이라는 예수의 답변을 곱씹을 시점이다. 물론 후천적 요인으로 성정체성이 달라진 경우도 있을 것이다. 이 두 경우를 분리해서 살필 지혜가 종교인들에게 필요하다. 사춘기 자녀들에게서 어느 순간 동성애 성향을 발견한 부모의 마음을 헤아려 보자. 자식들 일기를 훔쳐보며 먼저 커밍아웃해 주기를 노심초사 바라는 부모들이었다. 혹시라도 그 성향을 고칠 수 있을까 싶어 백방으로 전문가들의 의견을 구한 분들이었다. 죽을 듯 힘든 일이었으나 서로를 있는 그대로 수용했을 때 이들 모두가 행복해졌음을 부모와 자식들이 고백했다. 이렇듯 한 목회자가 그들 존재의 곁이 되었고, 이런 방식으로 그들의 목사가 되고자 했기에 종교재판을 받는다면 〈기독교세계〉 2000호 지령이 되었을 무렵 교단이 어떤 평가를 받을지 두렵지 않은가?

1100호를 맞는 〈기독교세계〉에 논쟁을 피하거나 두려워 말고 시대의 이슈를 맘껏 토론하는 장이 되어주기를 요청한다. 한때 〈기독교세계〉가 시대를 앞선 생각들로 장안의 화제가 된 적도 있었음을 기억하면 힘이 날 것이다. '하느님 보시기에 좋았다'는 말을 먼저 기억하고 더 넓고 풍요로운 신앙적 시각으로 시대를 해석해 주길 기대하며 그간의 노고에 감사의 마음을 전한다. 아쉽게도 이 글은 〈기독교세계〉 1100호에 실리지 못했다. 거부당한 글이 된 것이다.

스스로 설 준비가 되었는가?

　총선을 열흘 앞둔 시점에서 부활절을 맞습니다. 그 탓인지 모르겠으나 세월호 10년의 기록도 이번 선거 전에는 방송불가 통보를 받았답니다. 조사를 훼방했고 왜곡했던 정치인들의 실상이 드러날 것이 두려웠던 것이겠지요. 사실을 부정하는 자들에게 모든 것이 밝혀지는 부활은 아주 엄중한 사건이 아닐 수 없습니다. 울면서도 혹시나 하는 기대로 무덤을 찾은 여인들에게 예수는 "왜 산 자를 죽은 자 중에서 찾느냐"며 자신의 부활을 알렸습니다. 아무리 무덤을 무거운 돌덩이로 막아 놓아도 새로운 세상은 열릴 것입니다. 제7공화국을 꿈꾸는 이 땅 대한민국에 열흘 앞으로 다가온 총선이 부활에 상응하는 새로운 미래를 선사하길 소망합니다. 이번 부활절이 3월 마지막에 자리했기에 특별히 하고 싶은 말도 있습니다. 종교가 정치에 직접 관여하는 일에 나 역시 저어되는 바 있으나 가치의 문제만큼은 세상과 달리 설정해야 한다고 믿기 때문입니다.

페북 글을 통해 알고 계신 분도 있겠으나 지난해 11월 남의 땅이 되어 버린 간도에서 두만강, 압록강 건너의 북녘땅을 바라보고 돌아왔습니다. 함께 갔던 저보다 두 살 위의 영담스님 이야기를 잠시 하겠습니다. 150센티미터의 작은 키를 지녔으나 위풍당당한 분이었습니다. 청도 출신인 그녀는 고교 졸업 후 감리교신학대학을 지원했으나 면접에서 낙방했답니다. 예수는 좋으나 원죄설을 믿을 수 없다고 말했다네요. 그렇게 낙방한 그는 한학을 공부하여 불교 경전을 연구했고 비구니 스님을 가르치는 선생이 되었습니다. 지금은 한지를 가공하여 예술품으로 재창조하는 공예전문가로 이름을 떨치며 고향에서 전시관을 운영하고 있습니다.

법정스님의 책 『무소유』에도 영담스님 이야기가 제법 길게 적혀 있습니다. 도올 김용옥 선생과도 친분이 두텁습니다. 그런 스님이 범도 루트 여행 시 소수가 모인 자리에서 했던 말이 떠오릅니다. 억겁의 세상에서 태어났으니 매일(인) 바 없는 무애(無碍)의 삶을 살아야겠으나, 일제 침략의 후유증으로 분단의 고통을 걸머진 이 땅에 태어났으니 그에 맞는 의식과 행동을 하며 사는 것이 부처님의 법도에 맞는 일이라고 말입니다. 여성 목회자가 될 뻔했던 스님, 비록 우리와 다른 길을 걸었지만 맡겨진 일과 사명을 생각하는 일에 있어서 다르지 않았습니다.

분단 이후 태어난 우리 휴전선 너머의 세상을 접할 기회가 없었습니다. 제 경우 두만강에서 압록강으로 이어진 범도 루트를 경험하면서 우리 땅(영토)에 대한 이해가 달라졌습니다. 나라 뺏긴 이들의 싸움터였던 간도 땅, 광활한 만주벌판을 다시 발견했던 것이지요. 독립을 위해 자신은 물론 가족 전체를 제물로 바친 이들, 죽음보다 더한 고통을 민족애로 감내했던 선혈의 삶을 책이 아닌 가슴으로 느끼고 알았던 시간이었습니다. 나라(왕조)가 힘이 없어 포기하고 방치했던 땅과 유구한 역사, 그 때문에 고초당한 민초들의 삶을 지키려 했던 의병 및 독립투사들, 그들 존재의 의미를 잊은 채로 오늘을 편히 살 수만은 없다 싶었습니다.

'독립', 그것은 "스스로 선다"는 뜻이 아니겠습니까? '제국'에서 '민국'으로 체제를 바꾸되, '스스로 서는' 나라를 만들기 위해 종교, 이념, 반상, 남녀, 노소의 벽을 허물었던 1919년 3월에 있었던 기미년 사건을 기억합니다. 그 사건은 주변 나라에 영향을 미칠 만큼, 식민지 아시아의 의식을 깨울 만큼 강력했었지요. 지금껏 그 공을 기독교가 독차지했지만 사실 동학과 천도교의 역할이 컸고, 아울러 그보다 앞선 대종교의 영향력이 없었다면 불가능한 일이었습니다. 대종교인들이 주축이 된 무오년(1918년)의 독립선언이 기미년 사건의 동력이었습니다. 서세동점 시기 이 땅의 종교들은 너나없이 저항적 민족주의를 일깨운 선각자였습니다. 시대가 변했기에 탈 민족주의 사조의 유의미성을 간과할 수 없겠지만 공통된 서사(기억) 없이 공동체로서의 국가가 유지, 존속되기는 여전히 어려울 것입니다.

해방 80년(2025년)이 바로 목전에 있으나 친일 종속 사관이 때로는 친미 종속으로 변형된 채로 작동되고 있는 듯하여 걱정입니다. 친일을 넘어 종일의 DNA가 소수 특권층에게 유무형으로 대물림된 결과입니다. 총선 정국에서 불거진 상당수 국민의힘 후보들의 언사에서 이 점이 가감 없이 드러났습니다. 북·중·러 견제를 위해 한·일 공조는 불가피하겠으나 도가 지나쳤습니다. 최근 영화 〈건국전쟁〉은 이런 의식의 정점에 있습니다. 이 영화를 만든 감독은 해방 후 한국의 분단을 신의 은총으로까지 묘사했지요. 분단되었기에 미국(기독교)을 통해 남한이 북쪽에 비해 빠르게 성장했다고 말합니다. 분단이 곧 성장이라는 논리를 피력한 것이지요. 이는 식민지 근대화론을 주창한 친일사관과 잇대어 있습니다. 물론 그런 점도 없지 않았겠지요. 하지만 일리를 전리로 둔갑시킨 이런 주장은 민족의 주체(자발)성을 실종시킨 노예사관이라 말해도 좋겠습니다. 최근 갑오혁명과 기미독립운동을 주도한 동학 천도교 측에서는 서구(일본)적 개(근대)화보다 자생적 개벽을 소환, 강조하고 있는데 타당한 생각입니다. 36년 통치 후 물러나는 그 순간까지 일본은 미국에 조선 분단을 아주 끈질기게 요구했습니다. 천황제 유지와 함께 말이지요. 이를 모르지 않음에도 불구하고 스스로 서고자 했던 독립 의지를 불구로 만들면서까지 친일, 친미를 종일, 종미 수준까지 높이는 까닭은 분명합니다. 남북 갈등을 빌미로 미국에 맹종한 윤 정권에게 오롯한 정당성을 부여할 목적이 아닐까 싶습니다. 그렇다면 이는 스스로 서기 위해 자신과 가족을 버렸으나 잊히고 때론 폄하된 선혈들에 대한 모독이자 배반이 아닐 수 없습니다. 그래서 "역사를 잊은 민족에게 미래는 없다"는 말이 생겼습니다.

영화 〈건국전쟁〉은 해방 전후 공간에서 이승만만큼 외교적 감각이 뛰어난 정치가가 없었다고 강변합니다. 일리가 있겠으나 역시 전리일 수 없습니다. 그가 정적으로 생각한 몽양 여운형과 견줄 때 더욱 분명합니다. 여운형은 원심력으로 대변되는 외교와 구심력을 뜻하는 만족 주체성을 새의 두 날개로 비유했고 양자의 균형을 위해 순간마다 신의 뜻을 강조했습니다. 기독교인으로 알려져 있으나 동학, 대종교 등 민족의 정신세계와 폭넓게 관계를 맺은 인물이었습니다. 다자 중심의 외교력을 중시했고 무엇보다 구심력(주체성)을 역설했기에 미국 의존적인 이승만과 변별되었지요. 기독교를 자기 이익을 위해 수용한 이승만과 달리 여운형은 종교를 제반 갈등(이념)을 포괄하는 힘으로 여겼습니다. 그가 천덕꾸러기 백정들의 해방을 위해 애쓴 이야기도 회자되고 있습니다. 이런 몽양의 생각을 여해 강원용 목사, 가나안 농군학교 김용기 장로, 이화여대 교수였던 통일여성신학자 박순경 등이 사상적으로 이어왔습니다.

이 땅의 독립운동사에 있어 사회주의 계열이 생략된 것 또한 못내 안타까운 일입니다. 범도 흉상을 육사 교정에서 치워 버린 것도 연해주 지역의 독립운동가 이동휘의 삶을 -강화지역의 모든 감리교회 및 학교가 그에 의해 시작되었음에도- 음소거하듯 지워버린 것 또한 이승만 -결국 미국- 주도로 건국했던 까닭이겠지요. 이승만을 건국 아버지라 칭한 〈건국전쟁〉은 이런 이념의 잣대로 우리 역사를 조명했습니다. 하지만 압록강, 두만강을 넘나들며 나라를 찾고자 희생했던 독립군에게 '사회주의'라는 이념은 독립을 위한 수단에 지나지 않았습니다. 작금의 대한민국은 민족주의 이상으로 사회주의 계열의 독립운동가들의 끈질긴 희생에 힘입은 바가 아주 큽니다. 김산의 소설 『아리랑』에서 볼 수 있듯이 중국 공산주의에 몸담았던 것도 결국 나라를 찾고자 하는 열망에서 비롯한 일이었습니다. 긴 투쟁 과정에서 기독교인, 민족주의자들보다 상대적으로 변절자들이 적었던 것 역시 평가해야 옳습니다. 제국을 민국으로 바꾼 애국지사 중에 민족주의자들만큼 사회주의자들의 공헌을 기억하는 나라가 되었으면 좋겠습니다. 그러면 남북 관계도 분명 조금은 달라질 수 있습니다.

기독교 신학자로서 나는 1907년에 있었던 두 사건에 주목합니다. 하나는 평양에서 일어난 대부흥운동이고 다른 하나는 민족 결사의 형태로 기독교, 민족주의자, 사회주의자들이 함께 참여한 신민회 창설입니다. 작금의 기독교는 앞쪽 것만을 유의미한 사건으로 기억할 것이나 나중 것도 그 이상의 의미로 평가되고 기억되어야 합니다. 전자의 영향으로 기독교 세를 불릴 수 있었지만, 후자는 모든 차를 초극하는 3.1사건의 모체가 되었기 때문입니다. 후자의 모습으로 기독교가 성장했다면 〈건국전쟁〉에 열광, 후견하는 개신교 교회는 애당초 생겨나지 않았을 것입니다. 해서 다시 묻습니다. 누가 대한민국을 만들고 지켰을까요? 자신의 재능을 사사로이 쓰지 않고 독립을 위해 바친 독립군들, 이름 한 자 남기지 않은 채 목숨을 내놓은 민초들, 자기 재산과 가족 모두를 내놓은 당대의 거부들, 종교와 이념보다 민족을 중히 여겼던 사상가들, 반상의 차별을 스스로 벗어던진 양반들, 바로 이들 모두의 힘이 합쳐져 이 땅을 살려냈다고 믿습니다. 3공화국으로의 퇴행일지, 아니면 7공화국으로의 도약일지 결정하는 이번 총선에 출사표를 던진 여야 후보들에게서 이런 모습을 기대할 수 있다면 얼마나 선거가 신이 날까요?

마태복음 25장에는 열 처녀의 비유, 달란트의 비유 이야기 끝에 최후 심판의 풍경이 담겨 있습니다. 저는 이번 부활절을 심판의 주제와 연결하여 이해하고 싶습니다. 인자가 다시 오는 그날에 펼쳐질 새로운 세상, 영원한 생명의 세상을 마태복음서 25장이 잘 설명하는 까닭입니다. 그날이 되면 양과 염소를 구별하듯 사람들을 둘로 갈라 살피겠다고 하십니다. 그중 한쪽 편 사람들에게 창세로부터 준비한 새로운 세상을 경험시키겠으며 다른 쪽의 사람들에게는 자신에게서 떠나기를 요구했습니다. 영원한 불속으로 들어가라는 엄청난 말씀도 이어지고 있습니다. 본문이 말하는 선택의 근거는 아주 단순

합니다. 역사의 현장에서 구체적으로 어떻게 살았는가에 대한 물음입니다. 자신을 위해 가진 자들, 높은 자들에게 머리를 조아리며 살았는가, 아니면 고통받은 이들 편에서 그들과 한 몸을 이뤄 살아보았는가를 묻고 있습니다.

다석 유영모 선생은 사람이 죽을 때 눈물 한 방울 남기지 않도록 살아생전 모든 눈물을 쏟으라 했습니다. 성서가 말하는 헐벗은 자들, 목마른 자들, 감옥에 갇힌 자들, 형편없어 보이는 자들을 세상 죄를 대신 걸머진 존재들이라 여겼기 때문입니다. 이어령 선생 또한 이런 존재를 위해 눈물 흘리지 못한 자신을 자책하며 영성의 세계는 눈물과 관계있다고 고백했습니다. 이들에게 한 것이 곧 예수 자신에게 한 것이라 성서가 말하는 까닭입니다.

예수의 십자가는 곧 역사 속에서 고통을 겪은 이들의 삶과 다르지 않다는 사실을 가르치고 있습니다. 본문은 식민지 삶과 분단의 고통 속에서 백여 년을 살아온 민중들, 그들 편에서 역사를 살폈고 미래를 생각해 보았는가?라는 질문이라 생각해도 좋겠습니다. 식민지 근대화를 칭송하며 백성들의 고난에 눈을 감았는지 아니면 자식들까지 역사에 바치면서 스스로 고통을 감내했는지의 물음이기도 합니다. 스스로 서려고 했는지, 아니면 끝까지 남의 힘에 의지하고 민족의 고통에 무심해지려고 했는지의 물음이 아닐까 싶습니다. 이렇듯 성서는 세상과 다른 가치의 잣대를 들이대고 있습니다. 비 오는 궂은날 고급 승용차 안에서 세상을 바라보는 것이 아니라, 비에 젖은 몸으로 거리로 내몰린 이들의 시각에서 세상을 바라보라는 것이 본문의 뜻일 것입니다. 이렇듯 신앙은 가치의 전도를 의미합니다. 이를 준비하며 사는가를 질문하고 있습니다.

 최후의 심판 이야기 앞에 있는 기름을 준비 못한 여인들 이야기, 달란트를 땅에 묻은 게으른 종의 이야기가 바로 그것을 적시합니다. 게을렀고 편하고자 했으며 지혜가 부족했고 눈앞의 현실 이익만 따랐기에 신앙 곧 가치의 전도를 이루지 못한 자들의 비극을 말하고 있습니다. 영구 독립이 되지 않을 듯싶어 친일했다는 영화 〈밀정〉의 한 대사처럼 그렇게 살았던 사람들이 참 많았습니다. 하지만 그날이 되면, 부활과 재림의 날에 이들은 저주받은 자 편에 설 것이라고 예수께서 경고했으니 두려운 일입니다.
 부활은 정말 준비된 자에게 다가오는 은총이 아닐 수 없습니다. 하지만 저는 예수가 사람을 영원한 불속에 던질 것으로 생각하지 않습니다. 이런 이야기를 통해 지혜로운 삶을 준비하며 살기를 바라는 데 목적이 있습니다. 불 밝힐 기름을 준비하고 주신 달란트를 활용하여 자신의 정신과 능력을 좀 더 크고 넓게 사용하기를 바라고 계실 뿐입니다. 성서에 기록된 마지막 때의 이야기가 위협이나 두려움을 목적하는 언사이기보다 맡겨진 삶을 더 풍요롭게 살라는 뜻이기 때문입니다. 그럼에도 부활은 준비된 자의 몫인 것은 분명하다고 거듭 믿습니다.

새로움은 필히 저항을 낳는다

　멀게만 느껴졌던 한 해의 끝자락이 눈앞에 있습니다. 오늘 우리가 맞는 세밑의 성탄은 한 해의 끝을 풍요롭게 하지만 동시에 새해를 먼저 느끼도록 채근하기도 합니다. 어느 때 설교에서는 성탄을 '마지막 잎새'로 비유한 적이 있습니다. 지난 10여 년 동안 제 성탄 설교는 한두 차례를 제외하곤 겨자씨교회 예배에서 선포되었습니다. 혹시 여러분들, 저의 성탄절 설교 중 기억나는 무엇이 있는지요? 내용까지는 아니더라도 제목 중에서 말이지요. 오늘 설교를 준비하면서 저 역시 기억을 더듬어 보았습니다.

　간단한 내용과 함께 제목을 열거해 보겠습니다. "마리아의 성탄 – 마리아의 자궁이 되어라", "빈방 있습니까?", "성탄, 역지사지(易地思之)의 신비", "예수 족보 속에 담긴 성탄의 뜻",

"헤롯의 성탄도 있었다!", "목자들의 성탄, 동방박사들이 바친 예물의 의미", "마리아 찬가로 읽는 성탄" 등이 떠오릅니다. 몇 개 더 있을 것인데 저도 더 이상 떠올려지지 않습니다. 아, 안산에서 드려진 세월호 2주기 성탄 예배에서 "아기 예수, 그는 비방받는 자의 표징이었다"라는 제목으로 설교했던 것도 기억납니다. 저로서는 설교 한 편 한 편에 어느 교회에서도 볼 수 없는 신학적 메시지를 담았다고 여깁니다만 여러분 일상에서 이것이 작게라도 영향을 미쳤는지 궁금합니다.

설교 내용을 갖고 일상과 부딪치는 중에 갈등하고 고민되는 내용을 교회로 가져와서 토론하고 기도하며 재차 부닥칠 용기를 갖도록 하는 것이 예배의 핵심이자 골자일 터인데 우리에겐 그런 과정이 부족했습니다. 2023년 성탄절을 맞아 메시지를 고민했습니다. 앞선 설교들을 통해 모든 이야기를 다 했을 것인데 더 할 내용이 무엇이 있을까 생각했던 것이지요. 하늘 은혜로 평소 주목하지 못한 성서 본문이 눈에 띄었습니다. 오늘 앞서 읽은 마태복음서의 유아 살해 사건은 성탄 전후의 이야기지만 이 절기에 합당한 설교 본문으로는 쉽게 채택될 수 없는 본문입니다. 이전 설교와 연계시켜 본다면 아마도 "헤롯의 성탄도 있었다!"와 유사할 것 같으나 관점은 다를 것입니다.

보통 우리는 예수 탄생 이야기에 주목합니다. 물론 주변 이야기도 함께 설교 주제로 인용되곤 합니다. 하지만 오늘 읽은 두 본문(마태 2:16-18, 누가 2:25-35)은 성탄 전후의 이야기이지만 성탄절 본문으로 채택된 경우가 거의 없는 듯싶습니다. 기쁘고 복된 사건이겠으나 정작 그 일로 셀 수 없을 만큼의 유아들이 희생당했다는 슬픈 이야기도 함께 전해져야 옳다고 생각합니다. 결국 죄 없는 아기들이 예수 탄생을 시기 질투한 헤롯의 광기로 죽었기에 기막힌 노릇입니다. 사실 이 본문이 역사적 사실인지 아닌지는 모릅니다. 혹자는 예수를 구약의 모세로 이해했던 유대인들이 모세의 탄생 설화와 예수의 그것을 일치시키려는 문학(역사)적 장치였다고 해석합니다. 유아 살해 사건의 사실 여부를 떠나 예수 탄생의 이야기와 유아 살해 사건을 성서 기자들이 병렬로 놓았다는 사실이 중요합니다. 하지만 유대인이 아닌 우리에게 모세와 예수의 관련성은 큰 관심이 없습니다. 오늘 이 땅에 사는 우리의 시각에서 그 뜻을 생각해 보고 싶을 뿐입니다.

아기 예수의 탄생은 전혀 새로운 '가치'의 출현이라 봐도 좋겠습니다. 지금껏 경험할 수 없었던 새로운 사상이자 세상을 전혀 다르게 볼 수 있는 눈(觀)을 선물하는 사건이라 할 것입니다. 주역의 괘사로 말하자면 천지비괘(天地否卦)에서

지천태괘(地天泰卦)로의 전이 곧 천지 질서가 뒤바뀌는 뜻을 지녔습니다. 신(神)이 인간의 몸을 입었다는 사실로부터, 그가 천한 곳에서, 더욱이 출생도 모른 채 -성령잉태설로 해석되고 있으나- 태어났다는 것은 정치 질서를 뒤엎고 성전 체제를 부수는 가치의 대전환을 초래했습니다. 마리아찬가에서 노래하듯이 개벽(開闢)의 세상을 열어젖힌 것입니다.

아픈 곳이 내 몸의 중심이듯 세상 짐을 지고 사는 뭇 노동자, 농부, 목자들이 중심인 것을 선포했기 때문입니다. 이것이 세상을 사랑하는 하느님의 방식입니다. 안식일이 사람을 위해 있다는 선언, 하느님나라는 너희들 속에 있다는 가르침, 성령께서 애통하며 슬퍼하는 자를 위해 대신 탄식한다는 말씀은 교회가 잊고 있으나 모두 이런 성탄 사건에 잇대어 있습니다.

20세기 가장 위대한 사상가로 꼽히는 다석과 함석헌은 가장 밑바닥에서 몸뚱이밖에 팔 것 없는 천한 사람들이 세상 짐을 지는, 우리를 대속하는 존재들이라 여겼습니다. 광야에서 고단한 삶을 살았던 목자들이 성탄의 최초의 증언자가 된 것이 바로 이런 연유입니다. 이런 뜻의 성탄을 염원하고 바랐던 이들이 적었기에 성서는 진리를 추구하는 동방박사들을 등장시켰습니다. 그들은 모두가 함께 구원되는 세상을 연구했던 존재였습니다. 우리 역시 이런 성탄을 믿고 가르치고 힘겹지만 살아내라고 명(命)받은 존재들입니다. 세상과 다른 눈을 갖고 다른 가치로 삶을 살라는 것입니다. 하느님의 시각에서 세상의 중심이 약자들인 것을 믿고 안다면 세상을 사는 방식, 정치적 판단이 지금과는 달라야 할 것입니다.

이런 가치의 탄생은 결코 쉽게 이뤄질 수 없습니다. 기존의 가치, 세계관들의 저항이 엄청날 것이기 때문입니다. 본문에 그 실상이 보여졌는데 두 살 아래의 모든 사내아이들이 처형되었고 자식들 죽음으로 온 지역이 울음바다가 되었다는 사실입니다. 새 가치 탄생을 거부하는 기득권의 저항은 헤롯에게서 드러나듯 이렇게 잔인합니다. 예나 지금이나 약자들의 희생을 거듭 요구, 동반하지요. 그들 희생에 올라타서 기득권을 유지하려는 행태가 정치나 경제, 종교가 모두 같습니다. 정부는 물론 종교마저 노란봉투법을 부정하며 새 가치를 창조하려는 이들을 돈으로 법으로 억압하고 있습니다. 한 목회자를 성소수자를 축복한 죄를 물어 종교재판으로 출교시켰고 항소를 위해 수천만 원의 돈을 요구하는 교단(교회)이 되었습니다.

한국 서울은 세계(OECD)가 주목하는 바 극심한 격차 사회의 본보기가 되었고 이 간격을 좁히려는 일체 시도를 거부당하는 비참한 곳으로 알려졌습니다. 이렇듯 라마의 애통하는 소리, 예루살렘 지역의 절규가 지금 이 땅에서도 재현되고 있습니다. 귀 막고 안 듣고자 해서 그럴 뿐 곡(哭)하는 소리로 온통 세상이 가득 차 있습니다. 사실 자본주의 경쟁 체제하에서 이런 가치를 자기 것으로 여겨 사는 삶은 지난할 것입니다. 예수 성탄의 가치가 2천 년 기독교 역사 속에서 실현되지 못한 것이 사실입니다.

거듭 무너지더라도 예수에서 비롯한 새 가치를 갖고 세상을 살고자 애써야 합니다. 그렇지 않고 기존 가치로 새로운 세상을 거부한다면 그것은 예수와 한없이 멀어지는 길입니다. 요즘 기독교가 이런 일을 부끄럼 없이 자행하고 있습니다. 기후 붕괴 상황을 전시 비상 사태로 여기며 탈(脫)성장을 말하고 공유경제를 논의하는 시도가 대세입니다. 시민사회주의로의 전환을 위해 애쓰고 있는 것이지요. 새로운 가치를 갖고 다른 세상을 만들지 않으면 공멸할 수밖에 없으나 걸림돌은 여전히 교회입니다. 얼마나 믿음이 좋은지 모르겠으나 하느님이 지켜 줄 것을 확신하고, 기존 가치를 고수하며, 새 가치에는 기막힐 정도로 공격적입니다. 이 정권하에서 얼마나 사회적 약자, 소수자들이 성서 속 어린아이들처럼 희생될 것인지 가늠할 수 없습니다.

누가서의 본문을 다시 생각해 봅니다. 이스라엘의 운명을 걱정하던 시므온이란 현자가 있었습니다. 이 이야기 역시 중요함에도 성탄절 본문으로 늘 외면되곤 했었지요. 아기 예수를 품었던 그는 안도하며 이제 "죽어도 좋겠다"는 말을 남겼습니다. 그러고는 그가 아기 예수의 운명을 예언처럼 말합니다. 이 아기는 "비방받는 자의 표징이 될 것이다"라고 말입니다. 보통 우리가 믿고 아는 대로 세상의 구원자란 말이 아니었습니다. 그 스스로가 세상을 바꿀 새로운 가치를 잉태한 당사자이기에 그는 평생 기존의 종교, 정치적 가치에 의해 비난받을 것을 알았던 것이지요. 이것이 성탄의 예수, 그의 운명이었습니다. 그러나 그가 예수를 품은 현자 시므온이 말했듯이 이제 눈감을 수 있을 만큼 안심된다고 말했습니다. 예수가 수많은 이들을 넘어지게도 하지만 일으켜 세울 것을 믿었던 까닭입니다. 신구(新舊) 가치 싸움에서 패배하는 이들이 많겠으나 이기는 이도 있을 것을 헤아렸던 것입니다. 이것이 현자가 안심하고 눈감을 수 있는 이유였습니다.

성탄을 맞은 지금 성서는 우리에게 바로 이 믿음 앞에 설 것을 요구합니다. 지속적으로 비난받을 예수지만 그와 함께 뜻을 나누고 삶의 방향을 공유할 사람이 될 수 있겠는지를 묻습니다. 어느 날 한국信연구소 카톡방에 올린 서정호 선생의 글이 갑자기 기억나는군요. 정확한 표현은 아닐 것이지만 대략 옮기면 이런 말일 듯싶습니다. "사회적 약자들을 위해 봉사하는 그 자리가 이제 내게는 예배다." 성탄의 가치를 내적으로 소화한 신앙인의 언사라 생각합니다. 오랜 고민 끝에 내뱉은 그의 말에 카톡방에 있는 제법 많은 이들이 공감했다고 기억하고 있습니다.

정약용의 이야기를 빌려 설교를 마무리하고자 합니다. 조국이 썼던 『디케의 눈물』(162-163)에서 그의 글이 인용되었습니다. 유교 선비의 이야기지만 성탄을 예배하는 기독인의 삶의 자세를 잘 보여준다고 생각해서입니다. 정조는 다산을 사화로부터 보호하고자 황해도 곡산 부사직을 제수했습니다. 그곳으로 가는 도중 농민 이계심이 주도한 불법 집회가 발생했습니다. 정부의 약탈과 부패로 못 살겠다는 민(民)과 더불어 난을 일으켰던 것입니다. 예나 지금이나 난은 실패했고 이계심은 수배자가 되었습니다. 다산이 곡산에 이를 무렵 수배자인 이계심이 다산의 행차 앞에 나타났습니다. 관리들이 백성을 괴롭히는 10가지 악행을 글로 적어 바치면서 말입니다. 관졸들은 그를 포박하여 처형하려 했으나, 다산은 그를 관아로 데려가 문초한 후 무죄로 석방했습니다. 그때 다산이 말한 글이 위 책 속에 적혀 있습니다.

관소이불명자(官所以不明者)

민공어모신 불이막범관야(民工於謨身 不以漠犯官也)

여여자 관당이천금매지야(如汝者 官當以千金買之也)

　관(정부)이 현명해지지 못하는 까닭은

　민(백성)이 제 몸만 꾀하는 데만 재간을 부리고 관(정부)에 항의하지 않기 때문이다.

　너 같은 사람은 관(정부)이 천금을 주고 사야 할 사람이다.

　다산 정약용을 목민관이라 부르는 이유를 여실히 알 수 있는 일화입니다. 불의하고 부패한 권력 앞에서 다른 가치를 말할 용기, 이런 용기를 지닌 자를 천금을 주고 살 사람으로 여긴 다산이었습니다. 항의하는 자는 함석헌이 말하듯 '깨어있는 씨알'입니다. 새 가치를 품에 담고 아기 예수처럼 비난받을 운명에 처하는 것이 성탄을 기념하고 축하하는 기독자의 삶이라는 이야기입니다. 제 한 몸 꾀하는 일에 재간 부리지 말고 다른 세상을 고민하는 삶으로의 초대, 이것이 성탄입니다. 이런 성탄을 우리 함께 축하하시렵니까?

하느님 영은
우리를 꿈틀거리게 한다

 2024년 한해의 절반이 지나고 있습니다. 5월과는 사뭇 다른 느낌으로 6월을 맞습니다. 절기로는 봄을 지나 여름에 들어섰고 사회정치적으로는 극한 대립이 예상되는 22대 국회가 개원했으며 신앙적으로는 성령강림 이후 첫 주간을 맞이합니다. 거듭 변한다고 하는 것만큼 불변의 진리는 없는 듯합니다. 어려운 말로 이를 '변화의 항상성'이라 부릅니다. 이것이 하느님의 하시는 일이겠지요. 달라지더라도 나쁘게 변화하는 것을 일컬어 변질이라 합니다.

 닭의 알이 병아리가 못되고 썩어 악취를 풍기는 경우라 하겠습니다. 세상이 진보했다지만 목하 우리 사는 세상이 변화한 것인지, 아니면 변질한 것인지 여쭙니다. 고온과 홍수 등 역대급 기상이변으로 올여름이 걱정스럽습니다.

젊은이들이 가장 많이 죽고 신생아 출산이 바닥인 나라가 되었습니다. 교회가 주는 물에 목말라하는 이들 역시 실종되는 추세입니다. 이처럼 우리는 지금 번들거리는 외형과는 다른 현실에 처해 있습니다. 이런 표리부동한 현실에 종교가 상당 부분 일조했다고 생각하니 이 자리에 서는 일조차 계면쩍습니다. 그래도 성서가 다른 삶이 있다는 점을 가르치기에 그를 믿고 생각하며 살고자 합니다.

요한복음서는 예수 사후 70년 지나 세 복음서와 다른 상황에서 가장 늦게 쓰인 문서입니다. 세 복음서와는 용어도 다르고 표현 방식도 같지 않습니다. 공관복음서는 율법을 중시하는 유대교가 아직도 성한 상태에서 그와 갈등하는 예수를 말했습니다. 바리새인들을 부정하고 정죄하는 내용들이 담겼고 유대 성전을 정화하는 이야기도 실려 있습니다. 한마디로 예수 가르침을 갖고 유대교와 맞서는 내용들이 공관복음서의 주된 내용입니다. 후일 유대 성전들이 교회로 바뀌는 일 -사실은 교회가 회당을 빼앗는 일- 이 비일비재했지요. 이런 이유로 여성신학자 R. 류터는 성서 속에 이미 유대인 혐오(주의)가 내재했다는 이론을 펼쳤습니다. 종교개혁자 마틴 루터는 복음서에 근거하여 동시대의 유대인을 개나 소처럼 취급했으며 그들 박해에 앞장서기도 했습니다. 천년 중세기를 거치며 고향을 뺏긴 유대인들은 생존을 위해 고리대금업에 종사하여 부를 축적했습니다. 당대 신학자 안셀무스는 시간을 담보로 돈을 벌었던 유대인을 '하느님 것을 도둑질한 자'로 봤습니다. 시간은 하느님께 속했다는 창조신앙에 근거했던 것이지요. 고리대금업이 가난한 자를 더욱 가난하게 만들었기 때문입니다. 실물경제보다 금융산업 규모가 수백 배 되는 오늘의 현실도 이 점에서 분명 잘못된 것이겠지요. 여하튼 복음서는 이런 유대인들을 정죄, 혐오할 수 있는 좋은 근거가 되었습니다. 팔레스타인을 침략하는 유대인들을 지켜보는 마음도 착잡합니다. 이스라엘을 비판하는 세계를 향해 홀로코스트를 상기시키며 유대인 혐오라 외치고 있기 때문입니다. 글과 말이 조금 빗나갔으나 복음서 안에 유대교와 초기 기독교 간의 갈등을 넘어 혐오가 내포된 것은 틀림없습니다.

요한복음 3장 말씀은 유대 성전의 파괴(AD 70년) 이후의 상황을 반영합니다. 말을 달리하면 유대교가 기독교에 의해 압도된 상황에서 쓰인 말씀으로 봐도 좋겠습니다. 상호 갈등하고 대립하는 상황이 종료된 것입니다. 니고데모는 바리새인으로서 유대인을 가르치던 큰 지도자 중의 한 사람이었습니다. 그런 그가 한밤중, 누구도 보지 않은 틈을 타서 예수를 찾았고 유대인으로서는 하기 어려운 말, 즉 "그가 하느님에게서 오신 분"이라 고백했습니다. 갈등과 혐오의 관계였던 복음서와 달리 여기서는 유대교와 기독교가 묻고 답하는 제자-스승 관계로 바뀌었음을 알려줍니다. 유대인의 큰 스승이었던 그가 예수에게 다시 태어날 것을 요청받습니다. 자존심 상하는 기막힌 이야기였을 것입니다. 그렇지만 그는 다시 물었습니다. 마치 어린 학생처럼 말입니다.

"어떻게 하면 되겠느냐?"고, "어머니 뱃속에 어찌 다시 들어갈 수 있겠냐?"고 진지하게 대화를 이어갔습니다. 예수는 다시 답하셨지요. "물과 성령으로 거듭날 것"을 말이지요. 이는 평생 유대인으로 살던 사람에게는 아주 낯설고 어처구니없는 말이었습니다. 율법에 맞춰 살았고 그 정신을 최고 가치라 가르쳤던 그로서 받을 수 없는 말이었습니다. 니고데모의 심중을 알아차린 예수는 다시 말씀합니다. "나의 말을 기이하게 여기지 말라"고. "불고 싶은 대로 부는 바람처럼 하느님의 영으로 다시 태어날 수 있다"고 말이지요. "육으로 난 것은 육이요 영에서 난 것은 영"이라는 말씀이 본문의 결론입니다.

요한복음은 이처럼 유대인의 율법을 '하느님 영'의 시각에서 상대화시켰습니다. 영으로 율법을 능가하는 길을 제시한 것입니다. 이제 이 말씀을 우리 삶의 현장에서는 어찌 이해하고 적용할 수 있을지 물어야 할 차례입니다. 초기 기독교인의 경우 유대교를 제압했다는 사실이 큰 사건이자 의미였겠으나 그것이 우리의 메시지는 될 수 없기 때문입니다. 본문의 뜻을 지금 우리 상황에서 다시 찾아야겠습니다.

본문을 읽으며 '하느님의 영'과 '꿈틀거림'이란 말을 주제어로 택했습니다. 꿈틀거림은 살아있다는 증거입니다, 지렁이도 밟으면 꿈틀거리듯 살아있는 존재는 꿈틀거림으로 반응합니다. 육체만이 아니라 정신도 그러합니다. 외적인 자극에 육체뿐 아니라 정신도 꿈틀거리는 것이 살아있는 현상입니다. 이것이 없으면, 이를 감각 못하면 살아도 살아있는 삶이 아니겠지요. 여기서 하느님 영은 가장 강력한 외적 자극이라 확신합니다. 수백 년 지켜온 율법, 한 민족의 정신 체계를 흔들어 깨웠기 때문입니다. 니고데모로 대표되는 '율법'이라는 사상 체제를 난파시켰던 것입니다.

이를 꼭 유대인의 율법 종교로 한정시킬 필요는 없습니다. 오늘의 교회가 교리로 무장하고, 자본주의 욕망을 신앙으로 포장하고, 하느님을 교회라는 건물 속에 가둬 둔다면, 불고 싶은 성령은 설령 기독교일지라도 그것을 허물어뜨릴 수도 있겠습니다.

우리를 꿈틀거리게 하는 것이 어디 하느님 영뿐이겠습니까? 새로운 책들을 비롯하여 우리를 놀라게 하는 뭇 사건 사고들이 주변에 적지 않습니다. 로마서 8장 18절 이하의 말씀을 기억하며 인용해 보렵니다. 사람과 자연을 비롯한 온갖 피조물들이 탄식하는 세상이 되었습니다. 이들의 고통과 탄식이 너무 커 감당할 수 없게 되자 하느님 영이 대신 탄식할 만큼 말입니다. 그렇다면 피조물의 탄식 소리를 듣는 일이 우리 시대의 '영' 체험의 방식일 수도 있습니다. 귀를 막고 눈을 뜨지 않았기에 들리지 않고 보이지 않을 뿐이지 불고 싶은 대로 부는 바람 같은 하느님 영은 뭇 사건 사고를 통해 전혀 예상치 못한 방식으로 우리와의 접촉을 기다리고 있습니다. 이런 현실을 연구하여 적시한 서적들, 영상들 역시 영과 접촉하는 방식이자 매개가 될 것입니다. 이런 접촉을 통해 세상이 새롭게 보이고 낯선 일에 마음이 동할 때 그것이 영으로 새롭게 태어나는 삶의 모습이겠습니다.

니고데모의 삶과 가치를 지배했던 율법은 현실에 안주하며 기득권을 지키려는 행위를 총칭합니다. 율법은 미래마저 자기 소유로 확정지으려는 오만의 상징입니다. 불고 싶은 대로 부는 하느님 영은 이런 사고 체제를 무너뜨렸습니다. 바람의 존재가 그렇듯이 우리 역시 미래가 어떨지 확정하지 말고 그 영역을 비워 놓으라 말한 것입니다.

유대인 지도자 니고데모는 꿈틀거렸던 사람입니다. 체면과 권위를 내던지고 어린아이처럼 묻고 또 물었던 것이지요. 자기를 돌아보고 예수를 쳐다보면서 자기 사유의 틀에 의문을 제기했습니다. 예수가 하늘에서 오신 분임을 느끼기 시작했던 것이지요. 사실 지금껏 그는 자기 절대화를 밥 먹듯하며 살았던 존재였습니다. 사람들이 자신을 선생이라 불렀으니 그럴 수밖에 없었겠지요. 그런 그가 예수를 보고 흔들렸고 꿈틀거렸는데 이는 하느님 영과 접촉한 결과일 것입니다.

그래서 묻습니다. 우리는 지금 어떻게 살고 있는지 말이지요. 교회에 나오는 일이 어쩌면 '꿈틀거리고 싶은 욕망' 때문이라 말할 수도 있지 않을까요? 세상은 우리를 틀에 가두지만 교회에서 말하고 전하는 예수는 세상 틀을 깨기 위해 하늘에서 오셨습니다. 성령강림 이후 첫 주일인 오늘 우리에게서 꿈틀거림이 생겨났는가를 묻습니다. '믿음'을 "밀어서 위로 오르게 하는 것"이라 풀었던 다석에게 꿈틀거림은 믿음과 뜻이 다르지 않습니다. 꿈틀거려야 뭐라도 달리 만들 수 있기 때문입니다. 바라는 것을 이룰 수 있을 것입니다. 줄탁동시란 말이 있듯이 자기 안에서의 꿈틀거림은 곧 하느님 영의 활동입니다. 본문에서 니고데모의 경우가 꼭 그렇습니다. 아직 꿈틀거리지 못했다면 슬픈 일입니다. 하느님 영과 접촉하지 못했다면 안타까운 일입니다.

 우리 시대 석학 고 이어령 선생님의 이야기를 소개합니다. 그를 이 시대의 니고데모라 생각하면서 그의 마지막 대담집을 읽은 적이 있었습니다. 능가할 만한 지식인이 한국에 별로 없을 정도로 그는 지성의 상징입니다. 책을 읽고 사유하고 상상하며 개념을 만들어 글 쓰는 일에 탁월한 능력을 지닌 분이지요. 문화체육부 장관도 역임했고 88올림픽 개막식도 그의 머리에서 나왔습니다. 그런 그에게 결정적인 한순간이 찾아왔습니다.

 남편과 이혼하고 자식과 사별한 후 혼자 몸이 된 딸의 아픔 앞에 서게 된 것입니다. 국제변호사였으나 목사의 길로 나섰고 그런 중에 시각마저 잃은 딸 앞에서 선생은 무너졌습니다. 지성 너머의 영성 세계에 관심하게 된 배경입니다. 가혹할 만큼 고통스러운 일이었습니다. 하지만 선생은 마지막 운명의 순간까지 믿음의 길을 걸었던 딸을 생각하며 영성의 세계에 이르기 위해 사투했습니다. 평생 붙잡았던 지성의 길을 벗어나야 이를 수 있는 지경이라 생각했으나 그것이 결코 쉽지 않았습니다. 하여 죽는 순간까지 지성과 영성 사이에서 오가며 살았다고 말씀했지요. 딸의 세계에 이르지 못한 자신의 처지를 다음처럼 정리했습니다. 정확한 인용은 아니지만 기억에 남은 바를 옮겨봅니다.

"사람들은 저마다의 성공을 위해 피나는 노력을 하며 살아갑니다. 나 역시도 글쓰기 삶을 위해 생전 누구보다 많은 피와 땀을 흘리며 살았습니다. 하지만 남의 고통과 아픔에 대해 눈물을 흘려 본 경험이 너무 적었습니다. 만약 영성의 세계가 있다면 그것은 눈물과 관계된 영역일 것 같습니다. …"

이런 고백을 남기고 딸의 곁으로 간 이어령 선생님 역시 영의 사람이 되었다고 믿습니다. 죽음 앞에서 토로한 이런 깨달음이야말로 거듭남의 징표라 생각합니다. 깨달음은 꿈틀거림의 열매이기 때문입니다. 예수 앞에 선 유대인 랍비 니고데모와 딸의 믿음 앞에서 영성을 고민했던 아버지 이어령은 이렇듯 서로 닮았습니다.

자신의 보루였던 율법, 그 너머의 세계를 향해 꿈틀거렸던 니고데모였습니다. 오늘의 모습을 지성을 넘어 영성으로 도약하려 했던 이어령 선생에게서 찾았다면 이제 '우리는?' '나는?'을 물어야 합니다. 꿈틀거릴 힘이 우리 속에서 생겨날 때 비로소 우리는 영의 사람인 것을 확신할 수 있습니다.

틀 속에 갇혀 꿈꾸지 못하고 새롭게 상상할 수 없다면, 그래서 다른 세상을 이해할 수 없다면, 눈물을 흘릴 수 없다면, 우리는 성서 속의 바리새인으로 살 뿐입니다. 꿈틀거리는 것이 하늘의 영이 작용하는 증거입니다. 영을 통해 우리 인생을 한번 꿈틀거려 보십시다. 예상치 못한 어떤 미래가 우리를 찾아올 것입니다.

절망의 끝에서 다시 만난 세상
- 네 어머니다!

 채상병 사망 1주기를 맞아 기독교계의 움직임이 심상치 않습니다. 한국여신학자협의회에서 그 어머니 심정을 대변하며 설명서를 발표했고 어제는 NCCK를 중심한 천여 명 목회자들 시국선언문을 읽었습니다. 전국목회자정의평화협의회(목정평)에서도 힘찬 메시지를 선포해 주었지요. 한 젊은이를 사지로 내몰고 거짓으로 진실을 덮고자 했으나 그의 죽음이 결국 세상을 바꿀 것이란 희망을 전했습니다.

 세월호, 이태원 참사에서 보듯 추모를 위해 진실만을 원했던 어머니의 바람은 이번에도 깨져 버렸습니다. 하지만 거짓이 거짓을 잉태하여 사망에 이르는 길이 여실히 드러났습니다. 해병대 사단장과 거짓의 완판 김건희 그리고 그의 돈을 주가조작으로 부풀린 증권업자 간의 얽히고 설킨 관계가 밝혀진 것입니다. 외아들 채상병의 죽음, 어머니로선 숨조차 쉴 수 없는 절망이었겠으나 윤 정권의 끝을 앞당겼으니 그는 죽었으나 이 땅을 구한 존재로 기억될 것입니다. "3년은 너무 길다"는 구호가 현실이 되니 '사람 말'이 믿을 '신(信)'인 것이 신비합니다.

제 주변에서 회자되는 말들입니다. 윤 정권을 일컬어 '주술'과 '미국'에 기대어 '거짓'과 '겁박'으로 통치하는 집단이라 합니다. 이에 더해 과거처럼 '우'도 '좌'도 아닌 일본에 기울어진 정권이기에 정말 태어나지 말았어야 할 세력이라고들 말하지요.

지난주 선거 연설에서 바이든의 말속 진위가 거듭 논의 중입니다. "I am going to put Japan and Korea back together." 이 문장이 말하듯 우리와 일본이 '함께 되돌아갈' 어느 시점(과거)이 과연 있었던가요? 해서 이 말 속에서 과거 한일합방(?)을 상상한 이도 있었습니다. 설마 그럴까 생각합니다만 바이든의 'back together'란 말은 여전히 수상합니다. 미국이 윤 정권에게 친일을 부추기는 것이 명백합니다. 청와대 내 대통령의 외교 안보 보좌관을 비롯하여 국립외교원장을 모두 일본 장학생으로 뽑은 것 역시 대단히 의심스럽지요. 그럴수록 윤 정권을 탄생시킨 지난 정권의 무능함에 모두들 분노하고 있습니다.

 외교는 조롱거리, 남북간의 전쟁위기, 세수 부족의 경제, 의료체계의 붕괴(의료 민영화), 저출산 및 지방 소멸, 자살과 사회적 타살 비율 증가 등 나라의 미래가 바람 앞의 촛불 형상입니다. 그래서 3년은 너무 깁니다. 더욱 절망하고 분노하여 성난 물결이 되어 배를 뒤집자고들 말합니다. 국민 70%가 지지하는 탄핵이 이제 국민의 명령이 되었습니다.

 윤석열 내외가 사는 용산은 본래 이 땅을 점령한 외세의 주둔지였습니다. 과거 청나라가 그랬고 일본과 미국이 뒤를 이었습니다. 윤석열 역시 국민을 법으로 겁박하며 정치를 실종시킨 이 땅의 점령자로 이곳에 있습니다. 주술에 의지한 거짓과 협박은 점령자 의식의 다른 일면이 아닐까요. 청와대를 부정하고 이곳 용산으로 거처를 옮긴 이유일 것입니다. 흥청망청 혈세를 낭비하며 대통령 놀이에 취해 있습니다. 성과없는 해외 나들이만 일삼고 있으니 모두가 고개를 젓습니다. 정말 안하무인 점령군 행세가 가관입니다. 그의 말 한마디로 법체계가 무너지고 정부와 군 인사행정 체제 또한 무용지물이 되었으며 경찰조직도 기강을 잃었으니 누가 나라를 믿고 자식을 군에 보내려 할까요? 때가 되면 죽는 것이 군인 본분이라 말하는 사단장, 군인을 일개 소모품처럼 여기는 검사 출신 여당 국회의원을 보며 국민은 마음을 돌렸습니다. 백성은 바다요 군주는 떠 있는 한 척의 배란 사실을 여실히 증명할 때가 되었습니다.

우리는 유대인의 실정(종교)법과 맞선 예수의 행적을 잘 알고 있습니다. 법이 현실과 맞지 않고 백성을 힘들게 할 때마다 그와 갈등했습니다. 안식일 법이 백성에게 멍에가 되자 사람을 위한 것이라면서 그 의미와 가치를 뒤집은 분이었습니다. 실정법으로 금지된 사마리아 여인과도 만나 그의 구원을 선포했습니다. 바울 역시 당시 실정법이었던 로마법을 복음으로 맞서 싸워 이긴 존재였습니다. 세상을 분리하여 지배했던 로마법에 맞서 모두를 하나로 엮고자 하지 않았습니까? 로마가 긍정한 노예법을 자발적으로 폐기한 이들이 모두 '엔 크리스토(En Christo)', 당시의 기독교인들이었습니다. 이를 통칭하여 '복음의 정치학'이라 일컫습니다.

바울이 로마를 이겼듯이 복음의 정치학은 법으로 사람을 겁박하고 나라를 점령한 윤 정권을 무너뜨릴 수 있습니다. 예수정신을 지닌 그리스도 안의 존재인 우리는 실정법으로 포장된 온갖 거짓, 협박, 주술과 맞서 싸워 이길 것입니다. 복음의 정치학은 오남용을 반복하며 자신들 통치 수단으로 전락시킨 실정법을 악법이라 규정합니다. 복음의 정치학은 법 기술자들이 날뛰는 현실에서 '무법적 정의(J. 데리다)'라는 역설을 신뢰합니다.

십자가에 달린 예수는 제자 요한에게 자신을 비통하게 지켜보는 어머니 마리아를 부탁합니다. "네 어머니다!"라고. 1주기를 맞은 고 채상병 역시 지난 1년간 고통의 무게를 가늠할 수 없는 제 어머니를 "네 어머니다!"라며 우리에게 자신의 '엄마'를 맡기고자 합니다. "네 어머니다!" 이 말뜻을 생뚱맞지만 배우 찰리 채플린의 언어로 풀겠습니다. 그는 말했습니다. "거울은 나의 가장 친한 친구다. 내가 울 때 웃지 않기 때문이다"라고. 십자가 고통을 보면서도 세상 사람들은 그를 조롱했고 심지어 예수가 입었던 옷을 나눠 갖고자 다투고 있었습니다. 웃고 떠들고 소리치고… 하지만 어머니는 예수의 고통을 온통 자기 것으로 느껴 알았습니다. 그녀는 채플린의 말대로 아들 예수의 고통을 통째로 비추는 거울이었기 때문입니다. 채플린은 흑백 무성영화를 선호한 배우였지요. 힘든 노동자들의 소리를 무채색 영상과 무성으로 전하며 당대 자본과 이념에 대항하고 싶어서였습니다. 그런 그가 자기가 울 때 함께 울어주는 '거울'을 친구라 했습니다.

십자가 위에서 제자 요한에게 전한 예수의 말, "네 어머니다!"는 이렇듯 거울이 되라고, 어머니 마음으로 세상을 살라는 명령이었지요. 세상의 고통과 절망을 있는 그대로 비추며 살라는 말씀이겠습니다. 채상병 1주기를 맞아 우리는 그의 죽음을 비추는 거울이자 어머니 마음이 되고자 모였습니다. 그를 우리의 어머니로 모시고자 오늘을 추모하고 있습니다. 이렇게 모인 마음이 법 기술자를 무력화시켜 진실을 밝힐 것입니다.

 이제 8월, 빛을 회복한 광복의 달이 곧 다가옵니다. 법꾸라지들의 만행이 지속되는 한 우리에게 광복의 달, 8월은 없습니다. 그렇기에 이 정권의 끝을 위해 한국교회가 나서야 하겠습니다. 실정법을 어긴 예수와 바울을 설교하며 멋진 8월을 맞읍시다. 이제부터 채상병의 거울이 되어 매 주일 기도하며 함께 거리로 나섭시다. 이 땅의 역사와 미래를 위해 당신들이 사라질 때가 되었음을 어머니 이름으로 선포하십시다. 우리의 바다를 더욱 거칠게 만들어야 배를 뒤집을 수 있습니다.

실패한 제자들, 그 이후 以後

절뚝여라 꿈틀거리며

초판 1쇄 2024년 11월 20일

지은이 이정배
펴낸이 고은경

디자인 박지영

펴낸곳 명작출판사
주소 경기도 양평군 강상면 신화길 69-64
전화 031-774-7537 팩스 031-772-7535
E-mail truso@hanmail.net

출판등록 제2017-000010호(1997. 12. 2)
ISBN 978-89-90137-20-3 03230

저작권자 ⓒ이정배, 2024
이 책은 저작권법에 의해 보호를 받는 저작물이므로
무단전재 및 복제를 금합니다.

값 25,000원
잘못 만들어진 책은 교환해 드립니다.